ISBN 978-0-364-30163-0
PIBN 10770229

TRAITÉ
ÉCONOMIQUE
ET PHYSIQUE
DU GROS ET MENU BÉTAIL:

CONTENANT

La Description du Cheval, de l'Ane, du Mulet, du Bœuf, de la Chevre, de la Brebis & du Cochon ; la maniere d'élever ces Animaux, de les multiplier, de les nourrir, de les traiter dans leurs maladies, & d'en tirer profit pour l'économie domestique & champêtre.

TOME SECOND.

A PARIS,

Chez J. Fr. BASTIEN, Libraire, rue du Petit-Lion, Fauxb. St.-Germain.

M. DCC. LXXVIII.
Avec Approbation, & Permission du Roi.

TRAITÉ
ÉCONOMIQUE
ET PHYSIQUE
DU GROS ET MENU BÉTAIL.

CHAPITRE IV.

DU TAUREAU ET DE LA VACHE.

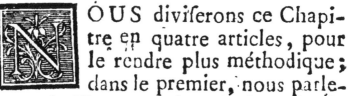

NOUS diviferons ce Chapitre en quatre articles, pour le rendre plus méthodique; dans le premier, nous parlerons du Taureau; dans le fecond, du Bœuf; dans le troifiemè, de la Vache; & dans le quatrieme, du Veau.

Tom. II.   A

ARTICLE PREMIER.

Du Taureau.

On donne le nom de Taureau au mâle de la Vache. Pour qu'il soit bon pour la génération, il faut qu'il soit robuste, éveillé, vigoureux. Nous nous étendrons plus au long dans la suite sur la qualité de cet animal. Nous parlerons du temps de le donner à la Vache, dans l'article qui la concerne ; nous nous contenterons seulement de rapporter ici la description anatomique de cet animal ; & comme il n'y a de différence de cet animal au Bœuf que par la castration, & à la Vache que par les parties de la génération, nous insérerons dans ce même article l'anatomie de ces trois animaux.

La couleur du poil la plus ordinaire, & par conséquent la plus naturelle au Bœuf comme au Taureau, est le fauve ; néanmoins elle se trouve souvent mêlée avec le noir & le blanc. Il y a des Bœufs tout noirs & d'autres tout blancs : on en voit plus communément de rouges ou de roux, de bais, de bruns, de gris, de mouchetés ou pommelés, qu'on nomme dans certaines Provinces de France, *garreaux*, c'est-à-dire, *bigarrés.* On a cru pouvoir juger des bonnes & des mauvaifes qualités de l'animal par la couleur de fon poil ; & l'on attribue la diverfité des couleurs, aux différentes humeurs qui dominent dans fon tempérament: En général, le poil du Bœuf eft plus doux & plus fouple que celui du Cheval. Le Bœuf mefuré en ligne droite, dit M. d'Aubenton, depuis le bout du mouffle ou de la partie inférieure de la tête jufqu'à l'anus, a environ fept pieds & demi de longueur, quatre pieds un pouce & demi de hauteur, prife à l'endroit des jambes de devant, & quatre pieds trois pouces à l'endroit des jambes de derriere ; la tête eft longue d'un pied neuf pouces, depuis le bout des levres jufques derriere les cornes ; le fanon eft la peau qui pend fous la mâchoire inférieure & le long du gofier, & qui defcend au-deffous du poitrail entre les jambes de devant jufqu'aux genoux ; le contour de l'ouverture de la bouche eft d'un pied, mefuré fur les levres, depuis l'une des commiffures jufqu'à l'autre.

Le Bœuf, comme tous les autres animaux ruminans, n'a point de dents incifives à la mâchoire fupérieure; mais à leur place, une efpece de bourrelet formé de la peau intérieure de la bouche, qui eft fort épaiffe en cet endroit. Le devant de la mâchoire inférieure eft garni de huit dents incifives, qui font de différentes longueurs, & difpofées de maniere que celles du milieu font les plus longues & les plus larges, & que les autres vont toujours en diminuant. Il n'y a point de dents canines ni en haut, ni en bas. Entre les incifives & les molaires, il y a un grand efpace vuide, qui n'eft point garni de dents. On trouve à chaque mâchoire douze dents molaires, fix de chaque côté, dont les racines ònt pour l'ordinaire trois crocs. La bafe de ces dents, qui eft à l'endroit par où elles fe touchent en mâchant, eft rendue inégale par plufieurs éminences pointues, entre lefquelles il y a de petits enfoncemens ; de forte que les dents d'en haut & celles d'en bas venant à fe rencontrer, les pointes des unes gliffent dans les cavités des autres, & permettent le mouvement de la mâchoire de droite à gauche. Ces deux dents étant coupées obliquement, leur furface en devient plus grande, & par conféquent plus propre à broyer,

La mâchoire inférieure eſt preſque de la moitié moins large que la ſupérieure, ce qui la rend plus légere & beaucoup plus propre au mouvement; elle ne laiſſe pas d'être auſſi propre à broyer que ſi elle étoit plus large, parce que pouvant ſe mouvoir, elle peut s'appliquer ſucceſſivement à tous les endroits de la mâchoire ſupérieure, dont les dents ſont plus larges, peut-être afin de ſuppléer en quelque façon par la largeur au mouvement qu'elle n'a pas. On connoît l'âge du Bœuf par les dents & par les cornes; les premieres dents de devant lui tombent à dix mois, & ſont remplacées par d'autres, qui ne ſont pas ſi blanches, & qui ſont plus larges; à ſeize mois, les dents de lait, voiſines de celles du milieu, tombent, & ſont auſſi remplacées par d'autres; à trois ans, toutes les dents inciſives ſont renouvéllées, & pour lors elles ſont égales, longues & aſſez blanches; à meſure que l'animal avance en âge, elles s'uſent & deviennent inégales & noires: c'eſt la même choſe pour le Taureau & la Vache. Ainſi la caſtration ni le ſexe ne changent rien à la crue ni à la chûte des dents; cela ne change rien non plus à la chûte des

cornes, car elles tombent également
à trois ans au Taureau & à la Vache,
& elles font remplacées par d'autres
cornes, qui comme les fecondes dents
ne tombent plus ; celles du Bœuf &
de la Vache deviennent feulement plus
groffes & plus longues que celles du
Taureau. L'accroiffement de ces fecondes cornes ne fe fait pas d'une maniere uniforme, & par un développement égal ; la quatrieme année de
l'âge du Bœuf, il lui pouffe deux petites cornes pointues, nettes, unies &
terminées vers la tête par une efpece
de bourrelet ; l'année fuivante, ce
bourrelet s'éloigne de la tête, pouffé
par un cylindre de corne, qui fe forme & fe termine auffi par un autre
bourrelet ; & ainfi de fuite ; car tant
que l'animal vit, fes cornes croiffent ;
les bourrelets deviennent des nœuds
annulaires, & qu'il eft aifé de diftinguer dans la corne, & par lefquels
l'âge fe peut aifément compter, en
prenant pour trois ans la pointe de la
corne jufqu'au premier nœud ; & pour
un an de plus, chacun des intervalles
entre les autres nœuds. Les cornes font
d'une couleur blonde plus ou moins
claire ; chaque corne eft creufe, & la

cavité fe trouve remplie par un os de figure conique, qui eft creux, dont la cavité s'étend loin dans l'os frontal, & communique par conféquent avec les finus frontaux. La tête du Bœuf n'eft pas fi allongée que celle du Cheval, parce que fes mâchoires ne font pas fi lóngues. L'os occipital fe trouve dans la face poftérieure, & les pariétaux, qui font très-petits, femblent être cachés au-deffous des cornes : c'eft l'os frontal qui termine la face du Bœuf, par un bord tranfverfal qui s'étend d'une corne à l'autre, qui fe prolonge de chaque côté & entre dans les cornes ; l'os frontal forme la moitié fupérieure de la face, & c'eft dans cet os que réfide la principale différence qui fe trouve entre la tête du Bœuf & celle du Cheval. Les orbites des yeux font placées à côté de l'os frontal, & au-deffous de fes apophyfes ; l'articulation de la tête avec la premiere des vertebres, fe trouve un peu au-deffus de la moitié de la hauteur de fa face fupérieure. On diftingue à l'os hyoïde neuf os féparés par des cartilages. Il y a fept vertebres au col, dont la premiere eft fort reffemblante à celle du Cheval ; les cinq dernieres font beaucoup moins longues que la premiere & la feconde. Il paroît, par la grandeur des apophyfes des vertebres du col, qu'il doit être beaucoup plus fort que celui du Cheval. La portion de la colonne vertébrale, qui eft compofée de vertebres dorfales, a deux pieds un pouce de longueur ; il y a treize vertebres & treize côtes : on compte huit vraïes côtes & feize fauffes ; les plus longues font la huitieme, la neuvieme & la dixieme ; toutes les côtes font minces. Le fternum eft compofé de fept os ; le cartilage xiphoïde eft offifié, & terminé en avant par deux branches qui tiennent au dernier os du fternum. Les vertebres lombaires font au nombre de fix ; elles reffemblent à la derniere des dorfales pour le corps & pour les apophyfes épineufes, qui font toutes fort larges. L'*os facrum* ne paroît que comme une continuation de la colonne vertébrale ; il y a quatre trous de chaque côté, & femble compofé de cinq fauffes vertebres, qui ont chacune leur apophyfe épineufe ; mais les quatre premieres font prefqu'entiérement foudées les unes avec les autres ; toutes les apophyfes font inclinées en arriere ; il n'y a que treize fauffes vertebres dans la queûe, qui diminuent peu-à-peu de groffeur.

La croupe du Bœuf eft bien différente de celle du Cheval ; auffi les parties poftérieures du baffin different-elles pour la figure & la pofition dans ces deux animaux : cependant les os des hanches font à-peu-près femblables dans l'un & dans l'autre ; chacun de ces os forme dans le Bœuf une efpece de triangle dont la bafe eft en haut ; elle eft convexe en avant & échancrée dans le milieu ; l'angle externe préfente une groffe tubérofité, qui eft fort apparente dans les Vaches maigres.

Le corps de l'os de la hanche eft affilé ; il s'élargit en-deffus & en-deffous ; la cavité cotyloïde a près de deux pouces de diametre. Les os ifchions font encore plus gros dans le Bœuf que dans le Cheval, parce que les côtes font moins concaves, & que l'apophyfe caracoïde eft moins faillante. L'*humerus* a dix pouces & demi de longueur, & cinq pouces de circonférence à l'endroit le plus petit ; fa tête eft environnée de trois apophyfes ,

dont deux font placées en dedans, &
la troifieme en dehors; l'os du coude
eft foudé derriere l'os du rayon, & ne
le touche qu'aux deux extrémités. L'os
du rayon eft plus large qu'épais; fon
extrémité inférieure eft terminée de
chaque côté par une apophyfe ftyloïde;
la forme a treize pouces de longueur,
y compris le grand *trochanter*. Les ro-
tules font terminées en pointe par le
bas; elles ont deux pouces & demi de
longueur; la face extérieure eft fort
inégale; le côté intérieur ne forme
point d'angle comme l'extérieur. Le
tibia eft affez reffemblant à celui du
Cheval; il a treize pouces de longueur;
le corps de l'os eft triangulaire; il n'y
a point de péroné. La carpe n'eft compofée que de fix os, difpofés en deux
rangs; il y en a quatre dans le premier, & feulement deux dans le fecond; il y a pareillement fix os dans le
tarfe comme dans celui du Cheval,
mais ils ne font pas difpofés de la
même façon dans l'un & dans l'autre
de ces animaux; les os des canons font
fillonnés fur leur longueur dans la face
de devant, par une gouttiere, qui eft
plus profonde fur les canons des jambes de derriere, que fur ceux des jam-

bés de devant. Les premiéres phalānges de tous les pieds ont un pouce onze lignes de longueur ; il se trouve derriere l'articulation de chacun dès os des premieres phalanges, avec l'os du canon, deux os sesamoïdes de figure fort irréguliere. Ainsi, il y a quatre os sesamoïdes dans chaque pied, deux à chaque doigt ; derriere chaque paire d'os sesamoïdes sont placés deux autres osselets, dont l'un est très-petit.

On trouve dans le cœur du Bœuf, au-dessous de la valvule sigmoïde qui est derriere l'oreille droite, un os oblong, qui suit la courbure de l'entrée du ventricule gauche, & un autre os plus petit, mais à-peu-près de même figure que le premier, & à l'entrée du même ventricule, au-dessous de la valvule sigmoïde, qui est derriere l'oreillette gauche.

Quant aux parties intérieures du Bœuf, on apperçoit à l'ouverture de l'abdomen, l'épiploon qui s'étend sur tous les intestins jusqu'à la vessie. On distingue quatre estomacs dans cet animal ; le premier, c'est-à-dire celui auquel l'œsophage aboutit, est le plus grand de tous ; on l'appelle la *panse*,

l'*herbier*, ou. la *double* : oŋ a donné au
fecond, qui n'eſt; à dire.vrai, qu'une
continuation du .premier,. le nom ,de
refeau, *bonnet*, ou *chaperon* ; le troifieme,
bien diftingué des deux premiers , &
qui n'y communique que par un orifice aſſez étroiʈ., eſt nommé le *feuillet*,
, ou *myre-feuillet*, *millet*, *paſeaulier*, *mellier*
ou *meulier* ;. il eſt plus grand.que- le *bonnet*, & plus petit que la *caillette*, qui eſt
le quatrieme eſtomac , auquel on a·
auſſi donné le nom de *franche-mulle*. Le·
duodenum s'étend en arriere juſqués
dans le flanc droit ; le jejunum & l'i-
leum. font leurs circonvolutions der--
riere , & au· côté droit de la panſé,.
fous le cœcum., qui s'étend. tranſver-
falement. de droite à gauche , dans les·
régions iliaques & hypogaſtriques; le
colon .occupe le côté droit, & forme
pluſieurs circonvolutions preſqu'ovales, qui font pelotonnées enſemble.
Les inteſtins grêles ont cent quatorze
pieds de longueur,. depuis le pylore
juſqu'au *cœcum ;* la longueur du *colon* &
celle du *rectum* priſes enſemble font de
trente-quatre pieds , auxquels il faut·
ajouter celle des· inteſtins grêles, qui
eſt de cent quatorze pieds , pour avoir·
la longueur· du. canal inteſtinal en en-

tier, qui fera de cent quarante-huit
pieds, non compris le *cœcum*, qui a
deux pieds & demi de longueur. Le
foie, placé du côté droit, eft divifé
en trois lobes, deux grands & un petit; la couleur de ce vifcere eft noirâtre. La véficule du fiel, qui s'étend
fouvent de cinq pouces au-delà des
bords du foie, forme une poche qui
a environ fept pouces de longueur.
La rate eft fituée fur la partie gauche
de la panfe; elle a un pied huit pouces de longueur; elle eft d'une couleur grife au dehors, & d'un rouge
noirâtre au dedans. Le pancreas aboutit par une de fes branches au *duodenum*. Les reins font compofés de plufieurs tubercules, & paroiffent divifés en plufieurs parties. Le centre nerveux du diaphragme a un pied fept
pouces de largeur dans le milieu, &
fa plus grande longueur du haut en
bas, & de devant en arriere, eft d'un
pied & demi; la partie charnue a cinq
pouces de largeur entre la pointe du
centre nerveux & le *fternum*. Le poumon droit eft diftingué en quatre lobes, dont trois font rangés de file. Le
quatrieme lobe eft le plus petit de tous;
il n'y a dans le poumon gauche que

deux lobes, dont l'antérieur eſt preſque ſéparé en deux parties par une
échancrure profonde, comme celle du
lobe intérieur du côté droit. Le cœur
eſt ſitué dans le milieu de la poitrine,
la baſe en haut & la pointe en bas ;
la langue a environ un pied trois pouces de longueur ; il y a ſur la ſurfa-
ce ſupérieure de la partie antérieure
de la langue, des filets pointus fort
durs, & dirigés en arriere. Ces filets
font l'effet d'une rape, lorſqu'on y
paſſe la main à rebours ; l'épiglotte eſt
recourbée & recoquillée en arriere ;
le cerveau a quatre pouces & demi de
longueur.

Telle eſt la deſcription du Bœuf que
donne M. d'Aubenton. Voyons actuellement quelles ſont les parties de
la génération, tant intérieures qu'ex-
térieures avant ſa caſtration. Il y a
environ deux pieds de diſtance entre
l'anus & le ſcrotum, qui s'étend au-
deſſus du ventre, de la longueur d'un
demi-pied. Le Taureau a quatre mamelons bien apparens, & ſitués au-devant du ſcrotum, deux de chaque
côté de la verge, & à un pouce de
diſtance l'un de l'autre. Cette poſition
des mamelons du Taureau correſpond

à celle des mamelles de la Vache.
La verge a deux pieds quatre pouces
de longueur, depuis la bifurcation du
canal caverneux jufqu'à l'infertion du
prépuce ; elle eft applatie fur fa longueur comme le gland, & elle a la
même largeur & la même épaiffeur
que la bafe du gland. Les tefticules
font ovoïdes ; ils ont quatre pouces
& demi de longueur ; leur fubftance
intérieure eft de couleur jaunâtre, &
il y a au dedans une efpece de noyau
longitudinal de couleur blanche. L'é-
pididyme defcend de deux pouces fur
le bord inférieur du tefticule ; fon extrémité poftérieure déborde de neuf
lignes au-delà du bout du tefticule, &
forme un tubercule, qui a environ neuf
lignes de diametre ; il y a deux cordons qui tiennent par une de leurs
extrémités aux premieres vertebres de
la queue, & qui fe joignent au-deffous
de l'anus, après l'avoir entouré ; ils
font plats ; ils s'étendent le long de
la verge jufqu'à l'endroit auquel ils
adherent, & où la verge forme une
double courbure en façon d'S romaine ;
ils s'épanouiffent fur les côtés de la
verge jufqu'au prépuce, qui a auffi
deux mufcles. Ces mufcles s'étendent

fous l'abdomen, & fe prolongent par des parties tendineufes jufqu'aux environs de l'anus; ils paroiffent fervir à tirer le prépuce en arriere. La veffie eft ovale; l'uretre eft revêtu au dehors d'un mufcle fort épais, & la longueur de ce canal eft de fix pouces depuis la veffie jufqu'à la bifurcation des corps caverneux. Les véficules féminales font compofées de plufieurs cellules, comme dans l'homme; chacune des véficules a quatre pouces de longueur; les proftates font longues de quinze lignes; il fe trouve auprès des mufcles accélérateurs, deux glandes qui s'ouvrent dans l'uretre, & qui contiennent une liqueur jaunâtre, de même que les proftates; il n'y a que la caftration feule qui met de la différence entre le Bœuf & le Taureau, & qui fait que celui-là eft pefant, lâche & timide, tandis que celui-ci eft plein de feu, vif, hardi & vigoureux.

A l'égard des parties naturelles de la Vache, fi on les confidere anatomiquement, on trouve qu'il y a environ deux pouces de diftance entre l'anus & la vulve, dont la longueur n'eft que de trois pouces; les quatre mamelons forment un quarré par leur

pofition; ils ont tous les quatre deux
pouces de hauteur, & environ trois
pouces de circonférence à la bafe;
l'extrémité en eft arrondie, & percée
d'un orifice, qui eft la bouche d'un canal, dont le diametre n'a environ
qu'une ligne; mais le canal s'élargit à
mefure qu'il approche de la mamelle,
dont la partie inférieure eft creufe, &
ne forme qu'une cavité au-deffus du
mamelon jufqu'à la fubftance glandu-
leufe qui eft dans leur fond; elle forme
une maffe, qui a dix pouces de longueur; elle eft diftinguée en deux parties égales, une à droite, & l'autre à
gauche, qui font réunies par un tiffu
cellulaire; chacune de ces portions
forme donc une mamelle qui a deux
cavités; il y a un mamelon pour chaque cavité, & par conféquent deux
mamelons dans chaque mamelle. Le
gland du clitoris eft peu faillant; le
vagin a un pied de longueur, & il y
a dans le vagin plufieurs rides longitudinales; la veffie eft prefque ronde,
beaucoup plus ample que celle du
mâle, & l'uretre a quatre pouces de
longueur. L'orifice de la matrice eft
rond, environné de tubercules affez
gros; fon corps eft naturellement fort

petit ; les cornes qui font adoffées l'une contre l'autre ont un pied huit pouces de longueur depuis le corps de la matrice jufqu'à leur extrémité. Le tefticule eft de figure ovale, la trompe aboutit à un pavillon.

Pour qu'un Taureau foit propre à fervir un troupeau de Vaches, il faut qu'il foit gros, bien fait, & en bonne chair ; il doit avoir l'œil noir ; le regard fier , le front ouvert, la tête courte, les cornes groffes, courtes & noires, les oreilles longues & velues, le muffle grand, le nez court & droit, le col charnu & gros, les épaules & la poitrine larges , les reins fermes, le dos droit , les jambes groffes & charnues, la queue longue & bien couverte de poils, l'allure ferme & fûre, & le poil rouge ; il faut en outre qu'il foit de moyen âge , entre trois ans & neuf ; paffé ce temps , il n'eft plus bon qu'à engraiffer : on fera très-bien de ne lui fervir que quinze Vaches, quoique pour l'ordinaire on lui en laiffe jufqu'à foixante. Les Vaches retiennent fouvent dès la premiere, feconde ou troifieme fois ; & dès qu'elles font une fois pleines, le Taureau refufe de les couvrir, quoiqu'il y

ait encore apparence de chaleur ; mais
plus communément cette chaleur cesse
presque aussi-tôt qu'elles ont conçu,
& elles refusent aussi elles-mêmes les
approches du Taureau. La Vache est
à dix-huit mois en pleine puberté, &
le Taureau à deux ans; mais on fera
très-bien de ne les laisser accoupler
qu'à l'âge de trois ans. La durée de leur
vie est ordinairement de quatorze ou
quinze ans.

Quoique les Anciens aient prétendu
que la Vache, le Bœuf, & même le
Veau, avoient la voix plus grave que
le Taureau; il n'est pas moins vrai de
dire que le Taureau a la voix beaucoup plus forte, puisqu'il se fait entendre de plus loin. Ce qui leur a sans
doute fait faire cette observation, c'est
que le mugissement du Taureau n'est
pas un son simple, mais un son composé de deux ou trois octaves, dont
la plus élevée frappe le plus l'oreille ;
& si l'on y prête attention, on entend
en même temps un son grave, & plus
grave que celui de la Vache, du Bœuf
& du Veau, dont les mugissemens sont
aussi beaucoup plus courts : d'ailleurs
le Taureau ne mugit que d'amour ;
mais la Vache mugit plus souvent

d'horreur & de peur que d'amour, &
le veau mugit de douleur, de befoin
de nourriture, & du defir de fa mere.

Le Taureau entre en fureur à la vuë
de la couleur rouge ; il combat géné-
reufement pour le troupeau, & marche le premier à la tête. S'il y a deux
troupeaux de Vaches dans un champ,
les deux Taureaux s'en détachent, &
s'avancent l'un vers l'autre en mugif-
fant. Lorfqu'ils font en préfence, ils
s'entreregardent de travers, ne refpi-
rent que la vengeance ; ils grattent la
terre avec leurs pieds, & font voler
la pouffiere pardeffus leur dos ; ils fe
joignent bientôt avec impétuofité, fe
battent avec acharnement, & ne ceffent le combat que lorfqu'on les fépare, ou que le plus foible eft contraint
de le céder au plus fort ; pour lors le
vaincu fe retire tout trifte & tout hon-
teux, tandis que le vainqueur s'en retourne tête levée, triomphant & tout
fier de fa victoire. Cet animal va har-
diment au-devant de l'ennemi ; il ne
craint ni le chien ni le loup, pas même
l'ours, ni le lion ; enfin dans les com-
bats, tant publics que particuliers, qu'il
a à foutenir, foit contre les hommes,
foit contre les animaux auxquels il eft

facrifié, il fait face aux affaillans avec
tant de courage, qu'il ne fuccombe
qu'à la derniere extrémité, percé de
mille coups, ou déchiré.de belles
dents.

La chair du Taureau n'eft pas à beaucoup près fi falutaire, ni fi agréable
que celle du Bœuf; auffi n'en fait-on
guere ufage en aliment; mais en Médecine, on fe fert de fon fang, de fa
graiffe, de fa moëlle, de fon fiel, de
fes cornes, de fes ongles & de fon
priape.

Le fang du Taureau, pris intérieurement, a anciennement paffé pour un
poifon; cependant les expériences
qu'on a faites tout récemment démen-
tént cette affertion; on l'ordonné
même actuellement dans la dyffenterie, dans les regles trop abondantes,
dans le crachement de fang, & dans
toutes les hémorrhagies internes; on
le mêle avec le vinaigre de vin, & on
le donne à la dofe d'un gros dans
les potions vulnéraires, aftringentes.
Pour ce qui concerne fes propriétés à
l'extérieur, elles font les mêmes que
celles du fang des autres animaux; il
eft donc diffolvant & apéritif: on s'en
fert en liniment, dès qu'il s'agit d'a-

mollir & de difcuter les tumeurs, d'effacer les taches de la peau, & de diffiper les verrues; mais on l'emploie
plus particuliérement, lorfque quelque
membre eft foible ou atrophié : on
fait pour lors plonger la partie dans
la gorge d'un Taureau ou d'un Bœuf
nouvellement tué, ce qui la ranime,
la rend plus fouple & plus propre au
mouvement. Quelques Auteurs confeillent l'eau diftillé du fang, pour
calmer les douleurs de la goutte; mais
on ne fait plus d'ufage pour le préfent
de ce remede.

La graiffe, la moëlle, le fiel & les
ongles du Taureau ont les mêmes propriétés que ces parties dans le Bœuf.
Le priape du Taureau pris en poudre
à la quantité d'un demi-gros, ou la
décoction à la dofe d'un gros, font
des rémedes approuvés dans la cure
de la dyffenterie & de la pleuréfie.

A R T I C L E   I I.

Du Bœuf.

Le Bœuf eft, fuivant M. de Buffon,
le plus eftimé d'entre les bêtes à cornes; il eft aifé à nourrir, & rend beau-

coup de fervice. Tout le monde doit
convenir que le Bœuf, le Mouton,
& les autres animaux qui. paiffent
l'herbe, non-feulement font les meilleurs, les plus utiles, les plus précieux,
pour l'homme, puifqu'ils le nourriffent, mais encore ceux qui confom-
ment & dépenfent le moins. Le Bœuf
eft fur-tout à cet égard l'animal par
excellence ; car il rend à la terre tout
autant qu'il en tire, & même il amé-
liore le fond fur lequel il vit; il engraiffe fon pâturage, au lieu que le
Cheval & la plupart des autres animaux amaigriffent en peu d'années
les meilleures prairies. Les animaux
qui ont des dents incifives aux deux
mâchoires, comme le Cheval &
l'Ane, broutent plus aifément l'herbe
courte que ceux qui manquent de
dents incifives à la mâchoire fupérieure; & fi le Mouton & la Chevre
la coupent de très près, c'eft parce
qu'ils font petits, & que leurs levres
font minces : mais le Bœuf, dont les
levres font épaiffes, ne peut brouter
que l'herbe longue, & c'eft par cette
raifon qu'il ne fait aucun tort au pâturage fur lequel il vit. Comme il ne
peut pincer que l'extrémité des jeunes

herbes, il n'en ébranle point la racine, & n'en retarde que très-peu l'accroiſ- ſement, au lieu que le Mouton & la Chevre les coupent de ſi près, qu'ils détruiſent la tige, & gâtent la racine: d'ailleurs le Cheval choiſit l'herbe la plus fine, & laiſſe grainer & ſe multi- plier la grande herbe, dont les tiges ſont dures; au lieu que le Bœuf coupe ces groſſes tiges, & détruit peu-à-peu l'herbe la plus groſſiere; ce qui fait qu'au bout de quelques années, la prairie ſur laquelle le Cheval a vécu n'eſt plus qu'un mauvais pré, tandis que celle que le Bœuf a broutée devient un pâturage fin; mais ce ne ſont pas là les ſeuls avantages que le bétail procure à l'homme. Sans le Bœuf, les pauvres & les riches auroient beaucoup de peine à vivre; la terre demeureroit inculte, les champs & même les jar- dins ſeroient ſtériles (ainſi que nous l'obſerverons ci-après, en parlant de ſes uſages). C'eſt ſur lui que roulent tous les travaux de la campagne; il eſt le domeſtique le plus utile de la ferme, le ſoutien du ménage champêtre; il fait toute la force de l'agriculture; au- trefois il faiſoit toute la richeſſe des hommes, & aujourd'hui il eſt encore

la

la bafe de l'opulence des Etats, qui ne peuvent fe foutenir & fleurir que par la culture des terres, & par l'abondance du bétail, puifque ce font les feuls biens réels ; tous les autres ; & même l'or & l'argent n'étant que des biens arbitraires, des repréfentations des monnoies de crédit, qui n'ont de valeur qu'autant que le produit de la terre leur en donne. Le Bœuf ne convient pas autant que le Cheval, l'Ane, le Mulet & le Chameau, pour porter les fardeaux ; la forme de fon dos & de fes reins le démontre ; mais la groffeur de fon cou, & la largeur de fes épaules indiquent affez qu'il eft propre à tirer & à porter le joug ; c'eft auffi de cette maniere qu'il tire le plus avantageufement, & il eft fingulier que cet ufage ne foit pas général, & que dans des Provinces lige nes. La feule raifon qu'on en puiffe donner, c'eft que quand il eft attelé par les cornes, on le

ne laiffe pas de tirer affez bien de cette façon ; mais avec beaucoup moins d'avantage, que quand il tire par les épaules. Il femble avoir été fait exprès pour la charrue ; la maffe de fon corps,

Tom. II. B

la lenteur de ses mouvemens, le peu de hauteur de ses jambes, tout, jusqu'à sa tranquillité & sa patience dans le travail, semble concourir à le rendre propre à la culture des champs, & plus capable qu'aucun autre de vaincre la résistance constante & toujours nouvelle que la terre oppose à ses efforts. Le Cheval, quoique peut-être aussi fort que le Bœuf, est moins propre à cet ouvrage; il est trop élevé sur ses jambes, ses mouvemens sont trop grands, trop brusques, & d'ailleurs il s'impatiente & se rebute trop aisément; on lui ôte même toute la légéreté, toute la souplesse de ses mouvemens; toute la grace de son attitude & de sa démarche, lorsqu'on le réduit à ce travail pesant, pour lequel il faut plus de constance que d'ardeur, plus de masse que de vîtesse, & plus de poids que de ressort. Les animaux les plus pesans & les plus paresseux ne sont pas ceux qui dorment le plus profondément, ni le plus long-temps; le Bœuf dort, mais d'un sommeil court & léger; il se réveille au moindre bruit; il se couche ordinairement sur le côté gauche, & le rein ou rognon de ce côté gauche est toujours plus gros & plus chargé de graiſſe que le rognon du côté droit. Cet animal eſt aſſez ſujet à avoir une bouteille d'eau dans un des rognons ; quelquefois on a trouvé un rein gros comme la tête d'un enfant, tandis que l'autre n'étoit pas plus gros qu'un rognon de Mouton; il y a même des Bœufs qui n'ont qu'un rognon, tandis que de l'autre côté on ne trouve qu'un peloton de graiſſe.

Le Cheval mange nuit & jour lentement , mais preſque continuellement; le Bœuf au contraire mange vîte, & prend en aſſez peu de temps, dans une heure, toute la nourriture qu'il lui faut; après quoi il ceſſe de manger, & ſe couche pour ruminer. Cette différence vient de là différente conformation dans l'eſtomac de ces animaux. Le Bœuf, dont les deux premiers eſtomacs ne forment qu'un même ſac d'une très-grande capacité, peut ſans inconvénient prendre à la fois beaucoup d'herbe, & le remplir en peu de temps, pour ruminer enſuite, & digérer à loiſir.

Le Cheval, qui n'a qu'un petit eſtomac, ne peut y recevoir qu'une très-petite quantité d'herbe, & le remplir ſucceſſivement, à meſure qu'elle s'af-

faiſſe, & qu'elle paſſe dans les inteſtins, où ſe fait principalement la décompoſition de la nourriture ; car M.
de Buffon ayant obſervé, à ce qu'il
dit, dans le Bœuf & dans le Cheval
le produit ſucceſſif de la digeſtion,
& ſur-tout la décompoſition du foin,
il a remarqué dans le Bœuf, qu'au
ſortir de la panſe, qui forme le ſecond eſtomac, il eſt réduit dans une
eſpece de pâte verte, ſemblable à des
épinards hachés & bouillis ; que c'eſt
ſous cette forme qu'il eſt retenu dans
les plis ou livrets du troiſieme eſtomac;
que la décompoſition en eſt entiere
dans le quatrieme eſtomac, & que ce
n'eſt pour ainſi dire que le marc qui
paſſe dans les inteſtins ; au lieu que
dans le Cheval, le foin ne ſe décom-
poſe gueres, ni dans l'eſtomac, ni dans
les premiers boyaux, où il devient ſeulement plus ſouple & plus flexible,
comme ayant été macéré & pénétré
de la-liqueur entiere, dont il eſt environné; qu'il arrive au cœcum & au
colon ſans grande altération ; que c'eſt
principalement dans ces deux inteſtins, dont l'énorme capacité répond à
celle des animaux ruminans, que ſe fait
dans le Cheval la décompoſition de la

nourriture, & que cette décompofition n'eft jamais aufli entiere que celle qui fe fait dans le quatrieme eftomac du Bœuf.

Par ces mêmes confidérations, & par la feule infpection des parties, il eft facile, felon M. de Buffon, de concevoir comment fe fait la rumination, & pourquoi le Cheval ne vomit, ni ne rumine; au lieu que dans le Bœuf & les autres animaux qui ont plufieurs eftomacs, ils femblent ne digérer l'herbe qu'à mefure qu'ils ruminent. La rumination n'eft qu'un vomiffement fans effort, occafionné par la réaction du premier eftomac; c'eft que le conduit de l'œfophage arrivant très-obliquement dans l'eftomac du Cheval, dont les membranes forment une épaiffeur confidérable, fait dans cette épaiffeur une efpece de gouttiere fi oblique, qu'il ne peut pas fe ferrer davantage, au lieu de s'ouvrir par les convulfions de l'eftomac.

On prétend que les Bœufs qui mangent lentement, réfiftent plus long-temps au travail que ceux qui mangent vîte; que les Bœufs des pays élevés & fecs font plus vifs, plus vigoureux & plus fains que ceux des pays bas &

humides.; que tous deviennent plus
forts , lorfqu'on les nourrit de foin
fec, que quand on ne leur donne que
de l'herbe molle ; qu'ils s'accoutument
plus difficilement que les Chevaux au
changement de climat, & que par cette
raifon , on ne doit jamais acheter que
dans le voifinage les Bœufs pour le
travail.

Le Bœuf n'eft pas fi pefant, ni fi
mal-adroit qu'il paroît au premier afpect ; il fait fe tirer d'un mauvais pas
auffi bien , & même mieux que le Cheval. Un de ces hommes qu'on appelle
vulgairement Toucheurs de Bœufs,
trouvant un pré dans fon chemin, au
rapport de MM. Salerne & Arnaud de
Nobleville , y fait entrer fes Bœufs
pour pâturer ; mais excédé de fatigue, il fe couche en travers fur la bre-
che faite à la haie, & s'endort; quelques momens après, un de ces Bœufs
s'approche tout doucement, & fentant
cet homme endormi, paffe adroitement pardeffus lui fans le toucher ; un
fecond en fait autant, enfuite un troifieme, un quatrieme, & ainfi tout le
troupeau défile. Enfin l'homme fe réveille, regarde tout autour de lui, &
eft bien étonné de voir que fes Bœufs

ne font plus dans le pré où il les croyoit en fûreté. Ce n'eft pas pour cette feule fois que ce fait eft arrivé, principalement quand il n'y a point de chien pour veiller à la place du Maître.

Les Bœufs du Bas-Poitou ont pour l'ordinaire une graiffe jaune : on les engraiffe fort jeunes, & même fans les avoir fait travailler ; ils font affez doux, mais extrêmement peureux ; & comme ils s'effarouchent aifément, on les fait plus marcher de nuit que de jour ; quelquefois ils s'épouvantent fi fort, dans une Foire ou dans un Marché, qu'on court rifque d'être bleffé ou tué par ces animaux, qui n'écoutent plus rien, & ne ceffent de courir à perte d'haleine, que quand ils fe trouvent épuifés de laffitude.

Prefque tous les Bœufs qu'on tue fe laiffent affommer fans rien dire ; un feul coup ou deux fuffifent au plus pour les abattre ; cependant quelques-uns pouffent d'horribles mugiffemens fous les coups ; on eft quelquefois pour lors obligé de leur en donner plus de cent avant de pouvoir les faire tomber.

On lit dans les Mémoires de l'Académie, que M. Duverney a fait voir à cette favante Compagnie le cerveau

d'un Bœuf pétrifié prefqu'en toutes
fes parties, & pétrifié jufqu'à égaler
même la dureté d'un caillou; il reftoit
feulement en quelques endroits ün peu
de fubftance molle & fpongieufe ; la
moëlle de l'épine s'étoit confervée
dans fon état naturel, de même que
les nerfs qui étoient à la bafe du crâne;
le corcelet étoit auffi pétrifié que le
cerveau; la pie-mere étoit auffi comprife dans le changement général, &
toute la maffe enfemble en étoit fi dé-
figurée, que l'on avoit peine d'abord
à reconnoître les parties, & à nommer
chacune par fon nom; le Bœuf étoit
fort gras, & fi vigoureux, que lorfque le Boucher avoit voulu le tuer,
il s'étoit échappé jufqu'à quatre fois,
circonftance très-remarquable.

Un Bœuf qui a une côte ou une
jambe caffée fe la remet facilement,
quand bien même on n'y appliqueroit
point d'ecliffe. Dans cent Bœufs, on
en trouve fouvent dix qui ont eu
quelques côtes caffées; cette côte s'eft
reprife, & le calus en eft auffi dur que
du fer.

Pour bien choifir un Bœuf propre
au travail, il faut qu'il ait la tête courte
& ramaffée; l'oreille grande, velue &

ûnie ; la corne forte , luifante , & de moyenne grandeur ; le front large ; les yeux gros & noirs ; les nafeaux ouverts ; la dent blanche & égale ; les levres noires , le cou charnu ; les épaules groffes , larges & chargées de chair ; le fanon pendant jufques fur les genoux ; les côtés étendus ; les reins larges & forts ; le ventre fpacieux & tombant en bas ; les flancs propor- tionnés à la groffeur du ventre ; les han- ches longues ; la croupe épaiffe & ronde ; les jambes & les cuiffes groffes, charnues & nerveufes ; la queue pen- dante jufqu'à terre , & garnie de poils déliés & touffus ; le pied ferme , l'on- gle court & large ; il faut en outre qu'il foit jeune , docile , prompt à l'ai- guillon ; qu'il obéiffe à la voix ; qu'il foit facile à manier ; il doit avoir en outre le poil luifant , doux , épais, roux : on n'eftime gueres les Bœufs blancs ou mouchetés.

Quand le Bœuf a une fois atteint l'âge de dix ans, il n'eft plus propre qu'à engraiffer. Cet animal ne paffe ja- mais gueres plus que quatorze ou quinze ans en vie. Ce n'eft pas peu de chofe que d'habituer cet animal à porter le joug, il faut s'y prendre de

bonne heure. Dès l'âge de deux ans
& demi ou trois ans au plus tard, on
commence à l'apprivoiser, pour mieux
le subjuguer ; car pour peu qu'on differe, il devient indocile, & pour l'ordinaire intraitable; ce n'est que par la
patience, la douceur & les caresses
qu'on en peut venir à bout; si on en
venoit à la force & aux mauvais traitemens, ce seroit le vrai moyen de le
rebuter : on lui frotte d'abord le corps
en le flattant; on lui donne de temps
en temps de l'orge bouilli, des feves
concassées, & d'autres nourritures semblables qu'on sait qu'il aime le mieux,
sur-tout avec du sel: on lui lie aussi
souvent les cornes ; on lui met ensuite quelque temps après le joug ;
après on l'attele à la charrue avec un
autre Bœuf de même taille, & qui
sera déja dressé: on les attache ensemble à la mangeoire; on les mene au
pâturage, pour qu'ils se connoissent,
& s'habituent à n'avoir que des mouvemens communs. Il faut bien se donner
de garde de se servir d'abord de l'aiguillon ; on le rendroit par-là dès le
commencement intraitable : il faut
aussi le ménager pour le travail, de
peur qu'il ne se fatigue trop: on lui

donnera abondamment à manger pendant qu'on l'exercera.

Il arrive souvent qu'un jeune Bœuf est très-difficile à retenir ; qu'il est impétueux, prompt à donner du pied, ou sujet à heurter de ses cornes. Pour lui ôter tous ces défauts, on l'attachera bien ferme dans son étable, & on l'y laissera jeûner pendant quelque temps. Quand il a le défaut d'être rétif, on prend un bâton tiré tout chaud du feu, & après l'avoir brûlé par un bout, on en bat les fesses du Bœuf, & on l'oblige de cette façon à marcher.

Lorsqu'un Bœuf est peureux, la moindre chose l'effraie ; le meilleur remede qu'on y puisse apporter, c'est de veiller toujours sur ces animaux, afin de les retenir, quand la peur les prend ; ils en guérissent à mesure que le travail & l'âge diminuent leur vivacité.

Un autre défaut encore dans le Bœuf, c'est d'être furieux ; le trop de repos le rend souvent tel. Si-tôt qu'on s'apperçoit de ce défaut, il faut lier les quatre jambes de l'animal pour le terrasser, & ne lui donner que fort peu à manger ; sa fureur passe souvent dans la huitaine.

Pour remédier à ce vice, on prend

encore un grand joug ; on attache cet
animal à une charrette bien chargée,
au milieu de deux autres Bœufs qui
foient un peu lents : on lui donné fouvent de l'aiguillon ; par ce moyen, on
le rendra en peu docile, & on abattra
fa fureur.

. Les Bœufs à poils mouchetés & à
poils tout blancs, font fort fujéts à fe
coucher en travaillant ; il n'y a que l'aiguillon dont on puiffe fe fervir pour
leur ôter ce défaut.

. On connoît l'âge du Bœuf par les
dents & par les cornes ; les premieres
dents de devant tombent à dix mois,
& font remplacées par d'autres, qui
font moins blanches & plus larges ; à
feize ou dix-huit mois, les dents voifines de celles du milieu tombent pour
faire place à d'autres. Toutes les dents
incifives du Bœuf font renouvellées
en trois ans ; elles font pour lors égales, longues & affez blanches ; à mefure que l'animal vieillit, elles s'ufent,
& deviennent inégales & noires. Les
cornes des Bœufs fe renouvellent auffi
à trois ans, pour ne plus tomber ; elles
font ordinairement plus groffes & plus
longues que celles du Taureau. L'accroiffement des fecondes cornes du

Bœuf ne se fait pas d'une maniere uniforme, & par un développement
égal ; au commencement de la quatrieme année d'un Bœuf, il sort deux petites cornes pointues, nettes, unies,
& terminées vers la tête par une efpece de bourrelet ; l'année suivante,
ce bourrelet s'éloigne de la tête, &
forme un cylindre, qui fe termine encore par un autre bourrelet. On compte
les années par le nombre des bourrelets, qui font des noeuds annulaires,
en commençant d'abord à compter
trois ans pour la pointe de la corne,
enfuite un an par chaque anneau.

On fait travailler les Bœufs pendant
l'été, le matin, depuis la pointe du
jour jufqu'à neuf heures, & le foir,
depuis deux heures jufqu'après le foleil couché ; au printemps, en hiver
& en automne, on les fait travailler
fans difcontinuer, depuis neuf heures
du matin jufqu'à cinq heures du foir.
Le Bœuf eft infiniment préférable
au Cheval pour le labour ; il va toujours d'un pas égal ; il ne lui faut ni
avoine, comme aux Chevaux, ni prefque point de foin. Un Cultivateur n'a
befoin avec le Bœuf, ni de Maré-
chaux, ni de harnois; on ne le ferre

jamais, & un bois en forme de joug
eft tout le harnois qu'il lui faut : on le
nourrit ordinairement de paille, quelquefois cependant de foin, lorfqu'il travaille. A défaut de foin pendant l'été,
on lui donnera de l'herbe fraîchement
coupée. Les feuilles de frêne, d'orme
& de chêne, plaifent beaucoup aux
Bœufs ; mais l'excès de ces feuilles leur
occafionne quelquefois un piffement de
fang. La luzerne, le trefle, le fainfoin,
la vefce, les lupins, l'orge bouilli,
font pour le Bœuf la meilleure des
nourritures ; il faut cependant fe donner de garde de leur donner trop de
luzerne.

Quand on fe trouve dans un pays
abondant en pâturage, on y fait paffer les nuits aux Bœufs, fous la garde
d'un Valet : c'eft une grande épargne.
Les premieres herbes ne leur valent
rien ; & ce n'eft que vers la mi-Mai
qu'il faut les mener paître ; au mois
d'Octobre, on les met au fourrage ;
mais il faut avoir fur-tout l'attention
de ne point les faire paffer tout-à-coup,
mais peu-à-peu, du fec au verd, & du
verd au fec.

Quand les Bœufs font de retour de
leurs travaux, on les frotte avec des

bouchons de paille, fur-tout s'ils font
en fueur : on ne les attache à l'étable,
que quand cette fueur eft paffée : on
leur lave les pieds , pour en ôter , foit
les pierres , foit les épines, ce qui,les
feroit boiter.

Pour empêcher les Bœufs d'être tour-
mentés par les mouches , on les frotte
avec des baies de laurier coupées très-
mince , & cuites dans de l'huile , ou
bien avec de la falive des Bœufs
même.

Les Bœufs ne font vraiment propres pour le travail que jufqu'à dix ans ;
ainfi, paffé ce temps , il faut les engraiffer , & ne pas différer davantage,
fi l'on veut qu'ils prennent bien ce
qu'on dit communément la graiffe.
Quoiqu'on puiffe les engraiffer dans
toute faifon , cependant on préfere
l'été, comme la faifon la plus favorable ; on les mene pâturer de grand
matin ; on les ramene à l'étable, quand
la chaleur commence à fe faire fentir ;
on les y laiffe ruminer & dormir fraîchement & au large ; jufqu'à ce que
la grande chaleur étant paffée , on
puiffe les remettre dans les pâturages,
pour le refte du jour : on leur donne de

la bonne litiere, & de l'herbe fraîchement coupée pour la nuit.

Si on les engraiſſe en hiver, on les
tient chaudement dans l'étable, depuis
la Saint-Martin juſqu'au mois de Mai,
ſans les laiſſer ſortir : on leur donne
de bon foin, & même ſans ménage-
ment : on peut mêler le foin avec un
tiers de paille d'orge, & par ce moyen
on épargne : on leur donne en même
temps ſur le ſoir des pelottes faites
avec de la farine de ſeigle, d'orge ou
d'avoine, pétries avec de l'eau tiede &
du ſel : on leur hache auſſi quelquefois
de groſſes raves, qu'on leur donne
pour nourriture ; on les fait même ſouvent cuire, de même que les carottes,
les gros navets, les feuilles & grains de
maïs : on peut leur donner encore du
màrc de vin dans de l'eau chaude, &
y mêler beaucoup de ſon. Dans le
Pays Meſſin, on leur donne des toùr-
tes de chenevis, & même de ſuif.

On engraiſſe les Bœufs d'Auvergne
& du Limouſin avec du foin de haut
pré, du marc d'huile de noix, qu'on
mêle avec de gros navets & de la farine de ſeigle. Dans le Journal économique ſe trouve un Mémoire ſur

l'engrais des Bœufs. L'Auteur de ce Mémoire conseille de semer quelques portions de terre ou herbes balsamiques & odoriférantes, que l'on met en poudre bien fine, pour en répandre sur leur fourrage en forme d'assaisonnement, & suppléer par-là au sel.

On donne soir & matin, pendant les huit premiers jours, aux Bœufs qu'on engraisse, un seau d'eau échauffée au soleil, ou tiédie sur le feu, dans laquelle on aura jetté auparavant trois picotins de farine d'orge, sans avoir été blutée ; on laisse reposer l'eau, jusqu'à ce que le plus gros de la farine soit tombé au fond ; on lui donne ensuite à boire cette eau blanche, & on garde le fond pour mêler avec leurs alimens.

Si les Bœufs qu'on veut engraisser n'ont point d'appétit, il faut leur laver la langue avec du fort vinaigre & du sel, & leur jetter une poignée de sel dans la gorge. Rien n'est même meilleur pour les entretenir en appétit, que de mêler toujours du sel parmi leur nourriture. Un peu d'exercice pendant le temps qu'on emploie à l'engrais des Bœufs, contribue aussi à rendre leur chair meilleure,

On a obfervé que les Bœufs qu'on tue en Auvergne & en Limoufin font inférieurs pour le goût & la qualité à ceux qu'on amene de ces Provinces à Paris à petites journées ; le voyage perfectionne leurs engrais.

Les Bœufs font fujets à fe lécher, lorfqu'ils font en repos, ce qui les empêche, à ce qu'on dit, d'engraiffer. Pour obvier à cet inconvénient, il faut les bouchonner de temps en temps avec une forte décoction d'abfynthe. Quand on fait le choix d'un Bœuf, outre les attentions que nous avons dit devoir y apporter, on doit avoir fur-tout égard à la maniere dont il mange ; & au lieu de fa naiffance, on a toujours obfervé que les Bœufs qui mangent lentement, qui font d'une taille & d'un embonpoint médiocre, fourniffent mieux leur carriere à toute forte de travaux, que ceux qui mangent très-vîte. Ceux qui ont été élevés fur les montagnes, ou tirés du voifinage, font moins pareffeux, plus forts, plus fains, & en général de meilleur fervice que ceux que l'on tire des pays étrangers. Les Bœufs ne fe font pas aifément à l'air d'un nouveau climat ; il faut les ménager beaucoup là premiere année, sur-tout dans les grandes chaleurs, & les nourrir de foin sec pour les rendre plus forts, & moins sujets aux maladies.

Linnæus, dans ses *Amænitates Academicæ*, a fait l'énumération des plantes qui conviennent aux bêtes à corne, & de celles qui leur sont contraires. Celles qu'elles mangent très-bien sont : 1. *Ligustrum vulgare.* 2. *Veronica Ternifolia.* 3. *Veronica spicata.* 4. *Veronica mas.* 5. *Veronica scutellata.* 6. *Veronica beccabunga oblonga.* 7. *Veronica beccabunga rotunda.* 8. *Veronica pseudo-chamædris.* 9. *Veronica alpina.* 10. *Veronica oblongis cauliculis.* 11. *Veronica cymbalarifolia.* 12. *Veronica rutæfolia.* 13. *Anthoxanthum vulgare.* 14. *Scirpus sylvaticus.* 15. *Phalaris arundinacea.* 16. *Phleum vulgare.* 17. *Alopecurus infractus.* 18. *Milium suaveolens.* 19. *Melica nutans.* 20. *Agrostis stolonifera.* 21. *Agrostis tenuissima.* 22. *Agrostis supina.* 23. *Aira Dalekarlica.* 24. *Aira flexuosa.* 25. *Aira miliacea.* 26. *Aira radice jubata.* 27. *Poa gigantea.* 28. *Poa compressa repens.* 29. *Poa annua.* 30. *Poa vulgaris magna.* 31. *Poa angustifolia.* 32. *Poa media.* 33. *Poa alpina variegata.* 34. *Briza vulgaris.* 35. *Bromus vulgaris.* 36. *Bromus Upsaliensis.*

37. Bromus tectorum. 38. Bromus perennis maxima. 39. Festuca marginea agrorum. 40. Festuca vivipara. 41. Festuca
ovina. 42. Avena pratensis. 43. Avena
nodosa & arundo lacustris. 44. Lolium perenne. 45. Triticum rad. officinarum. 46.
Elymus maritimus. 47. Scabiosa succisa.
48. Asperula odorata. 49. Asperula rubeola. 50. Gallium Stœkense. 51. Gallium cruciata. 52. Aparine vulgaris. 53.
Aparine Parisiensis. 54. Sanguisorba Gothlandica. 55. Evonymus vulgaris. 56. Alchimilla alpina. 57. Cuscuta paralytica.
58. Potamegoton nutans. 59. Anchusa buglossum. 60. Symphitum majus. 61. Lycopsis arvensis. 62. Echium Scanense. 63. Hot-
tonia palustris. 64. Samolus maritima. 65.
Lysimachia vulgaris. 66. Lysimachia num-
mularia. 67. Anagallis rubra. 68. Convolvulus arvensis. 69. Polemonium glabrum.
70. Campanula vulgaris. 71. Campanula
trachelium. 72. Lonicera caprifolium. 73.
Ribes rubra. 74. Ribes Alpina. 75. Glaux
palustris. 76. Herniaria glabra. 77. Chenopodium purpurascens. 78. Chenopodiu
Londinense. 79. Chenopodium segetum. 80
Chenopodium stramonifolium. 81. Cheno
podium repandifolium. 82. Chenopodium
vulvaria. 83. Chenopodium polispermum
84. Ulmus campestris. 85. Daucus sylvestris.

86. Selinum palustre. 87. Laserpitium majus. 88. Heracleum vulgare. 89. Angelica alpina. 90. Angelica sylvatica. 91. Œthusa artedii. 92. Scandix hispida. 93. Scandix sativa. 94. Pimpinella officinarum. 95. Œgopodium repens. 96. Opulus palustris. 97. Allium ursinum. 98. Cepa sectilis. 99. Cepa pratensis. 100. Anthericum ossifragum. 101. Asparagus scanensis. 102. Convallaria polygonatum altissimum. 103. Convallaria cordifolia. 104. Juncus valantii. 105. Berberis spinosa. 106. Rumex acetosa pratensis. 107. Triglochin tricapsularis. 108. Triglochin sexlocularis. 109. Acerplatanoides. 110. Epilobium irregulare. 111. Erica vulgaris. 112. Vaccinium maximum. 113. Bistorta minor. 114. Polygonum vulgare. 115. Helxine scandens. 116. Dianthus vulgaris. 117. Dianthus Scanensis. 118. Dianthus Gothlandicus. 119. Cucubalus Behen. 120. Cucubalus dioicus. 121. Alsine vulgaris. 122. Alsine graminea. 123. Cerastium Lapponicum. 124. Sedum telephium. 125. Lythrum palustre. 126. Cratægus oxyacantha. 127. Sorbus aucuparia. 128. Pyrus pyraster. 129. Pyrus malus. 130. Mespilus cotonaster. 131. Filipendula molon. 132. Rosa major. 133. Rosa minor. 134. Rubus cæsius. 135. Rubus saxatilis. 136. Ru-

bus Nortlandicus. 137. *Rubus chamæmorus*. 138. *Potentilla anserina*. 139. *Potentilla fruticosa*. 140. *Potentilla reptans*. 141. *Potentilla ascendens*. 142. *Potentilla fragifera*. 143. *Potentilla Norvegica*. 144. *Tormentilla officinarum*. 145. *Geum suaveolens*. 146. *Papaver glabrum*. 147. *Tilia communis*. 148. *Thalictrum Canadense*. 149. *Thalictrum strictum*. 150. *Ranunculus vernus*. 151. *Galeopsis ladanum*. 152. *Brunella vulgaris*. 153. *Scutellaria vulgaris*. 154. *Antirrhinum Upsaliense*. 155. *Pedicularis sceptrum Carolinum*. 156. *Melampyrum tetragonum*. 157. *Melampyrum arvense*. 158. *Melampyrum cæruleum*. 159. *Melampyrum vulgare*. 160. *Melampyrum ringens*. 161. *Euphrasia vulgaris*. 162. *Euphrasia odontides*. 163. *Thlaspi arvense*. 164. *Thlaspi Bursa pastoris*. 165. *Lepidium perenne*. 166. *Lepidium Osyris*. 167. *Cochlearia vulgaris*. 168. *Cochlearia Danica*. 169. *Myagrum sativum*. 170. *Isatis maritima*. 171. *Turritis glabra*. 172. *Brassica perfoliata ferratum*. 173. *Brassica napus*. 174. *Sinapi arvensis*. 175. *Sisymbrium ferratum*. 176. *Sisymbrium pinnatifidum*. 177. *Sisymbrium sophia*. 178. *Erysimum Leucoii folio*. 179. *Erysimum barbarea*. 180. *Erysimum alliaria*. 181. *Crambe maritima*. 182. *Gera-*

nium *fanguineum.* 183. *Geranium batrachoides.* 184. *Geranium gratia Dei.* 185. *Geranium Cicutarium.* 186. *Malva Scanica.* 187. *Malva Alcea.* 188. *Malva fuaveolens.* 189. *Fumaria officinarum.* 190. *Fumaria bulbofa.* 191. *Poligala vulgaris.* 192. *Genifta tinctoria.* 193. *Genifta procumbens.* 194. *Aftragalus dulcis.* 195. *Anthillis pratenfis.* 196. *Orobus vernus.* 197. *Orobus tuberofus.* 198. *Orobüs niger.* 199. *Lathyrus collium.* 200. *Lathyrus W-gothicus.* 201. *Lathyrus pratenfis.* 202. *Lathyrus Clymenum.* 203. *Vicia fativa.* 204. *Vicia fepium.* 205. *Vicia foetida.* 206. *Vicia Scanica maxima.* 207. *Vicia cracca.* 208. *Ervum arvenfe.* 209. *Cicer arvenfis.* 210. *Pifum W-gothicum.* 211. *Pifum maritimum.* 212. *Lotus vulgaris.* 213. *Trifolium montanum.* 214. *Trifolium album.* 215. *Trifolium veficarium.* 216. *Trifolium purpureum.* 217. *Trifolium lupulinum.* 218. *Trifolium Anglicum.* 219. *Trifolium melilotus.* 220. *Medicago noftras.* 221. *Medicago-biennis.* 222. *Annonis inermis.* 223. *Annonis fpinofa.* 224. *Hypericum quadrangulare.* 225. *Hypericum anceps.* 226. *Hypochoeris pratenfis.* 227. *Hieracium talii Upfal.* 228. *Hieracium fruticofum.* 229. *Crepis tectorum.* 230. *Sonchus repens.* 231. *Sonchus Lapponicus.* 232.

*Prænanthes umbrosa.*233. *Scorzonnera Pannonica.* 234. *Tragopogon luteum.* 235. *Lapiana vulgaris.* 236. *Arctium lapsa.* 237. *Carduus helenii folio.* 238. *Carduus crispus.* 239. *Bidens tripartita.* 240. *Tanacetum vulgare.* 241. *Artemisia vulgaris.* 242. *Artemisia Carolina.* 243. *Artemisia absynthium.* 244. *Tussilago petasites.* 245. *Solidago virga aurea.* 246. *Senecio vulgaris.* 247. *Inula salicis folio.* 248. *Aster tripolium.* 249. *Matricaria chamæmelum vulgare.* 250. *Anthemis arvensis.* 251. *Achillea ptarmica.* 252. *Centaurea jacea.* 253. *Centaurea cyanus.* 254. *Calendula arvensis.* 255. *Viola canina.* 256. *Viola palustris.* 257. *Viola trachelii folio.* 258. *Viola apetala.* 259. *Viola tricolor.* 260. *Orchis caliciilus oblongis.* 261. *Orchis sambucina.* 262. *Ophris major.* 263. *Carex filiformis.* 264. *Carex capillacea.* 265. *Carex panicea.* 266. *Carex cyperoïdes.* 267. *Carex cespitosa.* 268. *Carex inflata.* 269. *Carex cærulea.* 270. *Sparganium nutans.* 271. *Typha palustris.* 272. *Alnus glutinosa.* 273. *Betula vulgaris.* 274. *Betula nana.* 275. *Quercus longo pedunculo.* 276. *Salix latifolia rotunda.* 277. *Salix glabra arborea.* 278. *Salix viminalis.* 279. *Humulus salictorius.* 280. *Populus nigra.* 281. *Atriplex laciniata.* 282. *Atriplex deltoïdes.*

283.\ *Atriplex vulgaris.* 284. *Atriplex halimus.* 285. *Fraxinus apetala.* 286. *Polypodium filix faxatilis.*

Après avoir rapporté les plantes qui conviennent aux bêtes à corne, il eſt auſſi néceſſaire d'indiquer celles qui leur déplaiſent : en voici l'énumération, ſuivant le Docteur Linnæus.

1. *Salicornia maritima.* 2. *Hippuris aquatica.* 3. *Pinguicula vulgaris.* 4. *Pinguicula alba.* 5. *Pinguicula minima.* 6. *Verbena vulgaris.* 7. *Lycopus paluſtris.* 8. *Salvia horminum.* 9. *Valeriana vulgaris.* 10. *Iris paluſtris.* 11. *Scirpus lacuſtris.* 12. *Scirpus paluſtris.* 13. *Eriophorum polyſtachion.* 14. *Cynoſurus paniculatus.* 15. *Feſtuca nutans.* 16 *Montia paluſtris.* 17. *Sherardia Scanica.* 18. *Plantago vulgaris.* 19. *Plantago incana.* 20. *Plantago lanceolata.* 21. *Cornus fæmina.* 22. *Cornus herbacea.* 23. *Potamogeton perfoliatum.* 24. *Potamogeton plantaginum.* 25. *Potamogeton criſpum.* 26. *Myoſotis pratenſis.* 27. *Myoſotis paluſtris.* 28. *Myoſotis lappula.* 29. *Lithoſpermum Officinarum.* 30. *Cynogloſſum vulgare.* 31. *Androſace minor.* 32. *Androſace purpurea.* 33. *Menianthes trifoliata.* 34. *Diapenſia Lapponica.* 35. *Convolvulus maximus.* 36 *Hyoſcyamus vulgaris.* 37. *Datura erecta.* 38. *Verbaſcum*

hirsutum. 39. *Verbascum nigrum.* 40. *Verbascum scanicum.* 41. *Solanum 'vulgare.* 42. *Solanum dulcamara.* 43. *Hedera repens.* 44. *Lonicera caprifolium.* 45. *Rhamnûs catharticus.* 46. *Rhamnus frangula.* 47. *Ribes grossularia.* 48. *Asclepias vulgaris.* 49. *Salsola pungens.* 50. *Chenopodium Henricus.* 51. *Chenopodium Upsaliense.* 52. *Conium arvense.* 53. *Selinum oreoselinum.* 54. *Athamantha daucoïdes.* 55. *Ligusticum Scoticum.* 56. *Siummajus.* 57. *Œnanthe aquatica.* 58. *Œnanthe succo-croccante.* 59. *Phellandrium aquaticum.* 60. *Cicuta aquatica.* 61. *Sambucus arborea.* 62. *Sambucus ebulus.* 63. *Parnassia vulgaris.* 64. *Statice capitata.* 65. *Ornithogallum majus.* 66. *Ornithogallum minus.* 67. *Convallaria polygonatum.* 68. *Elymus maritimus.* 69. *Acorus palustris.* 70. *Juncus sylvaticus.* 71. *Rumex Britannica.* 72. *Rumex crispa.* 73. *Alisma erecta.* 74. *Trientalis thalii.* 75. *Daphne rubra.* 76. *Vaccinium nigrum.* 77. *Vaccinium vitis idea.* 78. *Vaccinium oxycoccus.* 79. *Persicaria amphibia.* 80. *Persicaria mitis.* 81. *Persicaria urens.* 82. *Paris nemorum.* 83. *Butomus palustris.* 84. *Pyrola irregularis.* 85. *Pyrola uniflora.* 86. *Andromeda vulgaris.* 87. *Andromeda cœrulea.* 88. *Andromeda muscosa.* 89. *Arbutus uva ursi.* 90. *Ledum grave olens.* 91. *Scleranthus annuus.* 92. *Saxifraga*

Officinarum. 93. *Silene viscaria.* 94. *Silène nutans.* 95. *Arenaria portulacæ.* 96. *Spergula verticillata.* 97. *Cerastium viscosum.* 98. *Sedum acre.* 99. *Agrimonia Officinarum.* 100. *Filipendula ulmaria.* 101. *Potentilla argentea.* 102. *Dryas Lapponica.* 103. *Nymphæa lutea.* 104. *Nymphæa alba.* 105. *Chelidonium vulgare.* 106. *Actæa nigra.* 107. *Euphorbia solisequa & peplis.* 108. *Euphorbia fruticosa.* 109. *Reseda luteola.* 110. *Delphinium segetum.* 111. *Aconitum Lapponicum.* 112. *Aconitum Napellus.* 113. *Aquilegia Officinarum.* 114. *Hepatica verna.* 115. *Pulsatilla vulgaris.* 116. *Ranunculus flamula.* 117. *Ranunculus Chelidonium minus.* 118. *Ranunculus seclarata.* 119. *Ranunculus acris.* 120. *Ranunculus bulbosus.* 121. *Ranunculus aquatilis.* 122. *Caltha palustris.* 123. *Helleborus trollius.* 124. *Teucrium scordium.* 125. *Origanum vulgare.* 126. *Mentha arvensis.* 127. *Glechoma hedera terrestris.* 128. *Ballota Scanensis.* 129. *Marrubium vulgare.* 130. *Nepetha vulgaris.* 131. *Stachys fœtida.* 132. *Stachys arvensis.* 133. *Galeopsis tetrahit.* 134. *Lamium rubrum.* 135. *Antirrhinum Linaria.* 136. *Pedicularis calice angulato.* 137. *Pedicularis calice tuberoso.* 138. *Lathræa squamaria.* 139. *Scrophularia fœtida.* 140. *Linnæa.*

141. *Cochlearia armoracia.* 142. *Turritis hirsuta.* 143. *Erysimum vulgare.* 144. *Geraniumm alvaceum.* 145. *Astragalus Lapponicus.* 146. *Leontodon chondrilloïdes.* 147. *Hieracium pilosella Officinarum.* 148. *Chicorium Scanense.* 149. *Carlina sylvestris.* 150. *Onopordon.* 151. *Carduus acaulis.* 152. *Serratula tinctoria.* 153. *Eupatorium cannabinum.* 154. *Artemisia seriphium.* 155. *Gnaphalium dioicum.* 156. *Gnaphalium filago palustris.* 157. *Gnaphalium filago impia.* 158. *Gnaphalium filago Upsaliensis.* 159. *Gnaphalium filago Seanensis.* 160. *Doronicum arnica.* 161. *Erygeron acre.* 162. *Inula palustris.* 163. *Inula Helenium.* 164. *Buphthalmum tinctorium.* 165. *Chrysanthemum leucanthemum.* 166. *Anthemis fœtida.* 167. *Centaurea maxima.* 168. *Enicus acanthifolius.* 169. *Impatiens nemorum.* 170. *Satyrium junceum.* 171. *Urtica perennis.* 172. *Urtica annua.* 173. *Xanthium inerme.* 174. *Bryonia alba.* 175. *Hipophaë maritima.* 176. *Myrica Brabantina.* 177 *Mercurialis perennis.* 178. *Taxus arborea.* 179. *Rhodiola Lapponica* 180. *Empetrum nigrum.* 181. *Equiletum arvense.* 182. *Equisetum scabrum.* 183. *Pteris filix fœmina & mas.* 184. *Asplenium trichomanes.*

Avant de finir l'article *Bœuf*, nous

dirons un mot des Bœufs qu'on éleve
dans l'Ifle de Camargue en Provence.
Cette Ifle a environ fept lieues de
longueur fur quatre de largeur ; la
quantité de Chevaux, de Jumens &
de bêtes à cornes qu'on y nourrit, &
qu'on laiffe paître dans les campagnes
& les marais, pendant toutes les faifons de l'année, même pendant l'hiver, eft innombrable ; ces animaux y
deviennent ombrageux & fauvages ;
auffi à peine peut-on conduire les bêtes
à cornes aux Boucheries de la Ville.
Pour en venir à bout, les Paylans
qui les conduifent, & qu'on nomme
Gardiens dans le pays, font obligés d'ê-
tre à cheval, & d'être armés d'une
longue perche, au bout de laquelle il
y a un trident de fer.

On pratique tous les trois ans dans
l'Ifle de Camargue, des ferrades,
pour en reconnoître le bétail de chaque particulier, & pour en conftater
le nombre: on choifit la plaine pour
cette opération ; on fait rougir pour
cet effet les fignaux, ou marques de
fer d'un chacun ; on les applique fur
les Bœufs, Vaches & Taureaux que
l'on veut marquer. Pour y procéder,
on raffemble plufieurs hommes, tant

à pied qu'à Cheval, ayant chacun un long bâton, armé d'un trident de fer. La plus grande partie de ces hommes forme une enceinte, dans laquelle les autres, qui vont derriere les beftiaux, les obligent avec leurs tridens d'entrer; au-devant du cercle font plufieurs hommes adroits, forts & vigoureux, qui vont à la rencontre de ces animaux, & chacun en faifit un par les cornes, & lui ayant donné un coup de pied dans les jarrêts, le renverfe par terre. L'animal ainfi terraffé, un autre de ces hommes prend la marque de fer qui eft rougie au feu, & les marque à une hanche; après quoi on laiffe aller l'animal, qui fe releve en furie, & eftropie fouvent les Opérateurs, lorfqu'ils n'ont pas le temps de l'éviter, & de fe jetter par terre, quand ils font fur fa rencontre.

Prefque tous les gens des environs de cette Ifle viennent par curiofité voir ces ferrades; on dreffe à cet effet des échafauds élevés, pour mettre les curieux hors de portée d'être bleffés par ces animaux furieux. C'eft par ces ferrades, ou marques, que les habitans de la Camargue connoiffent leurs beftiaux, & qu'ils en favent le nombre.

La caſtration du Bœuf ſe fait de la maniere ſuivante. Pour opérer, les uns choiſiſſent le mois de Mai, ou le printemps, & d'autres l'autómne, & toujours le matin, avant que le Taureau ſoit ſorti de l'étable : on prend les muſcles des teſticules avec de petites tenailles ; on inciſe les bourſes, & on enleve les teſticules, en ne laiſſant que la portion qui tient aux muſcles ; après quoi on frotte la bleſſure avec quelqu'huile ou baume ; on y applique enſuite un emplâtre. Le jour de l'opération, on lui ménage la nourriture ; on ne lui donne point de boiſſon, & peu les jours ſuivans: à meſure que l'appétit revient à l'animal, on lui préſente de l'herbe fraîche, & on lui augmente ſa boiſſon.

L'âge le plus convenable à la caſtration eſt celui qui précede immédiatement la puberté, c'eſt-à-dire, dix-huit mois ou deux ans ; la plupart de ceux qu'on y ſoumet auparavant, périſſent. Cependant on obſerve que les jeunes Veaux auxquels on ôte les teſticules quelque temps après leur naiſſance, & qui ſurvivent à cette opération ſi dangereuſe à cet âge, deviennent des Bœufs plus grands, plus gros, plus gras que ceux auxquels on ne fait la caſtration qu'à deux, trois ou quatre ans ; mais en revanche, ces derniers conſervent plus de courage & d'acti-vité, & même ceux qui ne ſubiſſent la caſtration qu'à ſix, ſept ou huit ans, ne perdent preſque rien des autres qualités du ſexe maſculin ; ils ſont plus impé-tueux, plus indociles que les autres Bœufs ; & qui plus eſt, dans le temps de la chaleur des femelles, ils cherchent encore à s'en approcher ; il faut avoir grande attention de les écarter ; l'accouplement, & même le ſeul attouchement du Bœuf fait naître à la vulve de la Vache des eſpeces de carnoſités, ou de verrues, qu'il faut détruire & guérir, en y appliquant un fer rouge, & la cauſe de cet accident peut provenir de ce que les Bœufs qu'on n'a que *biſtournés*, c'eſt-à-dire, auxquels on a ſeulement comprimé les teſticules, & ſerré & tordu les vaiſſeaux qui y aboutiſſent, ne laiſſent pas de répandre une liqueur apparemment à-demi purulente, & qui peut cauſer des ulceres à la vulve de la Vache, & ces ulceres dégénerent en carnoſités.

ARTICLE III.

De la Vache.

La Vache eſt le principal animal dont il s'agit dans ce Chapitre; & en effet, parmi les différentes eſpeces d'animaux, que l'homme a raſſemblés par troupeaux, & dont l'objet principal eſt la multiplication, la femelle eſt ſans contredit beaucoup plus néceſſaire & plus utile que le mâle. Le produit de la Vache eſt un bien qui croît & qui ſe renouvelle à chaque inſtant. Que de pauvres familles ſont aujourd'hui réduites à vivre de leurs Vaches! On fait encore ſervir la Vache à la charrue; & quoiqu'elle ne ſoit pas auſſi forte que le Bœuf, elle ne laiſſe pas de le remplacer ſouvent; mais quand on veut l'employer à cet uſage, il faut avoir la précaution de l'aſſortir, autant que faire ſe peut, avec un Bœuf de ſa taille ou de ſa force, ou avec une autre Vache, pour conſerver l'égalité du trait, & maintenir le ſoc en équilibre entre ces deux puiſſances. On emploie pour l'ordinaire ſix & juſqu'à huit Bœufs dans les terreins fermes, & principalement dans les friches, qui se levent par grosses mottes & par quartiers; mais pour les terreins meubles & sablonneux, deux Vaches suffisent.

C'est communément au printemps que les Vaches entrent en chaleur; la plupart reçoivent le Taureau, & deviennent pleines depuis le 15 Avril jusqu'au 15 Juillet; il ne laisse pas néanmoins de s'en trouver beaucoup, dont la chaleur est plus tardive, & d'autres dont la chaleur est plus précoce; elles portent neuf mois, & mettent bas au commencement du dixieme : on a conséquemment des Veaux en abondance depuis le 15 Janvier jusqu'au 15 Avril; on en a aussi tout l'été assez abondamment, & l'automne est le temps ou ils sont les plus rares. Les signes de la chaleur de la Vache ne sont point équivoques; elle mugit pour lors très-fréquemment, & plus violemment que dans les autres temps; elle saute sur les autres Vaches, sur les Bœufs, & même sur les Taureaux; la vulve est gonflée & saillante au dehors : on profitera du temps de cette chaleur, pour lui donner le Taureau. On a observé que si ou laissoit diminuer cette ardeur, la

Vachè ne retiendroit pas auſſi ſûre-
ment.

· Les Vaches ſont très ſujettes à avor·
ter, ſur-tout quand on ne les ménage
pas ; &·ſi on les met·à la charrue, ou
au charrois, on les ſoignera même davantage, & on les ſuivra même de plus
près, quand elles ſont pleines, que
dans tout autre temps ; on·les empê-
chera pour lors de ſauter des haies &
des foſſés ; on les menera dans un pâturage plus gras & dans un·terrein, qui
ſans·être·trop humide & marécageux,
ſoit néanmoins abondant en herbes.
Six ſemaines ou deux mois avant que
les Vaches mettent bas, on les nourrira
plus largement qu'à l'ordinaire ; on leur
donnera à l'étable de l'herbe pendant
l'été ; & pendant l'hiver, du ſon le ma·
tin, ou de la·luzerne, du ſainfoin, &c.
on·ceſſera auſſi de les traire pendant ce
temps ; le lait leur eſt alors plus néceſſaire que jamais pour la nourriture
de·leur fœtus ; il ſe trouve même des
Vaches dont le·lait tarit abſolument
un·mois·ou ſix ſemaines·avant qu'elles
mettent·bas ; celles qui ont du lait juſqu'au dernier·moment, ſont tout-à-la·
fois les meilleures meres & les meilleures nourrices ; mais le lait des derniers

temps eſt généralement mauvais, & peu abondant.

On aura les mêmes attentions pour l'accouchement de la Vache que pour celui de la Jument; il en faut même davantage, car la Vache qui met bas paroît plus épuiſée, plus fatiguée que la Jument : on la mettra dans une étable ſéparée ; on l'y tiendra chaudement & commodément ſur de bonne litiere ; on la nourrira bien, en lui donnant pendant dix ou douze jours de la farine de feves, de bled ou d'avoine délayée avec de l'eau ſalée, & de la luzerne en abondance, du ſainfoin , ou d'autre bonne herbe bien mûre ; elle ſe rétablit très-bien pendant ce court eſpace de temps; on la remet enſuite inſenſiblement à la vie commune & aux pâturages; on aura ſeulement l'attention de lui laiſſer tout ſon lait pendant les deux premiers mois ; le Veau profitera davantage. Au ſurplus, le lait que donne la Vache pendant les premiers temps n'eſt pas de bonne qualité.

Les Vaches noires paſſent pour celles qui donnent le meilleur lait, & les blanches, à ce qu'on prétend , en donnent le plus; mais de quelque poil que ſoit la Vache à lait, pour l'avoir

bonne, il faut la choifir en bonne chair ;
il faut qu'elle ait l'œil vif, la démarche
légere ; qu'elle foit jeune., & que fon
lait foit, s'il fe peut, abondant & de
bonne qualité : on la traira deux fois
par jour en été , & une · fois feulement en hiver. Si on veut avoir du
lait en abondance, on la nourrira avec
des alimens plus fucculens que n'eft
l'herbe.

Les Hollandois tirent annuellement
du Danemarck une grande quantité
de Vaches grandes & maigres ; les Vaches donnent en Hóllande beaucoup
plus de lait que les Vaches de France :
on tranfporte fans doute, & on mul-
tiplie cette même race de Vaches à lait
en Poitou, en Aunis, & dans les marais de Charente : on donne à 'ces
Vaches le nom de *flandrines ;* elles font
en effet beaucoup plus grandes & plus
maigres que les Vaches communes, &
elles donnent une fois autant de lait
& de beurre ; elles donnent auffi des
Veaux beaucoup plus grands & plus
forts ; elles ont du lait en tout temps ;
on peut les traire toute l'année , excepté quatre ou cinq jours avant qu'elles mettent bas. Ces fortes de Vaches
demandent des pâturages excellens ,

quoiqu'elles ne mangent gueres plus
que les. Vaches communes. Comme
elles font toujours maigres, toute la
furabondance de la nourriture fe tourne
en lait, tandis que les Vaches ordinaires deviennent graffes, & ceffent
de donner du lait, dès qu'elles ont
vécu pendant quelque temps dans des
pâturages trop gras. Avec un Taureau
de cette race & des Vaches communes,
on obtient une autre race, à laquelle
on donne le nom de *bâtarde*; elle éft
beaucoup plus féconde & plus abondante en lait que la race commune. Les
Vaches bâtardes donnent fouvent deux
Veaux à la fois, & fourniffent auffi
du lait pendant toute l'année. Ce font
les bonnes Vaches à lait qui font une
partie des richeffes de la Hollande,
d'où il fort tous les ans pour des fommes confidérables de beurre & de fromage. Les Vaches bâtardes, qui fourniffent une ou deux fois autant de lait
que les Vaches de France, en donnent fix fois autant que celles de Barbarie.

Dans les bons cantons d'Angleterre,
un Fermier gagne tous les ans, prix
moyen, 5 liv. fterling par chaque Vache: on compte qu'elle donne pen-

dant son année quatre cents gallons de lait (le gallon pese environ huit à neuf livres). Si l'on convertit en beurre tout le lait d'une Vache commune, on en a environ deux cents livres pefant par année ; on fait en outre du fromage avec le lait crêmé , & le petit lait fert pour les cochons. La vue de ce profit doit engager à bien nourrir une Vache , & à l'entretenir en chair ; en forte que quand on veut la vendre aux Bouchers , elle s'engraiffe aifément. On pourroit dire que ce produit eft peut-être rare ; mais il eft toujours certain qu'une Vache eft d'un grand profit pour les habitans de la campagne.

Il ne faut pas toujours s'arrêter à la groffeur du pis, pour juger de la bonté d'une Vache ; il y en a qui l'ont petit, & qui donnent néanmoins beaucoup de lait; & en effet, il arrive fouvent que le pis n'eft gros, que parce qu'il eft trop charnu. Les Vaches de la Suiffe en fourniffent une quantité immenfe ; on a vu des traites qu'on auroit pu évaluer à plus de trente pintes. Il s'eft formé depuis peu à Paris un établiffement de ces Vaches de Suiffe; mais elles n'y donnent pas tant de lait que dans la Suiffe , & il n'eft pas même

à beaucoup près auffi bon ; la différence du climat & de la nourriture y
contribue plus que tout le refte ; les
Vaches qui ne font pas douces ne font
jamais grand profit.

En été, on trait ordinairement deux
fois les Vaches, le matin & le foir ;
mais en hiver, on peut fe contenter
de les traire une fois.

La bonne façon de traire les Vaches eft de conduire la main depuis le
haut du pis jufqu'en bas , fans inter-
ruption , ce qui produit une mouffe
haute dans le vaiffeau. Si on preffe autrement le pis , & comme par fecouffe,
le beurre fe fépare du lait.

On a propofé différens moyens
pour procurer aux Vaches beaucoup
de lait. 1°. On leur donne tous les
jours une poignée de méliffe ; 2°. Vir-
gile , dans fon Eglogue IXe , dit que le
cytife produit cet effet ; 3°. en hiver,
lorfqu'on voit qu'une Vache donne
trop peu de lait, il fuffit de l'affourer
avec moitié foin, moitié paille ; fi elle
ne change pas en mieux , on ne lui
donne que de la paille feule , & pour
lors ce fera de la paille d'avoine ; car
celle d'orge a la propriété de faire tarir le lait, & au bout de quelques

jours, la Vache feroit à fec; 4°. quand
on n'a pas beaucoup de foin pour l'hiver, on donne aux Vaches du fon de
Dreché dans l'eau bouillante; il y ren-
fle confidérablement; on ne le leur préfente que quand l'eau eft prefque froide.
Quand on les entretient de cette bu-
verie, on peut indiftinctement leur
donner toute forte de paille, parce
que rien n'eft capable pour lors de les
tarir. Une mefure, pefant environ cinquante à foixante livres, poids, de
marc, peut très-bien fuffire pour une
Vache par femaine. Si on donne du
grain aux Vaches, il produit beaucoup
de lait; mais ce lait a fouvent mauvais
goû; il eft maigre, & les Vaches même
qui en mangent, deviennent fujettes à
nombre de maladies. Le fon de Dreché
n'a aucun de ces inconvéniens; il a
tout l'avantage du grain, & ne coûte
que fort peu; 5°. toute forte de prairie artificielle fait avoir beaucoup de
lait; mais celle qui vient dans un fond
bas eft fujette à donner au lait un goût
défagréable, qui fe communique à tous
les ufages auxquels il eft employé; auffi
les Connoiffeurs baiffent-ils le prix de
ce lait. Cependant, comme les Veaux
n'y témoignent aucune répugnance,

on peut très bien s'en fervir pour les
Vaches auxquelles on donne plufieurs
Veaux à nourrir, outre le leur ; il convient même de fe rejetter fur cette
branche de commerce, lorfqu'on a des
pâturages dont l'herbe donne mauvais
goût au lait, telle qu'une herbe large
& du jonc, ou celle qui vient par touf-
fes ferrées, & qui eft fi commune dans
les endroits marécageux. Cette herbe
donne beaucoup de lait aux Vaches ;
auffi font-elles bien en état pour lors de
nourrir, & la chair de leurs Veaux ne
reçoit aucun mauvais goût, ni mauvaife couleur de la part du lait.

Plufieurs Anglois modernes attaquent les avantages du trefle ; mais la
France, la Flandre & la Hollande
perfiftent conftamment à reconnoître
que cette plante eft une excellente nourriture pour le bétail, de même que le
fainfoin & la luzerne. Ces pâturages ar-
tificiels ne donnent aucun mauvais
goût au lait, à moins qu'ils ne foient
dans des bas fonds ; pour lors ils parti-
cipent de la mauvaife qualité des herbes de marais, & des prés fort bas : en
général, de l'herbe douce & de la
bonne eau produifent d'excellent lait ;
le contraire lui donne le mauvais goût.

On ne faignera jamais les Vaches à lait que dans un befoin preffant ; on ne leur tirera pas plus de feize onces de fang , & on ne les mettra à la charrue que dans la derniere néceffité. Quoique ce foit un ufage affez univerfel de fatiguer peu les Vaches, cependant on affure que dans le Duché de Plaifance, on les attele à des voitures, afin qu'elles rendent davantage de ce lait exquis dont on fait le fromage Parmefan.

Il eft à obferver, au fujet du coquelicot, & même du trefle , que ces plantes, quoique bonnes ; deviennent quelquefois une pâture dangereufe pour les Vaches, à caufe de l'avidité avec laquelle elles dévorent ; lorfqu'elles en ont bien mangé, elles enflent , & périffent en peu de temps ; fi on ne les fecoure à propos : mais ces plantes, ainfi que nous l'avons déja obfervé, de même que la luzerne, leur font beaucoup de bien, quand on ne leur en donne qu'avec difcrétion, & mêlées avec des nourritures moins fucculentes.

Pendant tout le temps que les Vaches vont dehors , même après l'été, il faut toujours les abreuver à midi;

à moins de cela, elles ont moins d'activité à pâturer le reste du jour ; tant & si long-temps qu'elles pârureront, on fera bien de les traire trois fois par jour; on en retirera plus de lait que quand on ne les trait que le matin & le soir.

On aura soin de nettoyer souvent leur étable ; on aura encore l'attention de leur bouchonner & frotter le dos, le cou & la tête avec un bouchon de paille durement entortillé & bien rude, au retour des champs ; le matin, après les avoir traités, on remplira soigneusement les trous qui seront dans l'aire de l'étable où leur urine croupiroit, & on semera sur l'aire un peu de sable ou de gravier.

Il y a des Vaches qui ont le pis abondant. Si on ne les trait souvent, quand elles ont vêlé, le lait s'y engorge, & cause une inflammation qui peut faire monter le lait dans son corps, & l'étouffer. La nourriture d'une Vache qui a nouvellement vêlé, doit être modérée en quantité, mais toujours succulente, telle que de la bisaille, de la vesce, du fourrage d'avoine, un peu d'avoine même, de bon foin, de la graine de lin dans de l'eau chaude, des raves bouillies ; il ne faut les traire pour faire du fromage, que deux mois après qu'elles ont vêlé, & quand elles l'ont nouvellement fait, pour leur faire jetter promptement l'arriere-faix, on mettra dans un chauderon de fer un bon picotin d'avoine, avec une poignée de sel, un verre d'huile commune à brûler, & une poignée de sabine coupée fort menue ; on placera le chauderon sur le feu, & on le remuera, pour faire griller l'avoine ; après quoi on versera le tout dans un seau de bois, & on le présentera à la Vache ; elle mangera de bon appétit, & n'aura plus d'accidens à craindre. A l'égard du veau, dès qu'il est hors du ventre de la mere, on prend une poignée de sel, avec autant de miettes de pain, qu'on répand sur le corps de ce veau, pour obliger sa mere de le lécher ; plus elle lui rend cet office, plus l'animal se fortifie.

Comme tous les veaux épuisent leur mere, il y a un âge où la Vache ne devient plus en chaleur, & peu-à-peu elle se réfroidit entiérement ; on l'engraisse pour lors dans les bons prés, ainsi & de même que les Bœufs. *Voyez*

ce que nous en avons dit au second article.

Il y a pour l'ordinaire près d'une
piftole de gain à vendre une Vache,
lorfqu'elle eft prête à vêler, plus que
fi on la vend dans un autre temps.
Toute Vache pleine de prefque neuf
mois, qui laiffe paroître au dehors une
partie du vagin (ce qu'on nomme en
quelques endroits *montrer fa Rofe*), eft
dans le cas d'être rendue au Vendeur,
quoiqu'on l'ait achetée plufieurs mois
auparavant. Il y a à ce fujet des préju-
gés ; à l'égard des Vaches qu'on donne
à bail, il faut les refufer conftamment,
quand c'eft pour mettre à la charrue;
car à moins que ceux à qui on les donne
n'en aient un foin particulier, ce qu'il
eft rare de rencontrer, il arrive fouvent ou que les Vaches meurent, pour
ne pas être nourries proportionnelle-
ment à leur travail, ou qu'elles donnent
très-peu de profit.

Les gens de la campagne, du moins
dans certaines Provinces, prétendent
que leurs Vaches font quelquefois des
petits *hériffons de Vaches.* Ces prétendus
hériffons ne font autre chofe que des
cotyledons attachés au délivre ; & ce

qui le prouve, c'est que les gens de la campagne observent eux-mêmes que les Vaches n'en sont incommodées que lorsqu'elles vêlent.

On voit, quoique rarement, des Vaches qui ont la mauvaise habitude de se tetter elles-mêmes; & comme il est presque impossible de les corriger de ce défaut, on est obligé de les engraisser pour s'en défaire : on en a vu d'autres qui se laissent tetter par des serpens ou des couleuvres.

La chair de la Vache n'est pas si salutaire, ni si agréable que celle du Bœuf; il n'y a que le petit Peuple qui en fasse usage en aliment. La médecine tire plusieurs remedes des différentes parties de cet animal ; sa fiente, son urine & son lait sont entr'autres d'un usage très-familier.

La fiente de Vache est résolutive, rafraîchissante & anodine ; elle est propre contre les tumeurs enflammées, contre les douleurs de gorge, les érésipelles & la brûlure : on s'en sert pour lors en cataplasme ; elle appaise parfaitement l'inflammation, & en prévient les suites fâcheuses ; on l'étend encore sur le bas-ventre, lorsqu'on craint des obstructions; elle le ramollit ; elle guérit auffi la colique, &, diffipe les vents.

On fait diftiller la fiente de Vache au bain-marie dans le mois de Mai, où les herbes font dans toute leur force, pour en tirer une eau appellée *eau de mille-fleurs*. Cette eau paffe pour un fard excellent; on l'emploie pour adoucir la peau & pour effacer les taches du vifage. Popius affure que cette eau appliquée fur les tumeurs aqueufes des hydropiques, les réfout infailliblement; mais ce n'eft pas feulement à l'extérieur que fes ufages font bornés; elle fe donne auffi intérieurement à la dofe de deux onces, pour pouffer les urines, nettoyer les reins, & en chaffer les graviers: on la recommande pour prévenir la néphrétique, & contre les glaires des reins & de la veffie. Cette fiente, defféchée au foleil, & dépouillée de toute mauvaife odeur, s'imbibe d'eau rofe à plufieurs reprifes, ou de quelqu'aut e eau odorante; on s'en fert enfuite en guife de poudre de Chypre, qui par ce moyen devient à fort bon marché.

L'ufage de l'urine de Vache n'eft pas nouveau en médecine; on l'appelle auffi *eau de mille-fleurs*, pour ôter aux

malades

malades l'idée d'urine ; on en fait ufage
dans le printemps, vers la fin du mois
de Mai, quand les plantes de prairie
font en fleur ; & que les herbes fe
trouvent dans toute leur force. Cette
urine eft purgative ; elle évacue les féro-
fités fans tranchées ; elle eft très-
bien indiquée dans l'afthme, l'hydropifie, les rhumatifmes, la goutte fcia-
tique & les vapeurs.

Le choix de l'urine de Vache n'eft
pas indifférent ; on préfere fans contredit celle d'une Vache qu'on fait paître
à celle d'une Vache qu'on nourrit dans
l'étable, quoiqu'on apporte de l'herbe
à cette derniere. Le bon air du pâturage, joint au difcernement que l'animal fait des herbes, eft du dernier
effentiel : on a même remarqué une
différence notoire entre l'urine d'une
Vache qui paît dans un fol clos où on
l'a renfermée, & celle d'une autre Vache à laquelle on a laiffé la liberté de
la campagne ; l'urine de celle du clos
eft pour l'ordinaire un peu plus âcre,
mais l'urine de celle qu'on nourrit à
l'étable a encore beaucoup plus d'â-
creté ; elle échauffe fans contredit davantage ceux qui en boivent.

On choifira donc avec raifon l'urine

récemment rendue d'une Vache qui
paît à la campagne, pourvu qu'elle
n'ait-pas habité pendant ce temps avec
le Taureau. On fent bien que pour
lors l'urine feroit de mauvaife qualité.
La Vache qu'on deftine à en recevoir
d² l'urine, doit être plutôt jeune &
graffe, que vieille & maigre; à l'égard
de la couleur de fon poil, rien n'eft abfolument plus indifférent. La vraie
faifon pour boire l'urine de Vache eft
le printemps, qui eft précifément la
faifon dans laquelle les beftiaux mangent la pointe des herbés : on en
peut auffi prendre en automne : on
boira deux verres de cette urine tous
les matins à jeun, un quart-d'heure
l'un de l'autre, après l'avoir auparavant paffée par un linge ; on fe prome-
nera enfuite, & on avalera un bouillon
deux heures après le dernier verre ; on
aura fur-tout l'attention de faire prendre cette urine toute chaude, car lorfqu'elle eft réfroidie, elle a un goût
beaucoup plus mauvais ; on fe lavera
la bouche, avant de l'avaler, avec de
l'eau-de-vie, ou on mâchera un clou
de gérofle. Si le premier jour, le remede ne purgeoit point le malade, il
prendra le foir un lavement. Il ne faut

pas s'étonner fi le premier & le fecond
jour l'eau de mille fleurs porte un peu à
la tête ; elle purge fans douleur, très-
abondamment , & le plus fouvent jufqu'à quinze ou vingt fois. Tant qu'elle
purgera , on en ufera journellement,
jufqu'à ce qu'elle ne purge plus que
trois ou quatre fois par jour ; on ceffera pour lors d'en prendre , & deux ou
trois jours après , on fe purgera avec
une médecine ordinaire : on continuera
cet ufage pendant dix ou douze jours
confécutifs, à moins qu'on ne fe fentît
fuffifamment évacué , & trop affoibli ;
en ce cas , il eft de la prudence de
s'arrêter au huitieme ou neuvieme
jour.

Le lait de Vache eft auffi un aliment
médicamenteux très-excellent dans différentes maladies , dans les pertes de
fang de différente efpece , dans les douleurs & flux des hémorrhoïdes , les dévoiemens , les démangeaifons de la
peau , les dartres , gales opiniâtres,
les maladies du poumon , & dans toutes celles où il s'agit d'adoucir le fang.
Il eft en outre très-efficace dans la
goutte & les rhumatifmes goutteux,
dans les langueurs & les épuifemens
qui proviennent à la fuite des maladies

fcorbutiques : on l'emploie fouvent pour toute nourriture, & pour lors la néceffité fait qu'on n'a point d'égard à la faifon ; mais fi le befoin n'eft pas abfolument urgent, on attendra les faifons propres pour le prendre ; on choifira par préférence le printemps & l'automne, c'eft-à-dire, le mois de Mai ou de Septembre.

On fera choix pour cet effet d'une Vache de deux ou trois ans feulement, & dont le lait ne foit que de trois mois ; on la changera, fi l'on s'apperçoit qu'elle entre en chaleur ; on le prendra tout chaud, & au fortir du pis de la Vache, ou auffi-tôt qu'il a été tiré, parce que l'air le corrompt facilement. On s'abftiendra pendant fon ufage de tout ce qui eft acide, de peur qu'il ne s'aigriffe, & ne fe coagule dans l'eftomac : c'eft la raifon pour laquelle on y ajoute un peu de fucre, ou bien qu'on le fait précéder d'un petit bol d'un fcrupule de poudre d'yeux d'écreviffe, quand on a lieu de craindre qu'il ne s'aigriffe ; car la plus dangereufe de toutes les corruptions du lait eft la coagulation dans l'eftomac ; il donne pour lors la colique, le *cholera-morbus*, des obftruéions dans le méfentere, la

cachexie & plufieurs autres incommo-
dités.

La méthode de bien prendre lè lait
de Vache, eft d'en avaler le matin à
jeun environ une chopine, de prendre
un bouillon à la viande deux ou trois
heures après, de fe lever enfuite pour
faire un exercice modéré, & pour
que le lait fe diftribue mieux ; l'après-
dîner, trois heures avant le fouper,
on en prendra autant, & cela pendant
un mois, fe faifant faigner & purger
avant de commencer le lait : on réitérera la purgation, en le finiffant. Pendant tout le temps qu'on en fait ufage,
non-feulement on ne boira, ni on ne
mangera rien d'acide, comme on l'a
déja dit ci-deffus; mais on fe privera
encore de viandes falées ou fumées,
de falade, de fruits cruds, de ragoûts
& de pâtifferies, d'autant que toutes
ces chofes fe trouvant fouvent indigef-
tes par elles-mêmes, ne pourroient que
trop contribuer à corrompre le lait dans
l'eftomac.

Si on veut encore rendre l'ufage du
lait plus certain, & remédier aux inconvéniens dont il eft fouvent fuivi,
on fera bien de fe laiffer diriger par un
Médecin, qui faura varier, fuivant le

tempérament du malade, ou le différent caractere de la maladie, le régime
qu'il 'faudra obferver; & en effet, le
lait ne convient pas à tous les tempéramens, ni dans toutes les circonftan-
ces; il n'eft pas propre, par exemple, à
ceux qui ont des fievres intermittentes, ou quelqu'autre maladie aiguë,
parce qu'il fermente & fe corrompt
facilement; il eft encore contraire aux
douleurs de tête, aux migraines, aux
vertiges & à l'épilepfie, parce qu'il eft
moins féreux, & qu'il contient plus de
particules groffieres que les autres laits;
enfin, il n'eft pas propre dans le vomiffement, le *cholera - morbus* & la diarrhée, à moins que l'irritation de l'eftomac, par la préfence de quelque
matiere âcre & corrofive, ne foit la
caufe de ces maladies; il en eft de
même au fujet des obftructions du
foie, de la rate & du méfentere, parce
que le lait, à raifon des particules groffieres qu'il contient, les augmente,
bien loin de les diminuer: c'eft la raifon pour laquelle il eft néceffaire de les
lever, avant d'en venir à fon ufage.

Le lait s'emploie encore extérieurement; c'eft un puiffant anodin, qui
calme les douleurs, & réfout les tu-

meurs enflammées qui menacent de suppuration : on l'emploie avec succès dans la goutte, dans la rétraction des membres, & dans tous les cas où il faut ramollir, humecter & favoriser la transpiration de quelque partie : on le fait cuire avec la mie de pain, & on l'applique en cataplasme sur l'endroit affecté. La fomentation de fleurs de sureau bouillies avec du lait, est très-recommandée contre l'éréfipelle, principalement dans les premiers jours, où la chaleur de la peau est la plus brûlante. On donne, comme un remede éprouvé contre les vers, le cataplasme de feuilles d'abfynthe, & de quelques têtes d'ails cuites dans le lait : on applique ce cataplasme sur le nombril, après avoir fait prendre la veille au malade un lavement au lait, pour attirer les vers dans les gros intestins, d'où ils sont jettés dehors par l'amertume du cataplasme.

Le lait varie selon la nourriture de l'animal; le lait de Vache & de Brebis qui mangent du thlafpi à odeur d'ail, en contracte le goût; la qualité en est si mauvaise, qu'il s'étend même encore sur le beurre & sur le fromage qu'on en retire; pour diffiper le mauvais goût, il ne s'agit que de donner d'autre nourriture à l'animal, & de lui faire garder l'étable pendant sept ou huit jours. Un foin sec & bien choisi, qu'on substitue à ce thlaspi, fait passer insensiblement tout ce que cette substance laiteuse peut avoir contracté de désagréable. L'ache des montagnes, ou la liveche, qui croît sur les hautes montagnes des Alpes, & qu'on cultive dans les jardins, communique pareillement un mauvais goût au lait de Vaches, qui en sont cependant fort avides. Je suis sûr de ce fait, pour en avoir fait l'expérience moi-même. Je fis donner un soir à une Vache une ou deux poignées de liveche; elle la mangea avec voracité; le lendemain matin, quand on voulut boire de son lait, il avoit un si mauvais goût, & une odeur si forte, qu'il ne fut pas possible d'en user intérieurement.

L'euphorbe, qui passe pour une espece de tithymale, de même que toutes les autres plantes laiteuses de cette famille, dont le sucre est âcre, caustique, donnent aussi un goût très-désagréable au lait. Les moutons n'en ont pas plutôt mangé, qu'ils ont la diarrhée; ils en sont néanmoins très-friands, de même que les Vaches, qui font fouvent malades pour en avoir mangé.

Le lait de Chevre, qui eft aftrin-gent, & qu'on ordonne dans les ma-ladies de confomption, notamment quand il y a cours de ventre féreux, ne tire fa vertu que de ce que ces ani-maux fe plaifent à brouter les bour-geons de chêne, d'épine blanche, & autres arbuftes & plantes aftringen-tes. Quand on fe fert du lait de Che-vre, comme médicament, il faut avoir foin d'empêcher ces animaux de brou-ter des plantes connues par l'âcreté & la caufticité de leur fuc. Le lait de Va-che eft altéré par le laitron, quand elles en mangent, quoique ce foit la nour-riture favorite des lievres. M. Hagf-tram, célebre Médecin Suédois, a ob-fervé que toutes les plantes ombelli-feres changeoient entiérement le goût du lait.

Quand on laiffe le lait en repos pen-dant quelque temps dans une chambre chaude, ou quand il tonne & fait des éclairs, il s'aigrit en affez peu de temps, par une fermentation occulte, qui fé-pare la partie cafeufe & butyreufe d'a-vec la partie féreufe. On fépare arti-ficiellement cette partie féreufe par

l'addition de quelqu'acide, tel que le
fuc de limon, le vin du Rhin, la crème
de tartre, le vinaigre ou la préfure.
Par le moyen de ces acides, le lait fe
coagule, la férofité s'en exprime, & les
autres parties qui le compofent fe précipitent au fond. C'eft cette férofité,
qui, fous le nom de petit lait, eft employée fi utilement dans différentes maladies, telles que dans les ardeurs d'entrailles, la féchereffe de poitrine, les
effervefcences du fang, la toux, les coli-
ques de toute efpece, la conftipation,
les fievres ardentes, & fpécialement
les malignes : on le donne, foit pur,
foit en le rendant aigrelet, avec le fuc
de citron ou de grofeilles. Ce petit lait
eft imprégné d'un fel volatil, nitreux,
approchant par fa nature du fel ammoniac : auffi a-t-il la propriété de lâcher doucement le ventre, de déterger les premieres voies, & de fervir
d'aiguillon à l'eau qui lui fert de véhi-
cule. On en peut donner en toute fûreté aux femmes groffes, pour leur
tenir le ventre libre quand elles l'ont
refferré ; il convient même dans prefc-
que tous les cas médicinaux, même
dans l'hypocondriacie & dans les obftructions des vifceres ; il ramollit la ri-

gidité des fibres, & par son sel nitreux,
il ouvre peu-à-peu les obstructions.

Quand il se trouve joint à l'efferves-
cence du sang quelque maladie à com-
battre, on joindra au petit lait le suc
des plantes qui peuvent remplir les indications que l'on a dans ces maladies.
Si c'est le scorbut, on ajoute le suc de
cresson, de *beccabunga*, de *cochléaria*.
S'il y a gale, démangeaison, acrimonie des humeurs, on y associera l'infusion de fumeterre, & ainsi des autres
cas.

Le petit lait ne convient pas si bien
aux vieillards qu'aux jeunes gens; ceux-
ci étant pour l'ordinaire sanguins, bilieux & pleins de feu, ont plus besoin
d'être tempérés, tandis qu'au contraire; ceux-là étant plus phlegmati-
ques, d'une constitution plus lâche, &
péchant presque tous par des mauvaises digestions, n'en tirent pas les mêmes
avantages : cependant, si on y fait
infuser quelques plantes stomachiques,
telles que la racine d'aunée, celle de
chicorée sauvage, les feuilles de fumeterre ou de cresson, la squine, la
salsepareille, on empêche par-là qu'il
ne réfroidisse trop l'estomac,

On prépare avec le petit lait ce qu'on

D 6

appelle *eau de lait alexitere :* on mêle
pour cet effet avec le petit lait plufieurs
plantes cordiales, telles que la reine
des prés, le chardon béni, la menthe,
l'abfynthe, l'angélique & autres; on
fait diftiller le tout au bain marie; &
l'on obtient une eau alexitere, qu'on
prefcrit depuis une once jufqu'à fix
dans tous les cas où il s'agit de fortifier & ranimer les efprits, ou chaffer,
par une douce tranfpiration, les mauvaifes humeurs; on la mêle auffi avec
les potions cordiales, & pour lors elle
devient d'un ufage familier.

On prépare encore avec le petit
lait une autre eau, connue fous le
nom d'eau pectorale de limaçons; elle
eft fimple, ou compofée. La fimple fe
fait en prenant trois livres de limaçons de jardin, qu'on fait dégorger
dans plufieurs eaux chaudes, pour en
ôter toute la bave; on les pile enfuite
légérement; on les met dans une cu-
curbite de verre, en verfant deffus
deux pintes de petit lait; on diftille
enfuite au bain-marie la moitié de la
liqueur qu'on garde pour l'ufage dans
des bouteilles bien bouchées, fi on
veut l'employer tout de fuite, ou bien
on l'expofe au foleil pendant fept ou

huit jours dans des bouteilles débou-
chées, lorſqu'on veut la garder.

L'eau de limaçons compoſée ſe prépare à-peu-près de la même maniere,
à l'exception ſeulement qu'on ajoute
aux·limaçons des plantes pectorales,
propres à remplir les indications qu'on
ſe propoſe, telles que les capillaires, le
lierre terreſtre, la ſcolopendre, les
fleurs de mauve & de tuſſilage, les
jujubes & les ſebeſtes ; ces eaux ſont
très-bonnes pour adoucir les âcretés
de la poitrine, pour la toux & pour
les différens degrés de phthyſie ; on les
emploie principalement dans les maladies de conſomption, lorſque le lait
de Vache ou celui d'Aneſſe ne peuvent paſſer, à cauſe des acides de l'eſtomac : ces préparations en tiennent
lieu en quelque ſorte ; la doſe eſt de
quatre onces, quatre fois par jour, ce
qu'on réitere pendant long temps.

C'eſt encore avec le lait que l'on
prépare ce qu'on appelle *ſucre*, ou *ſel
de lait :* on fait bouillir quatre ou cinq
pintes de lait ; quand il bout, on y
mêle une once de crême de tartre bien
pulvériſée ; à l'inſtant même, le lait ſe
coagule ; on en prend le ſéreux ; on le
filtre & on le clarifie avec le blanc

d'œuf; enſuite on filtre de nouveau; on fait évaporer juſqu'à la pellicule; on laiſſe le vaiſſeau en repos dans un lieu froid pendant un ou deux jours: on trouvera des cryſtaux de ſel blanc attachés au fond & au parois du vaiſſeau. Ces cryſtaux ſont le ſel de lait, qu'on appelle improprement *ſucre*, à cauſe de leur douceur: on les emploie dans tous les cas où le lait convient, & quelques Médecins même prétendent que le ſel a beaucoup plus d'efficacité que le lait, & qu'on en doit préférer l'uſage : on le mêle ordinairement dans les infuſions ou décoctions pectorales, depuis un gros juſqu'à trois par chaque livre de liqueur: on préfere celui de Suiſſe, à cauſe de la bonté des pâturages de ce pays, qui lui donnent infiniment plus de vertu.

Le lait, conſidéré phyſiquement, & à l'aide d'un microſcope, eſt une eſpece d'aſſemblage de globules reſpectivement inégaux, irréguliers dans leur forme, & répandus dans une liqueur diaphane. Les Chymiſtes diſtinguent dans cette ſubſtance trois principes différens; une partie butyreuſe, qui eſt la crème; une caſeuſe, qui conſtitue le fromage; & l'autre ſéreuſe, qui eſt

ce qu'on nomme *petit-lait*. La crême eſt
une ſubſtance huileuſe, très-douce;
elle s'aigrit & devient rance, lorſqu'elle
ſe trouve expoſée à une chaleur de
plus de ſoixante degrés du thermome-
tre. Les Végétaux fourniſſent ſouvent
une matiere qui a beaucoup de rapport avec la crème. Une des principales propriétés de la partie caſeuſe du
lait, c'eſt de ſe durcir beaucoup, & de
devenir preſque ſemblable à la ſubſtance des cornes; elle s'amollit au
feu, ainſi qu'elle, & exhale en brûlant une odeur fœtide; quant à la
partie ſéreuſe, elle paroît contenir des
particules animales, ſubtiles, du moins
ſi on en juge par le phlegme qui s'éleve
lors de la diſtillation du lait; car le
phlegme, ſans être acide ni alkali, a
une odeur & un goût déſagréables.
Quand les animaux ne ſe nourriſſent
que des végétaux, leur lait eſt une liqueur qui tient réellement le milieu
entre les ſubſtances végétales & les
animales; c'eſt pour ainſi dire un ſuc animal, qui n'eſt encore qu'ébauché; il tient
par conſéquent beaucoup du végétal:
c'eſt par cette raiſon qu'il conſerve
preſque toujours, ou du moins en partie, comme on l'a vu ci-deſſus, les

propriétés des plantes qu'ont mangé
les animaux dont il est tiré.

M. Macquer prétend, ou du moins
présume que le lait des animaux car-
nassiers tient moins de la nature de
leur chair, que de celle des animaux
frugivores dont ils se nourrissent. Si on
mêle des acides avec le lait, on en
tire des sels neutres, semblables au sucre par ses crystallisations; ce sel a un
goût de manne, tant qu'il n'est pas
entiérement dépuré de la partie ca-
seuse par des filtrations répétées, &
il se trouve même en assez grande
quantité, puisque deux pintes de lait
en fournissent deux onces & demie.
On a déja parlé de ce sel; on a observé
que le lait qu'on exprimoit des mamelles quelques heures, après le re-
pas, est de beaucoup préférable à celui que ces animaux nous fournissent,
quand ils n'ont pas eu le temps d'a-
vancer leur digestion.

Le lait d'Anesse se décompose bien
plus facilement que celui de Vache;
le sel qui résulte de ce lait est plus
abondant que celui qui provient du second. Les Tartares se nourrissent du
lait des Jumens préférablement à celui
des Vaches, & les Lapons ne font usage
que du lait de Rennes.

Le lait qui donne le plus de crème
eſt le meilleur ; c'eſt par conſéquent
celui qui fournit le plus de beurre,
mais les fromages n'en ſont pas ſi bons ;
il faut tenir le lait proprement en été,
& ne pas le laiſſer repoſer plus d'un
jour, après avoir été trait, de peur
que la trop grande chaleur ne le faſſe
cailler ; mais en automne, on peut le
laiſſer plus long-temps ſans l'employer ;
en hiver, le froid comme le chaud le
fait également cailler. On a déja parlé
des qualités que doit avoir le bon lait.

Le beurre eſt une ſubſtance graſſe
& onctueuſe qu'on ſépare du lait en le
battant, ou, pour parler plus juſte,
c'eſt la crème du lait, qui, à force d'ê-
tre foulée & battue, ſe dépouille de
ſa ſéroſité, & prend une conſiſtance
plus épaiſſe ; le lait donne plus ou
moins de beurre, ſelon qu'il abonde
en parties plus ou moins graſſes. On
retire communément de dix livres de
lait, deux livres & demie ou trois livres
de beurre ; le beurre ſe fait de la maniere
qui ſuit.

On prend une quantité de crème
qu'on a conſervée dans des pots, &
qu'on a levée de deſſus le lait réfroidi &
un peu repoſé ; on la jette dans une

batatte bien lavée ; on la bat avec le *batte-beurre*, jusqu'à ce qu'elle s'épaississe ; & pour la faire épaissir plus vîte, on y mêle un peu de lait de Vache nouvellement trait, & encore chaud.

Le grand froid & le grand chaud empêchent également le lait de s'épaissir ; pour obvier au premier cas , il faut approcher un peu la batatte du feu pendant le travail, pour échauffer & animer par une chaleur douce les parties huileuses ; dans le second cas, il faut avoir près de soi une terrine d'eau claire & fraîche ; on trempe de temps en temps dans cette eau le *batte-beurre*, pour rafraîchir & lier les parties de la crème que la grande chaleur a divisées. Lorsque le beurre est fait, il reste une espece de sérosité, ou de petit lait , qu'on appelle *ba-beurre*.

On prétend que du sucre en poudre mis dans la crème, empêche que le beurre ne se fasse. Les feuilles de menthe produisent aussi le même effet. Pour avoir de bon beurre , il faut que le bétail soit sain, nourri de bon fourrage , & tenu proprement. Si les Vaches ont mangé des poreaux, du muscari, la fane du safran, le beurre est déteftable ; il eft infipide , quand on nourrit les Vaches avec de la paille.

Le beurre étant fait , on le lave plu-fieurs fois avec de l'eau bien nette , jufqu'à ce que l'eau avec laquelle on le pétrit ceffe d'être blanche. D'abord on le pétrit avec la batte dans la ba-tatte, après en avoir ôté le petit-lait; enfuite on le met dans une terrine, où on le pétrit encore avec les mains & de l'eau. A la Prévalais en Bretagne , où l'on fait d'excellent beurre, & où l'on emploie de la crême très-douce , on ne lave point le beurre ; on l'ef-fuie dans une ferviette blanche ; le beurre étant bien accommodé , on l'enveloppe d'un linge blanc , & on le porte au frais dans la laiterie : on fépare celui qu'on veut manger, où vendre frais, & on fale ou on fond fur le champ celui qu'on veut confer-ver. Il y a des beurres de plufieurs couleurs & de plufieurs faifons. Celui qui a naturellement un œil jaune , eft celui qu'on doit choifir par préférence. Celui qu'on teint avec la fleur de fouci d'eau, celle de coqueret, ou par d'au-tres moyens, a fouvent un goût défa-gréable ; par conféquent , quand on fait achat de beurre , la couleur feule

ne nous doit pas diriger ; il faut le
goûter : on reconnoît aifément, par
une certaine habitude, le beurre jaune ;
fa couleur eft plus foncée. Il y en a
qui mettent du beurre fondu dans la
batatte, pour jaunir les beurres d'hiver, qui font pâles, & augmenter par-
là la quantité du beurre frais ; mais
leur beurre eft pour lors très-mauvais.

Quand les Vaches mangent des
feuilles de lierre-terreftre, ou de ga-
rance, le beurre qui provient de leur
lait eft jaune. Il y a des beurres pâles
qui ne font point mauvais, quoiqu'inférieurs au jaune. Le beurre blanc eft
prefque infipide : on eftime beaucoup
le beurre du mois de Mai ; celui d'été
ne tient que le fecond rang. Le beurre
du mois d'Août paffe pour être des
meilleurs à fondre ou à faler. On fait
du beurre, non-feulement de lait de
Vache, mais on peut encore en faire
de lait de brebis & de chevre, même de
celui de Cavale & d'Aneffe : le lait de
Vache eft celui qui en donne le plus.

Quand on veut acheter du beurre
frais, il faut enfoncer un couteau dans
le milieu ; fi le beurre eft bon par-
tout, on ne retirera point le couteau
chargé de grumeaux ; & ce qu'il ame-

nera fera gras, uni, & de bonne odeur.

Le beurre eſt en uſage par-tout ; on ne fait preſque point de ſauce où il n'entre. Les Hollandois & les Peuples du Nord s'en ſervent encore plus fréquemment que nous, ce qui ne contribue pas peu, à ce que l'on prétend, à la fraîcheur de leur teint. Un uſage trop fréquent du beurre eſt cependant nuiſible ; il relâche & débilite l'eſtomac, ôte l'appétit, excite des nauſées & des envies de vomir, & échauffe beaucoup quand il eſt vieux battu.

Pour ce qui eſt de ſes vertus médicinales, il paſſe pour pectoral, adouciſſant & émollient ; il lâche le ventre, pris intérieurement ; il adoucit & enveloppe les pointes âcres des poiſons corroſifs : on en mêle dans les lavemens laxatifs, étant dyſſentérique : réduit en forme de liniment avec du miel, il hâte la ſortie des dents, guérit la démangeaiſon des gencives, & les aphtes des enfans : on en frotte les gencives, quand les dents ſont prêtes à percer. Le beurre entre auſſi dans les collyres contre les petits ulceres, & la chaſſie prurigineuſe des paupieres : on en incorpore les poudres qui entrent dans leur compofition. Le beurre eft auffi très-bon pour tempérer toute forte d'acrimonie. Dans les Pays du Nord, ceux qui travaillent fur les métaux, comme l'antimoine, le mercure & autres, font dans l'habitude de manger tous les matins du pain avec beaucoup de beurre, pour empâter & abforber l'acide corrofif des exhalaifons métalliques, & empêcher qu'elles ne corrodent les parties internes. Un excellent remede, fuivant M. Muller, contre la phthyfie, les chûtes, & toutes fortes d'ulcérations internes, eft de mêler du beurre frais avec des écreviffes dans un mortier de pierre ou de marbre: on pile le tout; on l'exprime; après quoi on le laiffe épaiffir fur un feu doux jufqu'à la confomption de l'humidité. Le beurre fè donne à la dofe de deux gros, deux fois le jour, en continuant fon ufage pendant long-temps.

Le petit lait qui fe féparé du beurre eft très-rafraîchiffant; c'eft un bon fpécifique dans la confomption. Les Hollandois eftiment beaucoup leur foupe de beurre; ils la prennent le foir comme un aliment fort fain.

Pour faire cette foupe, on met de la

mie de pain blanc dans le lait de beurre, & on les fait bouillir enfemble : on remue bien la mie avec une cuiller de bois, afin qu'elle s'imbibe. Si la bouillie devient trop épaiffe, on y ajoute du nouveau lait de beurre, & on fait toujours bouillir : on mettra dans un linge une pincée d'anis. La mie étant bien cuite, on y ajoute un morceau de beurre frais, ou de la crême de lait doux ; on peut auffi y mettre une poignée de raifins de Corinthe.

On fait avec le beurre une préparation, qu'on nomme *huile de beurre;* on le fait fondre fur la cendre chaude ; on l'écume bien, lorfqu'il bout ; on y ajoute égal poids d'eau-de-vie rectifiée, on y met le feu, & on laiffe évaporer; l'eau-de-vie refte au fond. Cette huile eft bonne pour la goutte froide, & autres douleurs.

On fait auffi l'huile diftillée de beurre. Pour cet effet, on met du beurre bien fait dans une retorte de verre lutée exactement ; on le diftille; il s'en éleve trois liqueurs, dont on fait la féparation. L'huile qui en provient eft très-pénétrante. Si on en frotte l'endroit attaqué de la goutte, elle ôte la douleur ; mife fur les mains

& le vifage, elle en entretient la beauté.
Lorfqu'on eft enrhumé, on n'a qu'à
en prendre une once à jeun ; elle fait
pour lors, à ce qu'on dit , merveille.

On donne le nom de fromage au caillé
du lait, lorfqu'il eft féparé du *ferum*, ou
petit lait. C'eft la partie du lait la plus
groffiere & la plus compacte ; il doit
par cette raifon donner un aliment folide, mais d'une digeftion difficile. On
fait le fromage , ou avec du lait , dont
on a féparé auparavant la partie butyreufe, ou avec le lait chargé encore
de cette partie. Ce dernier fromage eft
fans contredit d'un meilleur goût. On
emploie le lait de plufieurs animaux
pour faire le fromage : on fe fert le
plus communément de celui que l'on
prépare avec le lait de Vache ; il eft
agréable au gout , nourrit beaucoup,
mais il fe digere très difficilement. Pour
qu'il foit bon , il ne faut pas qu'il foit
ni trop nouveau, ni trop vieux. Quand
il eft trop nouveau, il eft très-difficile
à digérer ; il pefe fur l'eftomac, caufe
des vents & des obftructions ; & lorfqu'il eft trop vieux, il échauffe beaucoup par fa grande âcreté , produit un
mauvais fuc, a une odeur défagréable, & rend le ventre pareffeux : on
　　　　　　　　　　　　　préfere

préfere le fromage mou à celui qui eſt dur ; & celui dont la ſubſtance eſt rare & lâche , mérite encore la préférence ſur celui qui eſt plus ſerré & plus com-pacte ; il ne faut pas qu'il ſoit trop gluant, ni trop friable, ni trop ſalé, & qu'il cauſe aucun rapport. On pré-tend en Médecine que le fromage con-vient aux jeunes gens qui s'exercent beaucoup, & qui ne pechent point par l'eſtomac ; mais c'eſt une nourriture fort mauvaiſe pour les veillards , les perſonnes délicates, & généralement pour tous ceux qui ſont attaqués de la pierre & de la gravelle ; ils doivent conſéquemment s'en abſtenir, ou n'en uſer que modérément ; tous les fro-mages ne plaiſent pas également au goût. On ſert ſur les tables, même les plus délicates, le Roquefort, le Par-meſan, ceux qui viennent de Saſſenage en Dauphiné : on eſtime encore les fromages de Livaro en Normandie, ceux de Maroles, de Brie , de Hol-lande, de Gruyere. Nous allons rap-porter ici la façon de préparer ces fro-mages, ſur-tout ceux qui paſſent pour les plus exquis.

Pour ſe procurer des fromages ex-cellens, il faut d'abord que le lait ſoit

bon, enfuite que la préfure, ou autre
fubftance coagulante, foit bien conditionnée & bien employée. Pour faire
de la préfure, on prend la caillette
d'un veau qui n'ait jamais eu d'autre
nourriture que le lait pur : on en tire
de petits grumeaux de lait caillé qui s'y
trouve ; on les épluche bien, & on ôte
les poils que le veau a avalés en tettant
ou en lêchant le tetton. On lave ces
grumeaux dans de l'eau fraîche, à mefure qu'on les manie, & on les met
dans un linge bien blanc pour les effuyer un peu : on prend auffi la caillette ; on la lave de même, & on la
racle fort nette. On la rétendra pour y
mettre ces grumeaux ; on les fale comme
il faut ; on fufpend le tout, & on met
au-deffous un pot pour recueillir l'eau
falée qui en tombe ; c'eft cette eau
qu'on nomme préfure : on la laiffe ainfi
travailler pendant quelques jours ;
après quoi on s'en fert au befoin. Plus
on la conferve, meilleure elle eft,
fon acide s'en fortifie. Quand on veut
fe fervir de la préfure, on en met dans
une cuiller, on la délaie avec un peu
de lait ; on la jette encore dans celui
qu'on deftine pour faire du fromage :
un demi-gros de préfure fuffit pour

plufieurs pintes de lait. M. Macquer a
obfervé qu'un fromage fait avec la
préfure devient alkali avec le temps,
& brûle au feu; ainfi & de même que
la corne & les autres fubftances animales. La préfure ainfi préparée, voyons
actuellement comment fe fait le fromage.

On prend pour l'ordinaire du lait récemment trait; on le coule; on y met de
la préfure, & on remue le tout pendant
quelque temps avec une grande cuiller,
ou bien l'on met tout fimplement le lait
au four pour quelque temps, après en
avoir tiré le pain. Il fe prend de même
que fi on avoit mis de la préfure, mais
pas auffi vîte; étant pris, on le tire
caillé avec la cuiller à écremer, & on
le met dans des écliffes, connues fous
des noms différens, felon chaque Pays;
on l'y laiffe plus ou moins, felon qu'on
veut qu'il foit égoutté. Une autre méthode pour faire des fromages, même
excellens, c'eft de prendre à midi la
crême du lait qui a été tiré le matin,
avec autant de lait tout chaud; on les
mêle enfemble; & on y met un peu
de préfure, que l'on délaie avec de
l'eau falée: on la jette dedans ce lait;
on remue le tout enfemble, & on laiffe

repofer une heure, après quoi on le met dans dès écliffes : il ne faut que vingt-quatre heures pour le bien faire cailler. Le meilleur temps pour faire ces fortes de fromages eft le printemps. Quand on ne veut avoir que des fromages communs , qui fe nomment fromages de ménage, on n'y met de la préfure qu'après en avoir tiré toute la crême. Le lait ainfi écrêmé fe coagule plus facilement que le lait chaud. On emploie ces fortes de fromages pour la nourriture de la maifon : on peut les envoyer au marché : on les fale auffi pour l'hiver, & on les fait fécher. Il ne faut pas attendre la fin mois d'Avril pour s'en défaire : on commence pour lors à en faire de nouveau pour l'autre année. Quand on veut avoir de bons fromages à garder, on emploie la méthode qui fuit. Lorfque le lait eft encorè chaud , ou bien s'il eft froid , on le fait chauffer fur la cendre chaude; on y jette de la préfure délayée , & dès qu'il eft pris , on le dreffe dans dès écliffes. Quand ces fromages feront bien égouttés ; on les falera pardeffus , & on les laiffera repofer jufqu'au lendemain , pour qu'ils foient bien fermes ; on les re tournera enfuite pour les faler de l'autre côté, & on les laiffera repofer dans les écliffes, jufqu'à ce qu'ils foient durs : on les mettra enfin fécher dans une chafiere pour les affermir, & on les ferrera jufqu'à ce qu'on veuille les faire affiner : on les trempe à cet effet dans de l'eau falée ; on les enveloppe de feuilles d'orme ou d'ortie, & on les met dans un vaiffeau, pour qu'ils fe communiquent réciproquement leur humidité, ou bien on entoure tout fimplement les fromages avec de la paille d'avoine, & on les met à la cave dans des pierres creufées à ce deftinées. On obferve cependant que ces fromages ne fe touchent pas immédiatement. On fait grand cas des fromages fecs & mous à l'ortie ; nous rapporterons par conféquent la méthode de les préparer. Nous commencerons par les mous : on mêle d'abord enfemble une égale quantité de crème & de lait, fortant du trayon de la Vache : on met ce mêlange dans un vaiffeau propre, que l'on place dans un autre vaiffeau où il y a de l'eau ; à la hauteur de l'eau & de la crème, on place ce dernier vaiffeau fur le feu, ce qui forme un bain-marie, & on l'y laiſſe, juſqu'à ce que ce mêlange ait, acquis le degré de chaleur égal à celle du lait ſortant du pis de la. Vache : on ôte pour lors le vaiſſeau de l'eau qui contient le lait & la crème, & on y met la préſure : on couvre exactement le vaſe, & lorſque le caillé eſt un peu pris, on le preſſe doucement ſur le fond du vaſe, pour aider la ſortie du petit-lait : on retire ce petit-lait pour le mettre au bain-marie ; & lorſqu'il eſt ſuffiſamment chaud, on le rejette ſur le caillé, qu'on leve avec les deux mains ſans le caſſer, pour le mettre dans le moule, enſuite dans une paſſoire ſimple, ayant l'attention de poſer deſſus d'abord un petit poids, enſuite un plus lourd. Le petit-lait en étant bien exprimé, on le ſaupoudre d'un peu de ſel en deſſus & en deſſous ; on le poſe entre deux lits d'orties arrangées bien uniment : les orties doivent être d'ailleurs renouvellées tous les jours ; avec cette précaution, ce fromage ſe trouve fait, & propre à être mangé dans l'eſpace de trois ſemaines ; trois pintes de lait nouveau, & autant de crême, ſuffiſent pour faire un bon fromage de cette eſpece.

Quant à ce qu'on appelle fromages

fecs aux orties, on les prépare ainfi.
On prend le lait du matin tout fortant
du trayon, & fans aucune addition ; on
le preffe à travers dans un petit baquet,
& on y met la préfure néceffaire pour
le faire cailler : on couvre alors le vaiffeau pendant une demi-heure ; on
pouffe le caillé en bas jufqu'au fond
du vafe, en ôtant le petit lait par in-
clination, ou avec une taffe ; on ferre
enfuite le caillé entre les mains, pour
en exprimer le refte du petit lait: on
les met en cet état dans un moule, de
la profondeur tout au plus d'un pouce ;
on recouvre ce moule de la planche ;
& on le met au preffoir ; là on le gou-
verne précifément comme le fromage
crêmeux de Brie, jufqu'à ce qu'il paroiffe bien fec. Dans prefque toutes
les Laiteries, on eft dans l'habitude,
pour fécher les fromages, de les étendre fur un dreffoir couvert d'un lit
de jonc. Pour faire un fromage aux
orties, on place fur le dreffoir des orties fraîchement coupées ; on en fait
un lit d'un bon pouce d'épaiffeur, &
on y étend les fromages à mefure qu'on
les retire du preffoir ; puis on les recouvre d'un autre lit d'orties, s'il fe
peut encore plus épais. Au furplus, il

eſt abſolument néceſſaire que les orties deſtinées à cet uſage ſoient jeunes
& toutes nouvelles ; qu'on les étende,
arrange & comprime de façon que le
lit qui en eſt formé préſente une ſur-
face unie, afin que la côte de fromage
ſoit bien liſſe. Il ſera donc à propos de
cueillir tous les jours des orties nouvelles, pour renouveller ainſi chaque
jour le lit de fromages, juſqu'à ce qu'ils
ſoient bien ſecs. Avant de les replacer
ſur le nouveau lit, on doit avoir attention de les bien eſſuyer avec une
poignée d'orties ; à chaque fois qu'on
change de lit d'orties, on doit auſſi couvrir les fromages avec de nouvelles orties récemment coupées. Ces ſortes de
fromages exigent encore, pour être
parfaits, juſqu'à ce qu'ils ſoient en
état d'être mangés, & même juſqu'au
jour où on doit s'en ſervir, d'être gar-
dés de la même maniere entre deux
lits d'orties renouvellés preſque tous
les jours. Au moyen de cette attention,
ils deviennent un manger frais & dé-
licieux ; mais ils ne ſont pas d'une
bien longue garde, ni fort faciles à
tranſporter. Les fromages, façon d'Angleterre, de Breſſe, de Brie, de Gruyere
& de Roquefort, ne méritent pas

moins d'être connus que les fromages aux orties.

Pour faire un fromage excellent, façon d'Angleterre, on mêle dans le lait nouvellement trait du matin toute la crème de la traite du soir précédent; & après avoir passé le tout à travers un linge dans un grand baquet, on y met la quantité suffisante de préfure: on tient ce vaisseau couvert pendant une demi-heure; après quoi on brise & on presse bien le lait caillé, pour en séparer tout le petit lait. Lorsque le caillé paroît ferme, on y ajoute trois livres de beurre, pour environ soixante pintes de lait; on mêle le beurre le plus exactement qu'il est possible avec les deux mains; on répand ensuite dessus ce mélange un peu de sel, qu'on y incorpore le plus qu'on peut; on met le caillé dans le moule, bien enveloppé d'un linge mouillé, puis au pressoir; quand il y est resté environ une demi-heure, on retourne le fromage; après quoi on le met au pressoir. Il faut répéter souvent ces changemens, se servant à chaque fois d'un nouveau linge mouillé jusques vers la fin, qu'il faut le changer pour lors quatre fois avec du linge sec, en le retournant chaque fois.

La dernière fois qu'on mettra ce fromage au preſſoir, on doit l'y ſerrer
pendant quarante heures ; après ce
temps, il ſera en état d'être retiré du
preſſoir : il s'agit alors de le laver avec
du petit lait, & de l'envelopper dans
quelque linge bien propre, juſqu'à ce
qu'il ſoit bien ſec ; on le poſe enſuite
ſur un dreſſoir, pour achever de s'y reſ-
ſuyer ; on le retourne ſouvent, en
l'eſſuyant bien à chaque fois, juſqu'à ce
qu'il devienne parfaitement ſec.

Pour faire les fromages, façon de
Breſſe, on prend dix à douze pintes
de lait ; après l'avoir coulé, on le met
ſur le feu dans une chaudiere, où on
le laiſſe acquérir aſſez de chaleur pour
pouvoir à peine y tenir le bras nud ;
on y met enſuite une once de bon
fromage détrempé dans un ou deux
verres d'eau, dans laquelle on a dé-
layé aſſez de ſafran pour donner une
belle couleur au lait & au fromage.
Lorſque le lait qu'on a mis dans la
chaudiere eſt ſuffiſamment chaud, on
briſe le fromage avec un bâton bien
net, afin que la partie la plus onctueuſe aille au fond de la chaudiere,
& ſe mêle enſuite. Cette opération faite,
il s'agit de ſe bien laver les bras, & de

pétrir la pâte de ce fromage, en la
tournant & retournant , jusqu'à ce
qu'elle soit par-tout également échauffée, & qn'elle ait acquis une consistance un peu ferme : on tire alors le
fromage de la chaudiere, on le met sur
un linge blanc, & par dessus un poids,
afin qu'il soit dans le cas de se bien
égoutter ; on le laisse ensuite reposer
pendant cinq à six heures ; après quoi
on le descend à la cave sur des tablettes bien propres. Cinq jours après que
le fromage a été à la cave, il se forme sur
sa superficie une espece de farine ; on a
pour lors l'attention de le saupoudrer
avec du sel bien égrugé & bien sec ;
le lendemain on le retourne, & on le
sale de même de l'autre côté ; trois
jours après, on ôte le linge dans lequel on l'avoit enveloppé ; on le nettoie, & on le laisse ainsi s'affermir jusqu'au lendemain, qu'on le sale encore,
mais un peu plus que les trois premiers
jours ; on l'enveloppe ensuite dans le
même linge, & on continue tous les
jours de le retourner & de le saler.

Du reste , on ôte de trois en trois
jours le linge & la croûte farineuse qui
se reforme incessamment. Cette opération se renouvellera ainsi pendant

un bon mois, au bout duquel temps
le fromage se trouve entiérement fait.
Au surplus, il faut plus ou moins de
sel pour ces sortes de fromages, selon
qu'ils sont plus ou moins cuits ; mais ils
n'en prennent pour l'ordinaire que ce
qu'il leur en faut. Lorsqu'ils en ont pris
la quantité qui leur convient, on tourne
& on retourne ce fromage tous les
jours jusqu'à ce qu'il soit bien sec ; on
le ratisse ensuite de tous les côtés avec
le dos d'un couteau, & on le met dans
une chambre où on a attention de le
changer de place tous les quinze jours,
& de le ratisser exactement, ainsi que
les planches, toutes les fois que se
fait ce changement. Ces fromages exigent ces mêmes soins pendant sept ou
huit mois.

Les fromages, façon de Brie, se préparent encore d'une façon différente
des autres fromages dont nous venons
de parler. Aussi-tôt qu'on a trait les
Vaches, on passe leur lait encore chaud
au travers d'un linge, & on y verse
toute la crême de la traite du soir précédent qu'on leve au même instant sur
son lait reposé de la nuit ; de cette
maniere, le lait nouveau se trouve ri-
che de deux crêmes ; on a soin en

même temps de se précautionner d'eau
chaude; on en jette dans le lait seulement autant qu'il en faut pour lui communiquer une chaleur douce, & on le
bat continuellement avec une grande
tasse, jusqu'à ce qu'il soit à peine tiede;
alors la crême se trouve suffisamment
échauffée, & le lait est en état de recevoir la présure. Si elle est bien faite,
une cuillerée suffit pour douze pintes.
Cette présure ne doit jamais être mise
à nud dans le lait; il faut l'enfermer
dans un linge fin, & la délayer ainsi
enveloppée dans le lait. Cette précaution est d'autant plus essentielle, que si
la plus petite partie de la présure tom-
boit dans le lait, sans avoir été parfaitement dissoute, on ne la distingueroit
pas aisément dans le caillé que la présure doit former, & elle ne manqueroit
pas dès-lors de corrompre & de tacher
la partie du fromage à laquelle elle
seroit attachée. La présure étant ainsi
mise dans le lait, on couvre bien le
vaisseau dans lequel il est contenu, &
on le laisse en repos pendant environ
une bonne demi-heure, après quoi on
découvre le vaisseau; & si le lait n'est
pas encore caillé, il faut, sans perdre
de temps, ajouter un peu de nouvelle

préfure; car il y a certains laits qui en
exigent plus que d'autres. Cette nouvelle préfure mife dans le lait, on recouvre le vaiffeau comme la premiere
fois, & on l'ouvre de temps en temps,
pour voir fi le lait elt fuffifamment
pris.

Auffi-tôt que le caillé eft formé,
on le remue en tout fens dans fon petit lait, d'abord avec une grande taffe,
puis avec les mains; enfin on le paffe
avec foin dans le fond du vaiffeau ; c'eft
alors qu'il eft en état d'être levé. Cette
opération fe fait avec les deux mains ;
on en remplit auffi-tôt le moule à fromage, en l'y preffant bien, & l'on couvre le moule avec une planche faite exprès, fur laquelle eft pofé un petit
poids, qui oblige la planche d'affaiffer
le fromage: on le laiffe en cet état jufqu'à ce que le petit lait foit entiérement
exprimé.

Lorfque le caillé paroît abfolument
dépouillé de fon petit lait, on mouille
un linge, qu'on étend fur la planche
du moule, & on y renverfe le fromage; on étend au même inftant un autre
linge mouillé dans le moule, & on y
replace les fromages, en preffant bien
les côtés; & on le recouvre en entier

avec le linge & la petite planche fervant de couverture ; alors on le met
au preſſoir, pour l'y comprimer peu-à-
peu, & le faire ainſi quitter tout ſon
petit lait ; au bout d'une demi-heure
on le retire du preſſoir, pour le changer
de lieu, après quoi on le remet encore
au preſſoir. Cette même opération de
changement de linge & de preſſoir ſe
fait de deux en deux heures ; mais on
n'enveloppe plus le fromage qu'avec
un linge fin & bien ſec : on continue
cette manœuvre juſqu'au ſoir du lendemain ; & la derniere fois qu'on retourne le fromage, on le met ſans
linge dans le moule : en cet état, on
le fait encore paſſer une demi-heure
au preſſoir pour l'épurer ; s'il le faut,
davantage. Au ſortir du preſſoir, on
met le fromage dans un baquet, pour
le frotter avec du ſel : on le laiſſe ainſi
ſaupoudré de ſel pendant toute la nuit,
& le lendemain on le refrotte encore une
bonne fois avec du nouveau ſel, puis
on le laiſſe dans cette ſaumure pendant
l'eſpace de trois jours. Ce temps écoulé,
on le met ſécher ſur une planche, &
l'on a l'attention de l'y bien nettoyer
une fois le jour avec un linge, & de le
retourner en même temps, juſqu'à ce

qu'il foit tout-à-fait fec. On aura foin
que cette deffication s'opere promptement dans les premiers jours, & peu
dans la fuite. L'endroit plus ou moins
chaud où l'on fait fécher ces fromages,
produit plutôt ou plus tard cet
effet.

Lorfque le fromage paroît fuffifamment fait, on le place dans un tonneau
défoncé, fur un lit de paille prove-
nant des épis d'avoine. Ce lit doit avoir
pour le moins quatre pouces d'épaiffeur. On recouvre le fromage d'un autre lit de femblable paille de même
épaiffeur; on place fur ce lit un nouveau fromage, que l'on recouvre encore d'un autre lit de paille d'avoine,
ce qu'on continue toujours jufqu'à-
peu-près la hauteur du tonneau, ob-
fervant cependant toujours que ce dernier fromage foit recouvert d'un lit
tout au moins de quatre pouces de pareille paille. Quelques perfonnes, pour
empêcher que ces menues pailles n'entrent dans les croûtes du fromage,
étendent d'abord deffus & deffous des
cliffes de paille fine, ou de jonc. Ce
font les brins de longue paille qui mar-
quent de leurs empreintes les fromages
à mefure qu'ils s'affaiffent. En plaçant

les tonneaux dans des endroits un peu frais, fans être humides, les fromages s'attendriffent ; & comme ils font pleins de crème, ils deviennent bientôt extrêmement délicats, & acquierent ainfi dans quelques mois cette perfection qui les fait tant rechercher.

Les Suiffes de la petite Ville de Gruyere, dans le Canton de Fribourg, font un grand débit d'une efpece de fromage, qu'on nomme fromage de Gruyere, du lieu où on les fait. Nous allons expofer ici la méthode dont ils fe fervent pour préparer ceux qu'ils appellent fromages de petit lait. Ils prennent pour cet effet des caillettes de veau, & après les avoir bien lavées, ils les rempliffent d'air, & les font fécher promptement à la cheminée ; quand elles font fuffifamment feches, ils mettent dans un vaiffeau de bois, de figure ovale, garnie de fon couvercle, environ une pinte d'eau tiede, mefure de Paris, ou un peu plus & y jettent la moitié ou le tiers d'une caillette, felon qu'elle eft plus ou moins grande; mais auparavant, ils ont grand foin de la laver dans l'eau fraîche, & d'y envelopper une bonne pincée de fel; ils laiffent cette caillette ou veffie dans l'eau fraîche pendant vingt-quatre heures, afin que l'eau chaude puisse en attirer toute la vertu, & s'imprégner du sel qu'on y a mis. Cette préfure peut se garder dix ou douze jours, au bout desquels il en faut faire de la nouvelle, parce que si l'on gardoit plus long-temps cette eau fermentée, elle deviendroit trop forte, & gâteroit les fromages.

A l'égard du lait avec lequel on fait le fromage, il doit être nouvellement trait, un peu plus que tiede ; s'il n'étoit pas assez chaud, il faudroit faire un peu de feu sous la chaudiere où on l'auroit mis, afin de lui donner le degré de chaleur qui lui convient : on y jette pour lors environ un demi-setier de préfure, plus ou moins, selon la quantité du lait ; & après avoir bien mêlé le tout ensemble, par le moyen d'une grande cuiller à long manche, on ôte la chaudiere de dessus le feu, & on laisse reposer jusqu'à ce que le lait soit entiérement pris & caillé, ce qui se fait ordinairement en moins d'une heure : on le détache ensuite doucement & adroitement des bords de la chaudiere avec la grande cuiller ; & quand il est bien détaché, on prend

un autre inftrument, que l'on nomme
fpatule ; lequel eft un petit fapin de la
groffeur d'une bonne canne, pelé
proprement, & garni depuis le bas
jufques vers le milieu avec une certaine quantité de branches ou rameaux
coupés à deux ou trois pouces de longueur, lefquels font quelquefois re-
trouffés & rentrés dans le bois en forme
de demi-cercle. On fe fert de cet inftrument pour tourner le caillé d'abord
doucement, & enfuite plus fort, aug-
mentant toujours par degrés de force
& de vîteffe, jufqu'à ce que le caillé
foit entiérement dépris & défuni ; après
quoi on remet la chaudiere fur le feu,
& on chauffe le caillé, en forte qu'on
y puiffe fouffrir le bras. Pendant tout
ce temps, on tourne continuellement
avec la fpatule ; & fi la chaleur devient trop grande, on defcend la chaudiere, en continuant toujours à tourner pendant une demi-heure, & quelquefois plus, felon qu'on juge à propos de rendre le caillé plus ou moins
épais : on le laiffe repofer dans cet
état, & quand on voit qu'il s'eft pré-
cipité & raffemblé tout en maffe au
fond de la chaudiere, deux hommes
prennent un morceau de groffe toile,

claire comme du chanvre, & l'ayant
fait paſſer adroitement pardeſſous le
caillé, ils le tirent de la chaudiere,
& le mettent avec la toile dans une
forme qui eſt placée ſur une eſpece de
preſſoir. Cette forme eſt un grand cercle de bois de la hauteur dont on veut
que le fromage ſoit : il y a des crans
ou crochets diſpoſés autour de la circonférence, à cinq ou ſix pouces les
uns des autres ; ils ſervent à l'élargir
ou la diminuer à proportion du diametre qu'on veut donner au fromage.
Après qu'il eſt placé dans la forme, on
met pardeſſus une planche bien nette
& bien polie, & ſur cette planche,
une pierre qui peſe vingt-cinq ou trente
livres ; quand on s'apperçoit que la
planche touche au haut de la forme,
on ôte le fromage, pour le reſſerret
d'un cran ; la forme étant reſſerrée,
on enveloppe ce fromage d'un nouveau
morceau de toile bien nette ; on le remet dans la forme avec la planche, &
deux pierres pardeſſus, de la peſanteur
de quarante-cinq ou cinquante livres
chacune, pour faire égoutter le fromage plus promptement : on continue
d'heure en heure, en retirant toujours
le fromage de ſa forme, qu'on reſſerre

aussi d'un cran , & en changeant à chaque fois de linge , qui soit bien net &
bien sec : on retourne aussi le fromage
dessus , dessous ; on réitere la même
chose douze ou quinze fois, en aug-
mentant toujours le poids qu'on met
sur la planche ; en sorte que les dernieres pierres pesent quelquefois jusqu'à cent cinquante livres.

Quand le fromage est bien égoutté,
& qu'il ne mouille plus le linge , on
le met sur une planche dans l'endroit
destiné pour les fromages, & on prend
garde qu'ils ne se touchent, lorsqu'il
s'en trouve plusieurs, & lorsqu'ils sont
encore nouveaux : on prend ensuite
du sel bien sec , & pilé le plus menu
qu'il est possible ; on en jette environ
deux pincées sur chaque fromage ; une
beure ou deux après que le sel est
fondu , on frotte exactement le fromage tout autour , & après l'avoir
laissé sécher pendant une ou deux
heures, on l'entoure de sangles faites
de l'écorce de bois de sapin , en les
serrant le plus fortement qu'il est possible , & en poussant les fromages les
uns contre les autres à l'endroit où
elles se croisent, afin de les détendre.
Le lendemain on les défangle , & après

les avoir effuyés, auffi bien que la planche, on répand encore fur les pains de
fromages deux pincées de fel : on continue ainfi pendant fix femaines, jufqu'à ce qu'ils foient falés fuffifamment,
ce qu'il eft aifé de connoître, foit par
la fonde, foit quand on s'apperçoit
qu'ils n'attirent plus de fel ; on laiffe
enfin tout-à-fait les fromages, & on
les met dans des caiffes ou tonnes,
pour les tranfporter où l'on juge à propos.

Les fromages de Roquefort font en
partie ceux qui font eftimés pour la
table des Grands : on travaille à les
faire depuis le commencement de Mai,
que l'on fevre les Agneaux, jufqu'à la
fin de Septembre ; hommes & femmes
font la traite des Brebis deux fois par
jour, vers les cinq heures du matin, &
le foir, vers les deux heures : à mefure
que chaque feau eft plein, on le porte
dans des granges ou dans des maifons ;
là on le coule à travers une étamine ;
on le reçoit dans une chaudiere de
cuivre rouge étamé en dedans, & on
eft fort exact à laver les feaux ; les couloirs & les chaudieres, avant que de
s'en fervir une feconde fois. Pour faire
la préfure, on égorge des Chevreaux

qui n'ont été nourris que de lait, & on
tire de leur eſtomac la caillette ; on y
jette une pincée de ſel, & on la ſuſpend en l'air dans un endroit ſûr.

Lorſqu'elle eſt ſuffiſamment ſeche,
on en met dans une cafetiere de terre,
avec environ un quart de livre d'eau
ou de petit-lait ; au bout de vingt-quatre heures, la liqueur eſt ſuffiſamment
imprégnée des ſels de la caillette, &
prend le nom de préſure ; ſa qualité
influe beaucoup ſur la bonté du fromage ; elle peut ſe conſerver un mois
ſans ſe corrompre, mais on la renouvelle tous les jours, de crainte qu'elle
ne devienne trop forte: on en met
dans la chaudiere une doſe proportionnée à la quantité du lait ; une petite cuillerée ſuffit pour cent livres de
lait ; trop ou trop peu dérangeroit
l'opération. Dès que la préſure eſt
dans la chaudiere, on remue bien le
lait avec une cuiller à long manche;
on laiſſe enſuite repoſer le mêlange,
& dans moins de deux heures, le lait
ſe trouve entiérement caillé : c'eſt
pour lors qu'une femme ſe lave les
bras, & applique les mains ſucceſſivement ſur toutes les portions de la ſur-
face du caillé, en le preſſant un peu

vers le fond de la chaudiere, & cela pendant trois quarts d'heure, au moyen de quoi le caillé se prend de nouveau, & forme une espece de pain, qui se précipite au fond de la chaudiere, que deux femmes levent alors, pour verser adroitement le petit-lait dans un autre vase ; l'une d'elles coupe ensuite le caillé par quartiers avec un couteau de bois, & les transporte de la chaudiere dans une forme placée sur une espece de pressoir. La forme ou éclisse est une cuvette de bois cylindrique, dont la base est percée de plusieurs trous, qui ont environ deux lignes de diametre. On se sert de formes plus ou moins larges & hautes, selon la grandeur que l'on veut donner au fromage.

En mettant le fromage dans la forme, on le brise ; on le pétrit de nouveau avec les mains ; on le presse autant qu'il est possible, & on en remplit la forme jusqu'à ce qu'elle soit bien comble. Pour le bien faire égoutter, on le presse fortement, soit avec une presse ordinaire, soit avec des planches bien unies, que l'on charge d'une pierre qui pese environ cinquante livres. Le fromage demeure environ douze

douze heures dans fa forme ; pendant
ce temps-là , on le tourne d'heure en
heure, en forte que le deffous vienne
au - deffus. Quand il ne fort plus de
petit-lait par les ouvertures de la
forme, on en tire le fromage ; on l'enveloppe d'un linge pour l'effuyer , &
on le porte à la fromagerie , qui · eft
une chambre où l'on fait fécher les
fromages fur des planches bien expofées à l'air, & rangées à différens éta-
ges le long des murs. Afin que les fromages ne fe gerfent pas en féchant , on
les entoure de fangles faites de groffe
toile , qu'on ferre le plus fortement
qu'il eft poffible ; on les range enfuite
à plat fur les planches à côté les uns
des autres, & jamais l'un fur l'autre,
en forte qu'ils ne fe touchent que par
les pointes. Ils ne font bien fecs qu'a-
près quinze jours ; encore faut-il, durant ce temps, les tourner & retourner , même deux fois par jour : on aura
en outre foin de frotter , effuyer , &
fouvent de tourner les planches ; fans
ces précautions, les fromages s'aigri-
roient, ne fe colleroient pas dans le
cœur, s'attacheroient aux planches , &
fe romproient enfuite quand on vou-
droit les détacher.

Dès que les fromages font fecs, on les porte dans les caves de Roquefort, où on commence par les faler: on y emploie du fel de pécais, broyé dans des moulins à bled: on jette d'abord fur une des faces plates de chaque fromage de ce fel pulvérifé; vingt-quatre heures après on les tourne, pour jetter fur l'autre face une même quantité de fel: au bout de deux jours, on les frotte bien tout autour avec un morceau de drap, ou de groffe toile; & le furlendemain, on les racle fortement avec un couteau. Ces raclures fervent à compofer une efpece de fromage en forme de boules, qu'on nomme rhubarbe, & qui fe vend dans le pays trois ou quatre fols. Après ces opérations, on met huit ou douze fromages en pile, & on les laiffe quinze jours de la forte; au bout de ce temps, & quelquefois plutôt, on apperçoit à leur furface une efpece de mouffe blanche fort épaiffe, longue d'un demi-pied, & une efflorefcence en grains, dont la couleur & la forme reffemblent affez à de petites perles: ayant raclé de nouveau pour enlever les matieres, on range ces fromages fur des tablettes qui font dans les caves; on renouvelle

ces procédés tous les quinze jours, ou
même plus souvent dans l'espace de
deux mois ; durant cet intervalle, la
mousse paroît suffisamment blanche,
verdâtre, rougeâtre ; enfin les fromages acquierent cette écorce rougeâtre
que nous leur voyons ; ils font alors
assez mûrs pour être transportés aux
endroits où l'on en fait le débit. Avant
que d'arriver à ce point, ils subissent
plusieurs déchets ; en sorte que cent livres de lait ne produisent ordinairement que vingt livres de fromage.

2 Après avoir parlé des différentes especes de fromages, & de l'usage qu'on
en peut faire pour les alimens, nous
allons passer aux propriétés médicinales de cette substance. Quand le
fromage est nouveau & sans sel, on
l'applique avec succès en cataplasme
sur les yeux enflammés, & sur les hémorrhoïdes douloureuses. Le fromage
sans crème, qu'on nomme pour cette
raison *fromage maigre*, est un excellent
cataplasme sur les tumeurs enflammées ;
il peut même se substituer au cataplasme
de mie de pain & de lait. L'usage du
fromage vieux en aliment est souvent
nuisible. Boërhave rapporte que des
personnes ont eu les levres, les gen-

F 2

cives, la langue & le gosier enflammés pour avoir mangé du fromage vieux. On doit conclure de là que le fromage doit nécéssairement affecter l'estomac & les intestins par son acrimonie: on fera donc très-bien de s'abstenir d'une pareille nourriture, ou du moins de mettre en pratique le vers suivant, qui est connu de tout le monde:

Caseus ille bonus, quem dat avara manus.

Les maladies des Vaches sont les mêmes que celles des Boeufs. *Voyez* pour ces maladies l'article *Bœuf*, & notre Médecine Vétérinaire, dans laquelle nous traiterons particuliérement des épizooties qui ont regné parmi ces animaux.

ARTICLE IV.

Du Veau.

C'est le petit de la Vache; il est enveloppé dans le ventre de sa mère d'un amnios & d'un chorion; il a aussi une allantoïde: l'ouraque sort de l'ombilic avec les vaisseaux sanguins, & se

prolonge dans le cordon ombilical juſqu'au-delà de l'endroit où l'amnios s'é-
panouit, & s'étend de toutes parts
pour envelopper le fœtus: à ce même
endroit, le prolongement de l'ouraque forme l'allantoïde, qui s'étend à
droite & à gauche entre l'amnios & le
chorion, & qui forme deux cornes, ou
pour ainſi dire deux poches allongées,
dont le fond termine les deux bouts
de l'allantoïde ; ces poches ſe terminent à l'endroit de l'ouraque, & reçoivent la liqueur qui en découle. Quand
le fœtus eſt près du terme, ſon allantoïde eſt fort étendue ; on ne peut
pas pour lors l'enfler en entier ſans la
déchirer ; mais quand le ſujet eſt moins
avancé, on y parvient plus facilement ;
elle eſt tranſparente au point qu'on
peut voir au travers du ſédiment de la
liqueur qu'elle contient. Le chorion
& l'amnios forment, comme l'allantoïde, deux prolongemens qui s'étendent dans les cornes de la matrice ;
mais ils n'y adhèrent pas, comme dans
la Jument ; c'eſt au contraire par de
petits placenta, qui ſont ſéparés les
uns des autres, & diſtribués en différentes diſtances : on en a diſtingué
près de cent pour un ſeul embryon ;

on les a appellés cotyledons. *Voyez* ce
que nous en avons dit , article *Vache*.
Ces cotyledons sont applatis, de figure ovale, & formés en partie par la
matrice , & en partie par le chorion ;
il s'éleve sur les parois intérieures de la
matrice, des tubercules ovales , corref-
pondans à d'autres tubercules de la
même figure , qui se forment sur la surface extérieure du chorion ; ces tubercules sont appliqués l'un autour de
l'autre, & le composé d'un tubercule
de la matrice , environné par un tubercule du chorion, est ce qu'on appelle un cotyledon ; chaque cotyledon
attache le chorion à la matrice ; les
cotyledons se partagent en deux parties ; dans le moment de cette dif-
jonction, l'on s'apperçoit que les tubercules du chorion sont hériffés de
petits prolongemens , & que ces prolongemens fortent de plusieurs cavités
qui pénetrent dans les tubercules de la
matrice ; ces tubercules se détachent
naturellement l'un de l'autre , lorsque
la Vache met bas ; & ceux qui restent
dans la matrice s'obliterent dans la
suite, & s'effacent en entier. On a observé dans les embryons que les endroits où les cornes devoient paroître,

font marqués par une tache rougeâtre,
& par une forte d'empreinte fur la peau.
La veffie a une forme cylindrique ; les
quatre eftomacs font fort amples, à
proportion de la groffeur du fœtus ; le
thymus, qu'on nomme vulgairement *ris
de Veau* eft auffi étendu que dans le
Poulain. Dans le Veau, la caillette, ou
le quatrieme eftomac, fe nomme autrement la *mulette*.

Quand le Veau eft né, on le laiffe auprès de fa mere pendant les cinq ou fix
premiers jours, pour qu'il foit toujours
chaudement, & qu'il puiffe tetter auffi
fouvent qu'il en a befoin ; mais il croît
& fe fortifie affez dans ces cinq ou fix
jours, pour qu'on foit dès-lors obligé
de l'en féparer, fi l'on veut la ménager ; car elle s'épuiferoit, s'il étoit toujours auprès d'elle : il fuffira de le laiffer tetter deux ou trois fois par jour ; &
fi on veut lui faire une bonne chair, on
lui donnera tous les jours des œufs
cruds, du lait bouilli, de la mie de
pain ; au bout de quatre ou cinq femaines, ce Veau fera excellent à manger. On pourra donc ne laiffer tetter
que trente ou quarante jours les Veaux
qu'on voudra livrer au Boucher. Mon
pere ne vouloit pas qu'on laiffât jamais

F 4

tetter les Veaux qu'on deſtinoit à la boucherie ; il leur faiſoit donner le lait de deux ou trois Vaches par jour, au moyen d'une machine faite exprès ; & pendant le jour, on leur donnoit à avaler des bols préparés avec des œufs & de la farine d'orge.

M. Ferrand nous a appris, dans ſon Mémoire ſur le trefle, la méthode d'é- lever les Veaux à la Flamande. On re- tire, dit-il, le Veau d'auprès de la Vache, dês qu'il eſt bien léché & bien ſec ; on le met dans une petite niche de planches, diſpoſée en quarré long, de deux pieds & demi de largeur ſur cinq pieds de longueur, cloſe de deux côtés : on ménage à cette niche une porte par derriere & une par devant, & on place un crampon de chaque côté ; à un demi-pied de la porte de devant, on y attache le Veau à deux longes, en ſorte qu'il puiſſe ſe coucher, ſans cependant avoir la liberté de ſe tourner de la tête à la queue ; cette ni- che eſt garnie pardeſſous d'un plan- cher qu'on fabrique un peu en pente, pour faciliter l'écoulement des urines ; dès que le Veau a huit jours, on ne lui laiſſe aucune litiere ; on la balaie même ſouvent très-proprement ; on lui

met la bouche jufqu'aux nafeaux, dans
un panier d'ofier, qui s'attache pardeffus la tête avec une liaffe, afin qu'il
ne puiffe pas manger, ni même lécher
la pouffiere. Dès qu'il eft dans cette
niche, on lui préfente du lait frais, tiré
dans un vafe; on lui met la bouche
tremper fur le bord, & avec le doigt,
en réitérant, on lui en introduit dedans; peu de jours après, il tette le
doigt, dont un petit bout fort du lait;
par ce moyen, dans quinze jours au
plus tard, on l'habitue à boire le lait
parfaitement bien. On peut le nourrir
ainfi tant qu'on veut; il coûte peu de
foin. Au bout de trois mois, s'il eft né
d'une groffe Vache, & fi on lui a
donné du lait autant qu'il en a pu
boire, il peut pefer même jufqu'à quarante-cinq livres le quartier, tout dépouillé.

A l'égard des Veaux qu'on veut
nourrir, il faut les laiffer au lait au
moins pendant deux mois; plus on les
laiffera tetter, plus ils deviendront gras
& forts. On préférera pour les élever,
ceux qui font nés aux mois d'Avril,
Mai & Juin; les Veaux qui naiffent
plus tard ne peuvent acquérir affez de
force pour réfifter aux injures de l'hi-

E 5

ver suivant ; ils languiffent par le froid,
& périffent prefque tous. A deux, ou
trois, ou quatre mois, on févrera donc
les Veaux qu'on veut nourrir ; avant
de leur ôter abfolument le lait, on
leur donnera un peu de bonne herbe,
ou de fainfoin, pour qu'ils commencent à s'accoutumer à cette nouvelle
nourriture ; après quoi on les féparera
tout-à-fait de leur mere, & on ne les
en laiffera point approcher, ni à l'é-
table, ni au pâturage, où cependant
on les menera tous les jours, & où on
les laiffera du matin au foir, pendant
l'été ; mais dès que le froid commencera à fe faire fentir en automne, il ne
faudra point les laiffer fortir que tard
dans la matinée, & les ramener de
bonne heure fur le foir ; & pendant
l'hiver, comme le grand froid leur eft
abfolument contraire, on les tiendra
chaudement dans une étable bien fermée, & bien garnie de litiere ; on leur
donnera avec l'herbe ordinaire du fainfoin, de la luzerne, & on ne les laiffera
fortir que par des temps doux ; il leur
faut beaucoup de foin pour paffer le
premier hiver ; c'eft le temps le plus
dangereux de leur vie ; car ils fe forti-
fieront affez pendant l'été fuivant,

pour ne plus craindre le froid du fecond hiver.

On trouve dans le troifieme & le
quatrieme eftomac du Veau qui tette,
des grumeaux de lait caillé ; ces grumeaux de lait féchés à l'air, font la
préfure avec laquelle on fait les cail-
lons, & dont on fe fert pour faire cailler le lait. Plus on garde cette préfure,
meilleure elle eft, & il n'en faut qu'une
très-petite quantité pour faire un grand
volume de fromage.

Les Bœufs, les Taureaux, les Vaches aiment beaucoup le vin, le vinaigre, le fel ; ils dévorent avec avidité une falade affaifonnée. En Efpagne, & dans quelques autres pays, on
met auprès du jeune Veau à l'étable
une de ces pierres qu'on appelle *fale-*
gres, & qu'on trouve dans les mines
de fel-gemme ; il leche cette pierre
falée pendant tout le temps que fa mere
eft au pâturage, ce qui excite fi fort
l'appétit ou la foif, qu'à l'inftant que
la Vache arrive, le jeune Veau fe jette
à la mamelle, en tire avec avidité
beaucoup de lait, s'engraiffe & croît
bien plus vîte que ceux auxquels on
ne donne point de fel : c'eft par la
même raifon que lorfque les Bœufs

E 6

ou les Vaches sont dégoûtés, on leur
donne de l'herbe trempée dans du vinaigre, ou saupoudrée d'un peu de sel :
on peut leur en donner aussi, lorsqu'ils se portent bien, & qu'on veut réveiller leur appétit, pour les engraisser
en peu de temps.

Dans le Journal économique du
mois de Mai de l'année 1754, est in-
férée une lettre adressée à l'Auteur de
ce Journal, de Reyn, près Breda,
dans le Brabant, sur la maniere artificielle de faire blanchir la chair des
Veaux, & sur quelques détails qui con-
cernent le gouvernement de ces animaux. Nous allons rapporter ici l'ex-
trait de cette lettre.

Les Veaux, dit l'Auteur de cette
lettre, qu'on envoie au marché, ne
font estimés qu'autant que leur chair
promet d'être blanche & délicate ;
mais ils n'apportent pas tous en naiffant ces avantages, ou ne les confervent pas : on a trouvé le moyen de rec-
tifier la nature, ou d'empêcher qu'elle
ne se corrompe.

Les Veaux portent des marques ex-
térieures qui décelent leurs qualités :
ceux qui font d'un fauve pâle, qui ont
le mufle brun ou blanc, les reins forts,

les gencives blanches , une queue de
rat, les yeux bordés d'un cercle blanc,
dont les paupieres font comme autant
de petits piquans ; ceux-là , dis-je, ont
communément la chair blanche ; l'on
préfume en leur faveur felon qu'ils
réuniffent plus ou moins de ces fignes,
ou que ces fignes font plus ou moins
évidens : au contraire, un veau de
couleur noire , dont la gencive eft
rouge, dont les barbes pendent , qui
eft foible & maigre , un pareil Veau
a toujours la chair rouge, malgré tous
les foins que l'on en peut prendre.
Les Veaux femelles ont auffi plus de
difpofition que les mâles à avoir la
chair blanche ; & même parmi ceux
de la premiere efpece, il eft avantageux de choifir les plus petits. Ainfi,
quand on a des raifons particulieres
pour ne pas laiffer multiplier un troupeau de bêtes à cornes au-delà d'un
certain nombre, fi l'on veut fe défaire
avantageufement des Veaux qu'on ne
veut point élever, il faut choifir ceux
qui portent les indices que nous venons de fpécifier , ou à leur défaut,
ceux qui en approchent le plus.

Les premiers, dont les difpofitions

font favorables, ne demandent qu'un
gouvernement attentif, pour empêcher leur chair de rougir ; il faut pour
cela leur ménager le lait avec précaution, & leur fournir, au défaut de
cette liqueur, qui eft leur aliment naturel, des breuvages doux & nourriffans : on ne leur livre pas d'abord en
entier le pis de leur mere ; un feul
trayon leur fuffit pour la premiere femaine, on leur en donne deux la feconde ; & dans la troifieme ou la quatrieme, on leur abandonne le refte. Si
le lait commence à tarir vers ce temps-
là, on y fubftitue un breuvage, dont
on fait prendre d'abord au jeune animal deux gorgées, une feule fois par
jour ; dans la fuite, on lui en donne
trois ou quatre gorgées, & deux fois
par jour : on mêle dans cette potion
un peu d'eau d'ánis, dont on augmente
la quantité à mefure que le Veau gran-
dit. Cette potion doit fe donner une
heure avant que de lui laiffer la liberté
de tetter.

A l'égard des derniers, c'eft-à-dire,
de ceux dont les fignes équivoques
font appréhender que la chair ne foit
rouge, on ufe de quelques artifices
pour corriger ce défaut. Plufieurs

voifins de l'Anonyme de cette lettre,
font faigner fréquemment les jeunes animaux ; mais cette méthode, qui n'eft
que trop généralement fuivie, a de
grands inconvéniens ; les faignées réi-
térées privent le Veau du fuc nourri-
cier qu'il tire des alimens ; il maigrit,
& fa chair devient coriace. Quelques-
uns fe contentent de faire faigner deux
fois leurs Veaux ; favoir au bout de fix
femaines, & à deux mois & demi. Il
eft vrai que ce moyen donne à l'animal
une apparence favorable, très-propre
pour le débit ; mais c'eft tout, car la
chair ne répond pas aux promeffes des
fignes extérieurs.

Il y a une pratique plus fûre que
celle de la faignée, continue notre
Auteur ; mais elle demande plus de foin.
On difpofe dans l'étable les Vaches à
la queue l'une de l'autre, & on laiffe entr'elles un intervalle d'environ quatre
pieds, pour pouvoir paffer librement :
on dreffe à la tête de chaque Vache un
poteau, où elle eft attachée par un anneau ; parallélement à cette rangée de
Vaches, on difpofe fur des planchers
une rangée de Veaux, fous lefquels on
répand une litiere épaiffe de paille.
Les planches doivent être percées en

différens endroits , pour faciliter l'é-
coulement des urines qui tombent dans
une cavité affez large , pratiquée au-
deffous ; cette rangée eft bordée par
un ratelier rempli de craie , que les
Veaux peuvent lécher & manger à leur
aife : on place auffi à portée d'eux une
auge remplie d'orge, mêlé d'un peu
de fel , & quelques-uns y ajoutent de
la craie pulvérifée , de la farine de froment & de la farine d'avoine.

Quand la mere manque de lait, on
a recours à une efpèce de pâtée, que
l'on peut compofer de plufieurs manieres : on prend de la dreche & de la
craie réduite en poudre très-fine , par
égale quantité ; on mêle le tout enfemble avec un peu de fel, de farine
& d'eau-de-vie ou d'anis : on bat ces
différens ingrédiens, jufqu'à ce que le
mélange acquiere la confiftance d'une
pâte molle , & on en forme des pilules
ou bols , dont on donne trois à la fois,
après les avoir trempées dans du lait.
Cette nourriture eft fort du goût des
Veaux : on n'eft pas long-temps à la
leur faire avaler de force ; ils la prennent bientôt d'eux-mêmes , & il n'eft
queftion que de la leur donner au bout
d'un bâton. Cette pâtée eft excellente

pour l'hiver ; mais en été, on ne doit y mettre ni eau-de-vie, ni eau d'anis, où du moins il en faut très-peu. Il y a d'autres pâtes qui font plus fimples ; par exemple on fait une pâte de farine d'avoine & de lait, & on en forme des bols, que l'on trempe dans du lait, & dont on donne aux Veaux quatre à la fois, une heure avant que de les mettre fous la mere. Comme cette nourriture eft moins forte que la précédente, on leur en donne encore quatre autres, en les retirant du pis, avec une cuillérée de lait entre chaque bol.

Une troifieme pâte, qui a plus de vertu que la derniere, & qui approche plus de la premiere, eft la fuivante. On prend de la farine & de la craie pulvérifée, & on délaie ces deux poudres dans du lait avec de l'eau d'anis, qui eft beaucoup meilleure pour cet effet que l'eau-de-vie pure.

Il y a en Angleterre, dans la Province de Bedfort, uue terre fort commune, dont les Fermiers rempliffent les rateliers de leurs étables : ils prétendent que les Veaux fucent cette terre avec plaifir, & qu'ils y trouvent un fuc fortifiant, qui fait blanchir leur chaïr beaucoup plus fûrement que la pierre de craie.

Il, faut favoir que ce n'eft qu'à force de foins qu'on peut s'affurer du fuccès de ces artifices : il faut d'abord choifir des Veaux, dont la conftitution ne foit pas totalement oppofée à l'amélioration qu'on fe propofe ; car tout l'art imaginable ne fauroit dompter la nature, quand il l'attaque de front : il faut enfuite prendre garde que les Veaux ne lechent point la terre, ni les planches fur lefquelles ils font pofés. On croit auffi que le foin contribue à rougir leur chair, & qu'ainfi on doit les empêcher d'en manger. A l'égard de cette derniere attention, quelques perfonnes expérimentées ne la jugent pas néceffaire.

Ce qu'il y a de fâcheux, c'eft que les alimens recherchés dont on nourrit ces jeunes animaux, pour faire blanchir leur chair, lui font perdre de fon goût & de fa délicateffe ; cependant, quand on fait bien les gouverner, on réuffira à leur donner une chair, dont la blancheur & l'air appétiffant ne le cedent en rien à celle des Veaux qui font nés avec les plus heureufes

qualités. Comme la chair de ces derniers eſt infiniment plus exquiſe, avant
d'avoir recours à l'art, il vaut mieux
mettre en uſage les précautions qui en
peuvent procurer par des loix naturelles.

Le choix du Taureau y contribue
beaucoup : il y a des gens qui ſavent
choiſir avec tant de diſcernement le
Taureau dont ils font couvrir leurs
Vaches, que rarement leur attente eſt
trompée. *Voyez* pour ſon choix ce que
nous avons dit à l'article *Vache*. Mais
ce n'eſt pas encore aſſez d'avoir choiſi
le Taureau. Si la Vache qu'on mene
au Taureau fait ſa nourriture ordinaire
de veſce ſeche ou verte, ſes Veaux
auront toujours la chair rouge. Ce n'eſt
donc qu'à force de précautions qu'on
peut ſe flatter de la réuſſite ; encore
faut-il ſavoir, avant de s'embarquer
dans tous ces ſoins, ſi la nature du
pays ne les rendra pas inutiles. Le ſol
influe beaucoup ſur la qualité des
Veaux, & leur chair ſera blanche ou
rouge, ſelon la terre où ils ſeront
nés.

On peut connoître, même dans
l'obſcurité, ſi le Veau aura la chair
blanche ; il ſuffit pour cela de le tou-

cher. Un Veau qui fe porte bien a toujours fur les reins, auprès de la queue,
deux lobes de graiffe ; s'ils font fermes,
le Veau fera rouge ; au contraire, s'ils
font mollets, c'eft une marque certaine que la chair en fera blanche.

Les jeunes Veaux font expofés à
différentes maladies. Les mâles font
fujets à fe fucer le bout de leur nerf,
ce qui les fait promptement maigrir &
dépérir tout-à-fait ; c'eft pourquoi,
dès qu'on s'en appercevra, en paffant
la main tous les jours fous le ventre,
que cette partie eft plus mouillée
qu'elle ne dòit l'être par l'écoulement de l'urine feule, on lui mettra
une mufeliere, ou bien on lui mettra
un collier d'étoupe, dans lequel feront
paffées deux cordes, qu'on attachera à
deux endroits oppofés, comme on fait
pour un Cheval qu'on met entre les
piliers, pour le dreffer au manege.
Dans ce dernier cas, on l'attachera
affez court pour qu'il ne puiffe fe fucer ; de façon cependant qu'il ait l'aifance de fe lever & de fe coucher.

Quelquefois le Veau ne peut tetter ;
fi on s'apperçoit qu'il ne le peut pas,
lorfqu'on le met fous la mere, c'eft un
indice qu'il a les barbillons qui lui

viennent fous la langue : on les coupera pour lors avec les cifeaux, & on
lavera la place avec du vinaigre, de
l'ail & du fel, ou avec de la falive
feulement.

La galé eft une autre maladie à laquelle
font fujets les Veaux : on connoît qu'ils
en font atteints, lorfque paffant légérement la màin fur le dos, on fent leur peau
mal ùnie ; & qu'on leur voit le poil hé-
riffé. Pour les guérir, on prend du
beurre frais avec l'huile de chénevis,
dont on les frotte dans tous les endroits où la gale paroît. Cette malàdie.
provient quelquefois de la négligence
des Servantes à donner de la litiere au
Veau, ou de ce qu'on laiffe croupir
fous lui fon urine; ce qu'on pourra prévenir, en y apportant tous les foins
néceffaires.

Le flux de ventre eft auffi une malàdie propre au Veau ; un remede efficace dans ce cas, même quand le
flux feroit invétéré, eft un gros de
diafcordium préparé fans feu, mêlangé
avec du vin rouge & de l'eau chaude;
on lui en fait prendre avec la corne,
trois quarts-d'heures auparavant & une
heure après : on ne lui donne point de
lait; mais on lui laiffe lécher la craie

tant qu'il veut. Si la première doſe ne
guérit pas, on en donne une ſeconde au
bout de deux heures ; la chair n'en eſt
pas moins blanche, & ne contracte aucun goût par l'uſage de ce remede.

· La conſtipation eſt la maladie toute
oppoſée ; pour y remédier, on faiſt
fondre une once de manne commune
dans un poiſſon d'eau ; on y ajoute une
cuillerée d'eau-de-vie ; on épaiſſit le
tout avec de la farine de froment, pour
en faire des pilules, dont on donnera
au Veau trois ou quatre fois tous les
matins, après qu'il aura été allaité : il
faut les tremper dans le lait, pour que
l'animal les avale mieux : on continue
ainſi juſqu'à ce que le Veau ait le ventre libre.

Avant que de finir le Chapitre con-
cernant les Bœufs & les Vaches, nous
obſerverons au ſujet de la pâture des
beſtiaux, & notamment de ces animaux, que la Société Royale d'Agriculture de Bretagne indique très-bien,
dans un tableau qu'elle a fait dreſſer,
les herbes des prés, ſoit hauts, ſoit
bas, qui ſont les plus profitables aux
beſtiaux, & celles qui leur ſont nuiſibles. La plupart des plantes qu'on
trouve plus ou moins abondamment

dans les prairies , soit moyennes ou baffes , font :

1. *Gramen pratenfe , paniculatum , majus , anguftiore folio :* cette plante elt très-bonne. 2. *Gramen capillaceum , paniculis rubentibus.* 3. *Gramen fpicatum, glumis crif-tatis :* ces deux efpeces paffent pour bonnes. 4. *Gramen paniculatum , molle ;* efpece excellente. 5. *Gramen fpicatum , folio afpero.* 6. *Gramen typhoïdes, maximum, fpicâ longiffimâ :* ces deux efpeces font mifes dans la claffe des bonnes. 7. *Gramen loliaceum, radice repente ;* Chiendent. 8. *Gramen paniculatum, majus, latiore folio:* celles-ci font excellentes. 9. *Gramen anthoxanthon , fpicatum.* 10. *Gramen tremulum, minus, paniculâ parvâ :* ces deux gramens paffent pour bons; mais les cinq plantes fuivantes font de nulle valeur dans les prairies ; la derniere même de ces cinq plantes elt nuifiblè à la végétation des autres. 11. *Acetofa arvenfis, lanceolata ;* Ofeille. 12. *Bellis fylveftris ;* paquerette, ou petite Marguerite. 13. *Betonica purpurea ;* Bétoine. 14. *Buph-thalmum vulgare ;* Œil de Bœuf, ou grande Marguerite. 15. *Cufcuta ;* Cufcute. On peut mettre auffi parmi les plantes inutiles des prairies, celles qui fuivent. 16. *Equifetum minus , terreftre ;*

Prêle. 17. *Euphrasia Officinarum* ; Eu-. phraise. 18. *Gallium luteum* ; Caille-lait., 19. *Hieracium quod pilosella major , repens , minus hirsuta* ; Herbe à Epervier. 20.. *Hypericum minus , erectum* ; Millepertuis.. 21. *Jacea nigra pratensis* ; Jacée. 22. *Jacobea senecionis folio* ; Jacobée. 23. *Juncus lævis* , paniculâ non *sparsâ* ; Jonc. 24. *Lapathum folio acuto, rubente* ; Patience, Parelle. 25. *Linum sylvestre* ; Lin. 26. *Œnanthe aquatica.* 27. *Pedicularis pratensis lutea , sive crista galli* ; Pédiculaire. 28. *Rapunculus spicatus* ; Raiponce. 29. *Scabiosa pratensis , hirsuta, Officinarum* ; Scabieuse. 30. *Sphondilium vulgare, hirsutum* ; Berce. 31. *Tormentilla vulgaris* ; Tormentille. 32. *Tragoselinum majus, umbella candidâ* ; Boucage. 33. *Ranunculus pratensis , erectus , acris* ; Renoncule , Bouton d'or simple , Griffes de Lion , Pied-de-Coq. Les deux plantes suivantes ne sont pas seulement inutiles dans. les prairies , elles sont même encore fort mauvaises. 34. *Millefolium vulgare, album* ; mille-feuilles. 35. *Ptarmica vulgaris, folio longo, serrato* ; mais en revanche , on péut regarder comme très-bonnes les dernieres dont nous allons faire mention. 36. *Lathyrus, sylvestris, luteus , foliis Viciæ* ; Gesse. 37. *Lothus pentaphyllos*

pentaphyllos, *flore cæruleo.* 39. *Trifolium pratense, purpureum*; Trefle à fleur rouge, ou Tremoine. 40. *Trifolium luteum, capitulo lupuli, vel agrarium*; Triolet. 41. *Vicia sylvestris; flore purpureo*; Vesce. 42. *Vicia vulgaris acutiore folio, semine parvo nigro.*

On peut se convaincre, par le détail dans lequel nous venons d'entrer, que parmi les quarante-deux plantes dont les prairies sont ordinairement composées, il s'en trouve vingt-une inutiles : une plante parasite, qui nuit à la végétation des autres, trois qui sont nuisibles au bétail, & dix-sept qui fournissent une bonne nourriture, parmi lesquelles on compte dix especes de *gramen* ; par conséquent, quand on veut former des prairies naturelles, & même artificielles, il est très-facile de se régler là-dessus : on choisira par préférence les dix-sept bonnes especes, & on rejettera toutes les autres.

Ce qui rend le beurre de la Prévalaie en Bretagne si fameux, c'est sans doute le bon pâturage qui s'y trouve ; la plûpart des herbes qui croissent dans les prairies de ce canton, sont presque toutes succulentes, & on n'y en voit que très-peu de mauvaises, ou d'inutiles :

on y rencontre, v. g. 1. *Gramen pani-*
culatum, majus, angustiore folio. 2. *Gramen*
capillatum, paniculis rubentibus. 3. *Gramen*
spicatum, glumis cristatis. 4. *Gramen pra-*
tense, paniculatum, molle. 5. *Gramen spica-*
tum, folio aspero. 6. *Gramen typhöides maxi-*
mum, spicâ longissimâ. 7. *Gramen lilia-*
ceum, radice repente ; Chiendent. 8. *Gra-*
men paniculatum, majus, latiore folio. 9. *Gra-*
men anthoxanthon, spicatum. 10. *Gramen*
tremulum minus, paniculâ parvâ. 11. *Dau-*
cus vulgaris ; Carotte. 12. *Lotus pentaphyl-*
los, flore majore, luteo splendente ; Lotier. 13.
Polygala minor vulgaris, flore cœruleo. 14.
Trifolium pratense, purpureum ; Trefle, ou
Tremoine. 15. *Vicia sylvestris, flore pur-*
pureo ; Vesce.

Personne ne peut disconvenir que
toutes ces plantes ne soient excellentes,
& il ne s'en trouve que quelques-unes
qui pourroient passer pour inutiles,
telles que la Bétoine, *Betonica purpu-*
rea ; l'œil de Bœuf, *Buphtalmum vul-*
gare ; le Pissenlit, *Dens leonis, latiore fo-*
lio ; le Caillé-lait, *Gallium luteum ;* la
Jacée, *Jacea nigra pratensis, hirsuta ;* le
Lin chanpêtre, *Linum sylvestre ;* le
Plantain, *Plantago quinque nervia ;* & la
Scabieuse, *Scabiosa pratensis, hirsuta, Offi-*
cinarum.

On ne rencontre point d'ofeille dans cette excellente prairie; mais ce font prefque toutes des plantes légumineufes, qui y dominent: celles que nous avons défignées comme inutiles y font très-rares, & il n'y en a que trois de mauvaifes, qui font, l'arrête-bœuf, la mille - feuille & la renoncule des prés. C'eft à M. de Livoys que nous fommes redevables de la connoiffance des plantes qui s'y trouvent. Si les Botaniftes de chaque Province s'appliquoient à déterminer la bonté des plantes des prairies; & indiquoient aux Habitans les mauvaifes qui peuvent s'y rencontrer, on pourroit parvenir à n'avoir à la fin que d'excellentes prairies, par la précaution qu'on prendroit d'y détruire tout ce qui pourroit s'y trouver de nuifible aux différens genres de Beftiaux.

CHAPITRE V.

DU JUMART.

ON donne le nom de Jumart à une
bête de charge, qui provient de l'accouplement du Taureau avec l'Anesse
ou la Jument, & de celui du Cheval
ou de l'Ane avec la Vache. L'Auteur
de l'Histoire générale des Eglises Evan-
géliques des Vallées de Piémont, rapporte qu'on en voit de ces deux especes dans les mêmes Vallées. On
nomme *Bif* l'animal qui provient de
l'Anesse & du Taureau, & *Baf*, celui
qui provient de l'accouplement d'un
Taureau avec une Jument. Ces animaux, qui font vraiment des Anes &
des Chevaux, felon cet Auteur, parce
que les petits appartiennent à l'espece de la femelle, portent néanmoins
des marques du mâle; ils ont le front
bossué aux endroits où les Taureaux
ont des cornes; l'une de leurs mâchoires est plus courte, & leur espece tient
un peu de celle du Bœuf. Ces Mulets
font fort communs dans la Suisse; il en

eſt fait mention dans Scaliger; cet Auteur dit en avoir ſouvent rencontré dans ces Cantons; il s'en trouve aûſſi dans le haut-Dauphiné. Un Domeſtique, natif de Gap, aſſure avoir vu chez un Habitant voiſin du domicile de ſon pere, une Jument, qui, pendant huit années conſécutives, a donné réguliérement un Jumart mâle ou femelle. On a tenté, il y a huit à neuf ans, dans la Paroiſſe de Saint-Igny-de-Vers, en Beaujolois, de faire ſervir une Vache par un Etalon Navarrois; on n'y parvint même qu'avec peine; la Vache conçut cependant, & il en provint un Mulet; mais il n'a vécu qu'un mois.

Schaw-Traculs parle d'un animal qu'il nomme Kumval, & qu'il prétend être le fruit de l'accouplement de l'Ane avec la Vache. Cet animal n'avoit point de cornes; il avoit l'ongle fendu; ainſi il tenoit plus par les extrémités, de la femelle que du mâle. En 1768, on voyoit à l'Ecole Royale Vétérinaire deux de ces productions qui avoient été tirées du Dauphiné. Le Jumart qu'on y voyoit, & qui étoit le produit du Taureau avec la Jument, n'avoit rien de différent d'un petit Mu-

let ordinaire , finon que la mâchoire
fupérieure étoit beaucoup plus courte
que l'inférieure : quant au Jumart, qui
devoit le jour au Taureau & à l'A-
neffe, il avoit une taille d'environ trois
pieds deux pouces ; fa robe étoit d'un
alzan qui imitoit le poil du Bœuf ;
fon front étoit boffué à l'endroit des
cornes du pere ; fa mâchoire inférieure
étoit plus longue de deux pouces au
moins que la fupérieure ; il avoit le
mufle du Taureau ; il en avoit auffi le
corps par la longueur & par la conformation ; il en tenoit encore par la
queue & par les genoux, qui étoient
ferrés l'un contre l'autre comme ceux
du Veau. Cet animal, qui étoit entier,
a fervi plufieurs fois fa femelle pendant le printemps de l'année 1767.
Cependant il la dédaignoit quelquefois, tandis qu'il témoignoit conftamment une ardeur incroyable pour les
Jumens ; auffi ne lui a-t-on préfenté la
Jumart, qu'après l'avoir vivement
échauffé par l'afpect & par l'approche
d'une Cavale.

. Des Auteurs prétendent que cette
efpece mulâtre n'engendre point, malgré l'accouplement. Mais parce qu'elle
n'a point produit dans nos climats,

doit-on inférer que tous les Jumarts font des individus stériles ; & qu'il n'y en aura jamais de féconds ? L'affirmatif est le sentiment le plus probable.

Dans un Ouvrage périodique de l'année 1767, on lisoit la description d'une Jumart qui se trouvoit pour lors à l'Ecole Royale Vétérinaire de Lyon. Cette Jumart étoit le produit de l'accouplement d'un Taureau & d'une Jument ; elle étoit de la taille d'environ trois pieds, quatre pouces ; la robe étoit d'un noir mal teint ; elle étoit âgée de sept ans, d'une force singuliere, & très-peu délicate sur la nourriture ; elle passoit quelquefois des mois entiers sans boire ; elle se défendoit, soit des pieds, soit de la dent, des approches de tout le monde, excepté de celle de son maître ; pour peu qu'elle fût courroucée, elle levoit & étendoit sa queue dans toute sa longueur ; elle urinoit sur le champ & à diverses reprises, & lançoit son urine, qui étoit extrêmement jaune, à sept ou huit pieds loin d'elle ; elle n'avoit ni le mugissement du Taureau, ni le hennissemeut du Cheval, ni le braiement de l'Ane, mais un cri grêle, aigu & particulier, qui auroit plutôt

tenu du cri, ou du bêlement de la
Chevre, que de celui de tout autre
animal. On n'a point vu paître cette
bête ; mais elle embraffoit & ramaffoit
avec fa langue le fourrage qu'on lui
donnoit, comme le Bœuf embraffe &
ramaffe l'herbe qu'il veut manger ;
après quoi une portion de ce fourrage
étant parvenue fous les dents molaires,
elle donnoit un coup de tête à droite
ou à gauche, lorfqu'après avoir faifi
& ferré l'herbe entre les dents incifives & le bourrelet, qui fupplée au
défaut de ces mêmes dents à la mâchoire fupérieure, ils cherchent à l'ar-
racher : on n'appercevoit en elle aucun figne de rumination, quoique fon
maître affurât qu'on la voyoit remâ-
cher les alimens, quand elle n'en avoit
point devant elle. Cette Jumart, confidérée extérieurement, avoit le front
large & boffué du Taureau, la mâchoire antérieure beaucoup plus courte
que la poftérieure, un mufle égal à
celui du pere ; le corps étoit à-peu-
près conformé de même que le fien,
en ce qui concerne l'épine, les os des
hanches & les flancs ; fes jambes étoient
comme ce que nous appellons dans le
Cheval *jambes de Veau*, c'eft-à-dire,

que fes genoux étoient très-rappro-
chés l'un de l'autre ; du refte , elle
étoit folipede.

CHAPITRE VI.

DU BOUC ET DE LA CHEVRE.

LE Bouc eft un animal domeftique,
de la famille des quadrupedes , affez
femblable au Bélier ; mais qui en differe néanmoins par fes cornes, qui ne
font point auffi contournées , par fon
corps qui eft couvert de poils, &
non de laine, & par fon menton qui
eft garni d'une efpece de barbe. On
a donné le nom de Chevre à la famille
de cet animal ; elle a de même que le
mâle, un toupet de barbe fous le menton , & quelquefois en outre deux
glands, ou efpece de groffes verruës
qui lui pendent fous le col ; fa queue
eft très-courte, ainfi que celle du Bouc ;
elle eft fur-tout remarquable par la
longueur de fes deux pis, qui lui
pendent fous le ventre.

Les couleurs les plus ordinaires du
Bouc & de la Chevre font le blanc &

le noir : il y en a de blancs & de noirs en entier ; d'autres font en partie blancs & en partie noirs. Ces derniers font plus communs ; il s'y en trouve auffi beaucoup qui ont du brun & du fauve.

Le poil n'eft pas de la même longueur fur les différentes parties du corps ; il eft plus ferme par-tout que le poil du Cheval, mais moins dur que fon crin. M. d'Aubenton dit avoir vu un Bouc qui étoit en partie noir & en partie blanc, & qui avoit de la laine de couleur blanchâtre, mêlée avec le poil fur le dos, & fur le haut des côtés du corps, & difpofée par flocons, qui defcendoient auffi bas que le poil, & même plus bas.

Le poil du Bouc dont nous allons donner la defcription d'après M. d'Aubenton, lui a paru plus dur, plus ferme que celui de l'Ane ; il étoit de longueur très-inégale ; celui de la barbe avoit jufqu'à neuf pouces ; cette barbe formoit un bouquet qui étoit placé au-delà du menton fous les coins de la bouche, & qui s'étendoit fur la longueur de trois pouces du côté de la gorge ; le poil du front, du cou, du poitrail, des côtés du corps, de la face

extérieure des bras & des cuisses, avoit
environ trois pouces de longueur; celui
de la tête, à l'exception du front & de la
barbe ; celui des oreilles, du dessous du
ventre, de la face intérieure des bras &
des cuisses, & du bas des quatre pieds,
depuis les genoux & depuis les jarrets
jusqu'au boulet, étoit fort court ; mais
sur le paturon, & principalement sur
la couronne, il se trouvoit un peu plus
long. Ce Bouc avoit une criniere composée de crins comme celle du Cheval ;
ces crins tomboient de chaque côté
du cou ; leur longueur étoit d'un demi-
pied du garrot ; on remarquoit aussi
dans cet animal une espece de criniere
tout le long du dos & de la croupe,
& même jusqu'au bout de la queue ;
où ils étoient à-peu-près de la même
longueur que les poils de la face extérieure des cuisses ; mais il se trouvoit encore une espece de continuation
de criniere le long de la partie posté-
rieure de chaque cuisse, jusqu'à quelque distance du jarret ; cette criniere
se partageoit en deux parties laté-
rales, dont les poils s'étendoient en arriere, & un peu en dehors, & dimi-
nuoient peu-à-peu de longueur ; depuis
le garrot jusqu'au bout de la queue,
G 6

elle étoit formée par un poil de moyenne longueur; il y en avoit auſſi de pareil
ſur le front, en forme de toupet.

Ce Bouc avoit les cornes de couleur
brune, griſâtre; elles étoient un peu
applaties, & cependant arrondies ſur
chaque face, & ſur le bord poſtérieur
& extérieur; mais le bord antérieur
étoit tranchant, inégal, & terminé
en différens endroits par des tubercules plus ou moins gros; il y avoit ſur
chaque corne un grand nombre de petites crenelures un peu ondoyantes,
qui l'entouroient, & qui étoient fort
près les unes des autres; les cornes, au
ſortir de la tête, s'éloignoient peu-à-
peu l'une de l'autre; enſuite elles ſe re-
courboient en arriere & en dehors,
ſe prolongeoient horiſontalement de
chaque côté de l'animal, & enfin ſe re-
plioient un peu en bas & en avant.
Les cornes des Boucs ſont plus ou
moins longues, & différemment contournées. La plûpart des Chevres ont
auſſi des cornes; elles ſont moins longues que celles des Boucs, mais elles
ont la même poſition & la même direction.

Les grandes cornes qui ſurmontent
la tête du Bouc, & la longue barbe

qui eft fufpendue à fon menton, lui
donnent un aïr bizarre & équivoque;
mais pour reconnoître, dit M. d'Aubenton, les caraĉteres de fa phyſionomie, il faudroit ne confidérer que
fa face, fans faire attention aux cornes
ni à la barbe; on verroit alors qu'il y
auroit une apparence de fineffe, parce
que la partie de la face qui s'étend depuis les yeux jufqu'au bout des levres,
eft allongée & affilée, le bout du mufeau bien arrondi, le menton bien
fermé, les deux levres bien féparées
par la fente de la bouche, la levre
fupérieure terminée par les ouvertures
des narines, qui s'approchent de très-
près par leur extrémité intérieure, &
qui forment une fente parallele à celle
de la bouche. Tous ces traits font ex-
preffifs, animent la phyfionomie du
Bouc, & lui donnent un air de vivacité & de douceur. L'éloignement des
yeux, quoique grand dans cet animal,
ne rend point fa phyfionomie ftupide,
parce que le front eft fort étroit, &
prefqu'entiérement occupé par le toupet; d'ailleurs, les yeux font très-vifs,
très-grands & très-apparens, quoique
pofés un peu fur les côtés de la tête;
ils donnent encore plus de vivacité au
Bouc que la forme du bout de fon

muſeau, & que les oreilles, qui ſont bien proportionnées, bien poſées & bien ſoutenues. Les yeux ſont le trait le plus animé par la belle couleur jaune de l'iris, & ſur-tout par la figure ſinguliere de la prunelle; c'eſt un quarré long, dont les côtés ſont irréguliérement terminés, & pour ainſi dire frangés, & dont les angles ſont arrondis. Ce quarré eſt le plus ſouvent ſitué de façon que l'angle inférieur de devant eſt à-peu-près à la hauteur de l'angle antérieur de l'œil, & l'angle ſupérieur de derriere à la hauteur de l'angle poſtérieur de l'œil.

Si on conſidere actuellement le Bouc, continue M. d'Aubenton, avec ſes cornes & ſa barbe, la face paroîtra à l'inſtant tranſverſalement partagée par le milieu, & pour ainſi dire, double; la phyſionomie aura l'air équivoque, parce que les apparences de fineſſe & de vivacité vont ſe changer en un air peſant & ſtupide. L'étendue du chanfrein, depuis les yeux juſqu'aux narines, étant nue & dénuée de traits, les yeux ſemblent appartenir à la partie ſupérieure de la face, qui ſert de baſe aux cornes, & former avec le front, les oreilles & les cornes, un grouppe éloigné, & pour ainſi dire ſéparé de la partie inférieure de la face, qui, réunie avec la barbe, fait un autre grouppe compofé des narines, des levres, de la bouche, du menton & de la barbe. En fuppofant que l'on couvre cette partie de la face, & qu'on ne voie que la partie fupérieure, les cornes font fi groffes & fi grandes, qu'elles font difparoître pour ainfi dire les proportions des oreilles, la vivacité des yeux & la petiteffe du front. Ces trois parties, qui, prifes féparément des cornes, préfentoient l'apparence de la légéreté & de la vivacité, ne font plus aucun effet lorfqu'elles font furmontées par les cornes, ne donnent plus aucune idée de légéreté ni de fineffe, & l'enfemble formé par cette réunion n'eft que lourd & pefant. Voyons actuellement, continue toujours M. d'Aubenton, quel changement il arrive dans la partie inférieure de la face du Bouc, lorfqu'on la confidere féparément de la partie fupérieure & des cornes; alors les traits des narines & de la bouche, qui font fortement exprimés, forment feuls un enfemble avec la barbe, & n'etant plus adoucis & animés par les yeux & par les autres traits de la partie fupérieure de la face, ne préfentent plus que l'apparence de

la rudeffe & de la ftupidité, au lieu de
l'air de docilité & de fineffe qu'a le mufeau du Bouc, réuni avec la face, &
pris féparément de la barbe; c'eft pour
cette raifon qu'en réuniffant la face entiere avec les cornes & la barbe,
comme dans fon état naturel, on ne
voit dans le Bouc qu'une phyfionomie
équivoque & bizarre, qui paroît morne lorfque la tête eft vue de profil, &
que l'on voit le mufeau avancé au-deffus & au-devant de la barbe. En général, le corps du Bouc paroît ou trop
petit, par rapport à fes cornes, ou
trop gros, par rapport à la hauteur des
jambes, qui font fort courtes, principalement celles de devant; de forte
que le garrot eft plus bas que les hanches. L'encolure foible, & la tête petite & baffe paroiffent furchargées par
les cornes, dont l'étendue eft trop
grande à proportion du corps. Le
Bouc eft encore difforme, par une autre difproportion; c'eft que les reins,
les hanches, la croupe, les feffes & les
cuiffes, en un mot toute la partie poftérieure du corps paroiffent trop gros,
& les jambes de derriere trop longues en comparaifon du refte du corps:
d'ailleurs les genoux font tournés en
dedans, ies jambes fi courtes qu'elles

paroiſſent nouées, & les pieds de devant ſont plus gros que ceux de derriere ; cependant le Bouc préſente ſes cornes avec grace, & il les tourne de côté & d'autré avec beaucoup de facilité. L'attitude qu'il prend pour les préſenter, en baiſſant la tête, lui ſied bien ; il leve les jambes de devant avec aiſance, & fait paroître dans tous ſes mouvemens beaucoup de ſoupleſſe & d'agilité. La grandeur des Boucs varie à-peu-près comme celle des Beliers. M. d'Aubenton donne les dimenſions de ſes différentes parties ; il ſeroit trop long de les rapporter ici.

L'anatomie du Bouc & de la Chevre eſt préciſément la même que celle du Belier & de la Brebis : auſſi M. d'Aubenton, dans l'expoſition qu'il en fait, ſe contente d'en faire le parallele. Il fit tuer pour cet effet un Bouc & un Belier, à peu-près de la même grandeur. Ces deux animaux, ouverts & poſés l'un à côté de l'autre, M. d'Aubenton n'a remarqué aucune différence, ſoit pour l'étendue & la ſituation de l'épiploon, la figure & la poſition des quatre eſtomacs, ſoit pour les papilles de la panſe, le réſeau du bonnet, les feuillets du troiſieme eſtomac, & les replis de la caillette ; le foie, la véſi-

cule du fiel & la rate du Bouc étoient
auſſi à-peu-près ſemblables à ces mêmes viſceres, examinés dans le Belier,
par rapport à la ſituation, à la figure,
à la couleur, au poids, &c. Il y avoit
auſſi dans le foie du Bouc des vers pareils à ceux qui ſe trouvent dans les
foies des Beliers, des Moutons & des
Brebis; mais le nombre de ces vers
n'eſt pas auſſi grand dans le Bouc
qu'il l'eſt ordinairement dans les Moutons, & on n'en trouve pas toujours
dans tous les Boucs, ni dans toutes les
Chevres.

Le pancréas, les reins, le diaphragme, les poumons, le cœur, l'aorte, la
langue, le palais, l'entrée du larynx,
le cerveau & le cervelet du Bouc,
n'ont pas paru différens de ces mêmes
parties obſervées dans le Belier; les
mamelons du Bouc avoient la même
ſituation qne ceux du Belier: il n'y en
a qu'un de chaque côté dans la plupart
des individus; & dans les autres, il
s'en trouve deux d'un côté, & un de
l'autre, ou deux de chaque côté; mais
toutes les fois que M. d'Aubenton a
vu deux mamelons de chaque côté, il
y en avoit un qui étoit moins gros que
l'autre. C'eſt dans les femelles, & ſur-
tout dans celles qui ont du lait, qu'il

faut rechercher les différences qui se trouvent entre les mamelons, & celles qui sont entre les mamelles.

Dans la comparaison que M. d'Aubenton a aussi faite des parties de la génération du Bouc & de la Chevre, avec celle du Belier & de la Brebis, il n'a apperçu aucune différence affez confidérable, pour mériter une defcription particuliere. Il s'eft trouvé fur le gland du Bouc un tubercule charnu comme celui du Belier, & l'artere débordoit au-delà du gland, & formoit un petit tuyau mou & ftérile, replié & collé fur le gland, dans le temps qu'il n'y avoit aucune érection ; mais lorfque la verge fortoit au dehors, on voyoit que l'extrémité de l'uretre fe foutenoit prefque en ligne droite au dehors du gland.

Au milieu du mois d'Avril, le même jour que M. d'Aubenton fit ouvrir une Brebis pleine, il fit auffi l'ouverture d'une Chevre pleine, & prête de fon terme, comme la Brebis, afin d'obferver dans ces deux animaux en même temps ce qui avoit rapport à leurs fœtus. Le chorion du fœtus de la Chevre tient à la matrice par les cotyledons, comme celui du fœtus de la Brebis ; la figure de l'allantoïde eſt auſſi à-peu-près la même dans ces deux animaux, & la liqueur de l'allantoïde dépoſe un ſédiment de même nature dans l'un & dans l'autre. Le cordon ombilical du fœtus de la Chevre avoit deux pouces & demi de longueur, le diametre de l'allantoïde étoit d'environ quatre pouces à l'endroit le plus gros, & chacune de ſes cornes avoit un pied de long : il en ſortit une maſſe de ſédiment de couleur jaunâtre, tirant ſur l'olive ; elle avoit un pouce deux lignes de longueur, huit lignes à l'endroit le plus large, & deux ou trois lignes d'épaiſſeur ; ſa ſubſtance étoit ſemblable à celle des ſédimens de l'allantoïde du Cheval & du Taureau. M. d'Aubenton a compté 110 cotyledons ; la plupart avoient ſept ou huit lignes de diametre ; il s'en trouvoit de plus grands & de plus petits ; ils étoient en plus grand nombre dans les cornes de la matrice, que par-tout ailleurs. Il s'eſt trouvé dans une autre Chevre, ſuivant que le rapporte auſſi M. d'Aubenton, deux fœtus, un dans chaque corne de la matrice, & des ſédimens dans chaque allantoïde ; ils étoient de couleur blanchâtre, fort petits & grumeleux ; l'un des fœtus étoit mâle, & avoit quatre mamelons ; les deux poſtérieurs étoient plus gros que les deux antérieurs ; il y avoit ſur le ſommet de la tête deux tubercules bien apparens , qui déſignoient la naiſſance des cornes. Après avoir enlevé la peau, M. d'Aubenton a trouvé que le péricrâne étoit gonflé à l'endroit de ces tubercules , & non pas l'os ; les tégumens étoient auſſi plus épais & plus durs ſur les tubercules : l'autre fœtus étoit femelle ; il n'avoit que deux mamelons, un de chaque côté, & on ne voyoit aucune apparence de tubercule ſur la tête.

Le ſquelette du Bouc ne differe de celui du Belier que par la figure de quelques parties ; les plus grandes différences ſe trouvent dans la tête , & ſur-tout dans les cornes ; celles du Bouc ſont poſées plus en avant que celles du Belier ; leur baſe s'étend juſqu'à l'endroit du front , qui correſpond à la partie ſupérieure des orbites , tandis que celles du Belier ſont à huit lignes au-deſſus des orbites. Les cornes du Bouc ont beaucoup moins de courbure que celles du Belier , & leur couleur eſt plus brune ; le bord antérieur

& intérieur eſt plus tranchant, & le bord poſtérieur & extérieur plus 'arrondi.

Le front du Bouc eſt relevé en boſſe, tandis que celui du Belier eſt plat ; les orbites ſont rondes ; les os du nez ſont preſque droits, de même que ceux de la mâchoire ſupérieure : au contraire, les os du nez du Belier ſont arqués, c'eſt-à-dire, convexes en dehors ſur leur longueur ; la mâchoire ſupérieure eſt plus large, à proportion, & ſes os ont une courbure plus concave ſur les bords de l'ouverture du nez que ceux du Belier ; les angles que forment les deux branches de la mâchoire inférieure ſont plus mouſſes dans le Bouc que dans le Belier, & l'occiput plus convexe.

Les apophyſes épineuſes des dernieres vertebres cervicales ſont plus inclinées en avant dans le Bouc que dans le Belier ; mais le nombre des vertebres & des côtes eſt le même dans les ſquelettes de ces deux animaux. L'os ſacrum du Bouc eſt plus étroit à ſa partie poſtérieure que celui du Belier ; les fauſſes vertebres de la queue ſont au nombre de dix ; le baſſin eſt plus haut, à proportion de ſa largeur,

queldans le Belier ; l'échancrure de la
partie poftérieure de la gouttiere eft
moins profonde ; il y a une différence
fenfible entre la longueur relative des
os des jambes de devant & de derriere,
confidérée féparément dans les jambes de devant & dans celles de derriere,
& comparée à celle des os des jambes
du Belier. L'humérus du Bouc eft plus
long en comparaifon de l'os du radius,
& le radius plus long à proportion de
l'os du canon ; le tibia eft auffi plus
long, relativement à l'os du canon :
au furplus, le fquelette du Bouc paroît reffemblant à celui du Belier, à
l'exception feulement de quelques légeres différences dans les dimenfions.

On prétend qu'il n'y a aucun animal auffi lafcif que le Bouc ; il faut
prendre gardé de l'abandonner trop
tôt à fa lubricité : on ne lui laiffe faillir
les Chevres ordinairement, que lorfqu'il a atteint l'âge de deux ans. Un
Bouc peut fuffire à cent cinquante Chevres pendant deux mois ; paffé cinq
ans, il n'eft plus de fervice ; on le châtre pour lors, & on l'engraiffe.

Pour qu'un Bouc foit bon pour la
reproduction de fon efpece, il faut
qu'il ait le corps grand, le cou charnu

& court, les jambes groffes, le poil épais ; noir & doux, les oreilles grandes & pendantes, la barbe longue & touffue : on n'eftime pas ceux qui ont des cornes ; d'ailleurs, lorfqu'ils en ont, ils font fort dangereux, & des plus pétulans. Quand un Bouc manque de ces qualités, il faut le châtrer dès le fixieme mois.

Le Bouc, pendant tout le temps qu'il faillit, demande d'être bien nourri, pour être plus fort & plus vigoureux. A chaque fois qu'il le fait, il faut lui donner fept à huit bouchées de fon & de foin à manger : on lui fait ordinairement faillir les Chevres trois fois de fuite, pour être plus affuré qu'elles font pleines.

Rarement le Bouc s'emploie en alimens, à caufe de fa mauvaife odeur, & de fon goût défagréable ; néanmoins, dans le pays où il y a beaucoup de Chevres, lorfqu'un Bouc n'eft pas deftiné pour faillir, on le châtre pour l'engraiffer ; il en croît mieux ; il engraiffe plus vîte, & fa chair eft d'un meilleur goût.

Il n'y a dans cet animal que le fuif, la moëlle & le fang, qui s'emploient en Médecine. Le fuif eft pourvu d'une
qualité

qualité émolliente & anodine; le fang de cet animal, au rapport de plufieurs Auteurs, a la vertu de brifer la pierre des reins : Fernel le faifoit ainfi préparer.

On choifit pour cet effet un Bouc qui foit âgé de quatre ans, vigoureux & bien fain; on le nourrit pendant quelque temps de laurier fenouil, & autres herbes lithontriptiques, & on l'abreuve de vin blanc: on le tue au mois d'Août: on en reçoit le fang dans un vaiffeau de verre: on couvre ce fang avec un linge fin; & après l'avoir expofé au foleil pendant plufieurs jours, jufqu'à ce qu'il foit bien fec, on le broye, & on le ferre dans un pot de terre verniffé, bien couvert. Ce fang ainfi préparé, principalement celui des tefticules, eft, à ce qu'on dit, alexitere, fudorifique, diurétique & emménagogue ; il eft encore excellent dans la pleuréfie, & pour diffoudre le fang coagulé; la dofe eft depuis vingt grains jufqu'à deux gros : on attribue au fuif & à la moëlle de Bouc une vertu émolliente, réfolutive, anodine & fortifiante.

Le meilleur fuif de Bouc nous vient d'Auvergne, de Nevers. Pour l'avoir

bon, il faut le choifir dur, fec & blanc;
il entre dans les compofitions de quelques onguens, cérats & emplâtres: on
l'affocie, à la dofe d'une once, aux lavemens anti-dyffenteriques, & on le
diffout dans une décoction vulnéraire,
pour confolider & mondifier les ulceres des inteftins. Schroder le recommande comme un fpécifique contre la
ftrangurie, en s'en fervant en forme
de liniment fur le nombril; il le dit
auffi très-bon en forme de fuppofitoire
contre les hémorrhoïdes. Quand dans
l'éthifie un malade fe trouve écorché
au lit, rien n'eft meilleur que d'appliquer fur la partie affectée un linge imbibé de vin rouge tiede, dans lequel
on 'aura fait fondre du fuif de Bouc.
Je l'ai ordonné plufieurs fois en pareil
cas avec fuccès; les Chandeliers font
grand ufage de ce fuif.

Les peaux de Boucs fervent à différens ufages; elles font une partie
affez confidérable du commerce des
cuirs; les Maroquiniers, les Chamoi-
feurs & les Mégiffiers les préparent en
maroquin, en chamois & en mégie.
Dans l'Amérique, on a une méthode
propre pour la préparation des peaux
de Boucs. Quand la peau eft ôtée de

deſſus l'animal, on l'étend d'abord ſur
des cordes , dans un endroit deſtiné
pour la faire ſécher, & on coupe le
cerveau du Bouc, ou du Daim , que
l'on met ſur de la mouſſe, ou du gazon
ſec; & dans cet état, on le fait ſécher
au ſoleil, ou auprès du feu , pour le
conſerver.

Quand le temps de la chaſſe eſt
paſſé , les femmes préparent les peaux :
d'abord elles les mettent bien tremper dans un étang, ou une foſſe pleine
d'eau ; enſuite avec une vieille lame de
couteau enchaſſée dans un morceau
de bois fendu en travers , elles en ôtent
le poil, lorſque les peaux ſont encore
humides. Ces peaux étant ainſi prépa-
rées, on les met avec une certaine
portion de cerveau deſſéché dans une
chaudiere ſur le feu , juſqu'à ce qu'elles
aient acquis un degré de chaleur plus
grand que celui du ſang. Cette opération les fait écumer , & les rend parfaitement nettes ; après quoi on les
tord ſéparément avec de petits bâtons,
juſqu'à ce qu'on ne puiſſe plus en faire
ſortir une goutte d'eau : on les laiſſe
en cet état pendant quelques heures ;
enſuite on les détord, & on les met ſur
une eſpece de chaſſis compoſé de deux

perches, traverſées par deux autres,
& attachées enſemble avec l'écorce
même de ces perches ; enſuite on les
étend de toute leur longueur ſur des
cordes; & à meſure que les peaux ſe-
chent, on les gratte avec une hache
émouſſée, ou bien avec un morceau
de bois ou de pierre applati , afin
d'en faire ſortir l'eau , & d'en détacher
la graiſſe; on continue cette opération
juſqu'à ce que les peaux ſoient parfaitement ſeches : voilà toute la façon
qu'on leur donne; & une femme ſeule
peut préparer ainſi huit ou dix peaux
par jour.

En Provence & en Languedoc, on
fait avec les peaux de Boucs, des ou-
tres, ou vaiſſeaux , pour tranſporter
du vin & de l'huile. Il faut vendre dans
ces Pays les peaux de Boucs avant l'hiver , parce que la gelée leur porte
préjudice : on tue pour cet effet les
Boucs dans le mois d'Octobre; ils ſont
gras en ce temps ; leur peau & leur
chair en ſont alors meilleures.

Un Bouc châtré ſe nomme Menon
en quelques endroits. Le Bouc ſauvage,
connu ſous le nom de Bouquetin, habite les Alpes de la Suiſſe & de la Sa-
voie; il ſurpaſſe en grandeur le Bouc

le plus grand ; ses cornes sont brunes , noires, longues , un peu recourbées en arc , très-fortes ., marquées dans toute leur longueur par des éminences; ses jambes sont menues ; son poil est de couleur foncée.

Les Bouquetins sont peut-être de tous les animaux les plus légers à la course ; ils sautent pardessus les rochers les plus escarpés : si par hasard , en sautant, ils viennent à se précipiter, ils ne se font aucun mal; ils tombent pour lors sur leurs cornes. Quand on chasse ces animaux dans les endroits où ils se trouvent être au large , ils se ruent sur les Chasseurs ; mais s'ils n'ont qu'un petit espace pour se tourner, pour lors ils perdent courage, & se laissent prendre. Les Suisses se servent du sang de Bouquetin comme d'un excellent sudorifique : ils font sécher ce sang, & le renferment ainsi sec dans des vessies. Plus l'animal s'est nourri de plantes abondantes, en partie volatiles, plus son sang est actif. Anciennement on le prescrivoit pour les pleurésies , mais actuellement son usage est entièrement abandonné ; cependant j'en fais encore quelquefois usage dans l'opiat antiphthysique de

Marquet; je m'en suis souvent très-bien trouvé.

On trouve dans l'estomac des Boucs sauvages, sur-tout quand ils sont vieux, une espece de besoards. On dit que le Bouc domestique s'accouple volontiers avec la Brebis, & le Belier avec la Chevre, & que ces accouplemens font quelquefois prolifiques. Cependant on ne voit pas que le produit de ces accouplemens soit bien connu.

La Chevre est la femelle du Bouc; elle a, de même que celui-ci, un toupet de barbe sous le menton, & quelquefois en outre deux glandes, ou especes de grosses verrues qui lui pendent sous le col; sa queue est très-courte, ainsi que celle du Bouc. Cet animal femelle est remarquable par la longueur de ses deux pis, qui lui pendent sous le ventre.

M. de Buffon dépeint au naturel le caractere & les moeurs de la Chevre: elle a, dit-il, de sa nature, plus de sentiment & de ressource que la Brebis; elle vient volontiers à l'homme; elle se familiarise aisément; elle est sensible aux caresses, & capable d'attachement; elle est aussi plus forte, plus légere, plus agile & moins timide que la Brebis; elle eſt vive, capricieuſe., laſcive & vagabonde ; ce n'eſt-qu'avec peine qu'on la conduit & qu'on la réduit en troupeaux; elle aime à s'écarter dans les ſolitudes, à grimper ſur les lieux eſcarpés, à ſe placer, & même à dormir ſur la pointe des rochers, & ſur le bord des précipices. Toute la ſoupleſſe des organes & tout le nerf de ſon corps ſuffiſent à peine à la pétulance & à la rapidité des mouvemens qui lui ſont naturels ; elle eſt robuſte, aiſée à nourrir; preſque toutes les herbes lui ſont bonnes, & il y en a peu qui l'incommodent. Nous allons rapporter ici, de même que nous avons fait pour les autres animaux, les plantes qui lui conviennent; elle eſt ſujette à-peu-près aux mêmes maladies que la Brebis. *Voyez* ce que nous en dirons à l'article qui concerne cet animal, à l'exception néanmoins de quelques-unes; elle s'expoſe cependant volontiers aux rayons les plus vifs du ſoleil, ſans que ſon ardeur lui cauſe ni étourdiſſement, ni vertigo, comme à la Brebis.

Parmi les plantes que les Chevres ont coutume de prendre pour nourriture, on compte; 1. *Hippocœris aqua-*

tica. 2. *Liguftrum vulgare.* 3. *Veronica ter-nifolia.* 4. *Veronica mas.* 5. *Veronica fcu-tellata.* 6. *Veronica beccabunga oblonga.* 7. *Veronica Beccabunga rotunda.* 8. *Veronica pfeudo-Chamædrys.* 9. *Veronica Alpina.* 10. *Veronica oblongis cauliculis.* 11. *Veronica cymbarifolia.* 12. *Veronica rutæ-folia.* 13. *Lycopus paluftris.* 14. *Salvia horminum.* 15. *Anthoxanthum vulgare.* 16. *Valeriana vulgaris.* 17. *Valeriana Dioica.* 18. *Valeriana locufta.* 19. *Iris paluftris.* 20. *Schœnus vulgaris.* 21. *Scirpus fylvaticus.* 22. *Scirpus lacuftris.* 23. *Scirpus paluftris.* 24. *Scirpus cefpitofus.* 25. *Eriophorum polyfta-chion.* 26. *Nardus pratenfis.* 27. *Phalaris arundinacea.* 28. *Phalaris phleiformis.* 29. *Phleum vulgare.* 30. *Alopecurus erectus.* 31. *Alopecurus infractus.* 32. *Melium fua-veolens.* 33. *Melica ciliata.* 34. *Melica nu-tans.* 35. *Agroftis fpica venti.* 36. *Agrof-tis tenuiffima.* 37. *Aira Dalekarlica.* 38. *Aira flexuofa.* 39. *Aira lanata.* 40. *Aira avenacea Alpina.* 41. *Aira fpicá Laven-dulæ.* 42. *Aira radice jubatâ.* 43. *Poa compreffa, repens.* 44. *Poa annua.* 45. *Poa vulgaris, magna.* 46. *Poa anguftifolia.* 47. *Poa media.* 48. *Poa Alpina variegata.* 49. *Briza vulgaris.* 50. *Cynofurus cœru-leus.* 51. *Cynofurus paniculatus.* 52. *Bro-mus vulgaris.* 53. *Bromus Upfalenfis.* 54.

Bromus tectorum. 55. *Bromus* hordeiformis. 56. *Bromus perennis maxima.* 57. *Bromus spicâ Brizæ.* 58. *Festuca natans.* 59. *Festuca marginea agrorum.* 60. *Festuca rubra.* 61. *Festuca ovina.* 62. *Avena pratensis.* 63. *Avena volitans.* 64. *Avena nodosa.* 65. *Arundo lacustris.* 66. *Arundo ramosa.* 67. *Triticum radice Officinarum.* 68. *Elymus maritimus.* 69. *Scabiosa vulgaris.* 70. *Scabiosa Gothlandica.* 71. *Scabiosa succisa.* 72. *Sherardia Scanica.* 73. *Asperula odorata.* 74. *Asperula rubeola.* 75. *Galium Stækense.* 76. *Galium quadrifolium.* 77. *Aparine vulgaris.* 78. *Aparine pariense.* 79. *Plantago vulgaris.* 80. *Plantago incana.* 81. *Plantago lanceolata.* 82. *Plantago radice lanatâ.* 83. *Plantago coronopus.* 84. *Plantago Linearis.* 85. *Plantago maculata.* 86. *Sanguisorba Gothlandica.* 87. *Cornus fœmina.* 88. *Cornus herbacea.* 89. *Evonymus vulgaris.* 90. *Alchemilla vulgaris.* 91. *Alchemilla Alpina.* 92. *Potamogeton natans.* 93. *Myosotis pratensis.* 94. *Lithospermum annuum.* 95. *Anchusa Buglossum.* 96. *Cynoglossum vulgare.* 97. *Pulmonaria immaculata.* 98. *Lycopsis arvensis.* 99. *Asperugo vulgaris.* 100. *Androsace minor.* 101. *Primula vulgaris.* 102. *Primula purpurea.* 103. *Menyanthes trifoliata.* 104. *Samolus maritima.* 105. *Lysimachia*

H 5

vulgaris. 106. *Lysimachia axillaris.* 107. *Anagallis rubra.* 108. *Convolvulus arvensis.* 109. *Convolvulus maximus.* 110. *Polemonium glabrum.* 111. *Campanula vulgaris.* 112. *Campanula magno flore.* 113. *Campanula gigantea.* 114. *Solanum dulca mara.* 115. *Lonicera caprifolium.* 116. *Lonicera xylosteum.* 117. *Rhamnus catharticus.* 118. *Rhamnus frangula.* 119. *Ribes grossularia.* 120. *Ribes rubra.* 121. *Ribes nigra.* 122. *Ribes Alpina.* 123. *Asclepias vulgaris.* 124. *Chenopodium Upsaliense.* 125. *Chenopodium purpurascens.* 126. *Chenopodium segetum.* 127. *Chenopodium viride.* 128. *Chenopodium vulvaria.* 129. *Ulmus campestris.* 130. *Daucus sylvestris.* 131. *Selinum palustre.* 132. *Laserpitium majus.* 133. *Laserpitium vulgare.* 134. *Ligusticum Scoticum.* 135. *Angelica Alpina.* 136. *Angelica sylvatica.* 137. *Phellandrium aquaticum.* 138. *Cicuta aquatica.* 139. *Œthusa artedi.* 140. *Scandix hispida.* 141. *Scandix sativa.* 142. *Carum officinarum.* 143. *Pimpinella officinarum.* 144. *Œgopodium repens.* 145. *Apium palustre.* 146. *Opulus palustris.* 147. *Parnassia vulgaris.* 148. *Statice capitata.* 149. *Statice limonium.* 150. *Linum catharticum.* 151. *Tulippa Scanensis.* 152. *Cepa pratensis.* 153. *Anthericum album.* 154. *Ornitho-*

gallum majus. 155. *Ornithogallum minus.*
156. *Asparagus Scanensis.* 157. *Convallaria lilium Convallium.* 158. *Convallaria polygonatum.* 159. *Convallaria altissima.*
160. *Convallaria cordifolia.* 161. *Juncus capitulo laterali.* 162. *Juncus paniculâ laterali.* 163. *Juncus valantii.* 164. *Juncus sylvaticus.* 165. *Juncus Psyllii.* 166. *Berberis spinosa.* 167. *Rumex emarginata.* 168. *Rumex acetosa pratensis.* 169. *Rumex acetosa lanceolata.* 170. *Triglochin tricapsularis.*
171. *Triglochin sexlocularis.* 172. *Alisma erecta.* 173. *Trientalis trollii.* 174. *Acer platanoïdes.* 175. *Epilobium irregulare.* 176. *Epilobium hirsutum.* 177. *Epilobium montanum.* 178. *Epilobium palustre.* 179. *Erica tetralix.* 180. *Daphne rubra.* 181. *Vaccinium maximum.* 182. *Vaccinium nigrum.*
183. *Vaccinium vitis idæa.* 184. *Vaccinium oxycoccus.* 185. *Persicaria amphybia.*
186. *Persicaria mitis.* 187. *Bistorta minor.*
188. *Poligonum vulgare.* 189. *Helxine scandens.* 190. *Helxine sativum.* 191. *Paris nemorum.* 192. *Adoxa moscata.* 193. *Pyrola irregularis.* 194. *Pyrola secunda.* 195. *Pyrola uniflora.* 196. *Andromeda vulgaris.*
197. *Ledum graveolens.* 198. *Dianthus vulgaris.* 199. *Scleranthus annuus.* 200. *Saxifraga officinarum.* 201. *Cucubalus officinarum.* 202. *Cucubalus Dioicus.* 203.

Silene mutans. 204. *Silene graminea.* 205. *Spergula verticillata.* 206. *Cerastium viscosum.* 207. *Agrostema agrestis.* 208. *Lychnis aquatica.* 209. *Oxalis sylvatica.* 210. *Sedum telephium.* 211. *Sedum album.* 212. *Sedum acre.* 213. *Sedum sexangulare.* 214. *Lythrum palustre.* 215. *Agrimonia officinarum.* 216. *Sempervivum tectorum.* 217. *Padus folio deciduo.* 218. *Prunus spinosa.* 219. *Cratægus Scandica.* 220. *Cratægus oxyacantha.* 221. *Sorbus aucuparia.* 222. *Pyrus pyraster.* 223. *Pyrus malus.* 224. *Mespilus cotonaaster.* 225. *Filipendula mollon.* 226. *Filipendula ulmaria.* 227. *Rosa major.* 228. *Rosa minor.* 229. *Rubus idæus.* 230. *Rubus maritimus.* 231. *Rubus cæsius.* 232. *Rubus saxatilis.* 233. *Rubus Northlandicus.* 234. *Rubus chamæmorum.* 235. *Fragaria vulgaris.* 236. *Potentilla anserinc.* 237. *Potentilla fruticosa.* 238. *Potentilla argentea.* 239. *Potentilla reptans.* 240. *Potentilla adscendens.* 241. *Potentilla frugifera.* 242. *Potentilla Norvegica.* 243. *Tormentilla officinarum.* 244. *Comarum palustre.* 245. *Sedum suave olens.* 246. *Sedum rivale.* 247. *Papaver glabrum.* 248. *Papaver hispidum.* 249. *Actæa nigra.* 250. *Talia communis.* 251. *Cistus vulgaris.* 252. *Euphorbia fruticosa.* 253. *Delphinium segetum.* 254. *Aconitum Lapponicum.* 255. *Aquilegia officinarum.* 156. *Pulsatilla vul-*

garis. 257. *Anemone nemorosa.* 258. *Tha-litrum Canadense.* 259. *Thalitrum striatum.* 260. *Ranunculus chelidonium minus.* 261. *Ranunculus vernus.* 262. *Ranunculus scelerata.* 263. *Ranunculus acris.* 264. *Ranunculus repens.* 265. *Caltha palustris.* 266. *Helleborus trollius.* 267. *Aiuga verna.* 268. *Teucrium scordium.* 269. *Thymus serpillum.* 270. *Clinopodium montanum.* 271. *Origanum vulgare.* 272. *Mentha arvensis.* 273. *Stachys fœtida.* 274. *Galeopsis tetrahit.* 275. *Galeopsis Ladanum.* 276. *Lamium perenne.* 277. *Lamium rubrum.* 278. *Lamium amplexicaule.* 279. *Leonurus-cardiaca.* 280. *Brunella vulgaris.* 281. *Scutellaria vulgaris.* 282. *Rhinanthus.* 283. *Pedicularis alba-lutea.* 284. *Melampyrum tetragonum.* 285. *Melampyrum arvense.* 286. *Melampyrum cœruleum.* 287. *Melampyrum vulgare.* 288. *Melampyrum ringens.* 289. *Bartisia Lapponica.* 290. *Euphrasia vulgaris.* 291. *Odontides.* 292. *Lathræa squammaria.* 293. *Scrophularia fœtida.* 294. *Linnæa.* 295. *Draba nudicaulis.* 296. *Draba intorta.* 297. *Alyssum Scanense.* 298. *Thlaspi arvense.* 299. *Thlaspi campestre.* 300. *Thlaspi Bursa-Pastoris.* 301. *Lepidium perenne.* 302. *Lepidium Osyris.* 303. *Myagrum sativum.* 304. *Turritis glabra.* 305. *Brassica perfoliata.* 306.

Brassica napus. 307. *Sinapi arvensis.* 308. *Erysimum vulgare.* 309. *Erysimum leucoii folio.* 210. *Erysimum barbarea.* 311. *Erysimum alliaria.* 312. *Cardamine pratensis.* 313. *Crambe maritima.* 314. *Geranium sanguineum.* 315. *Geranium Batrachioides.* 316. *Geranium gratia Dei.* 317. *Geranium pedunculis longissimis.* 318. *Geranium fructu hirsuto.* 319. *Geranium robertianum.* 320. *Malva alcea.* 321. *Fumaria officinarum.* 322. *Fumaria bulbosa.* 323. *Polygala vulgaris.* 324. *Genista tinctoria.* 325. *Genista procumbens.* 326. *Astragalus dulcis.* 327. *Astragalus Lapponicus.* 328. *Anthyllis pratensis.* 329. *Orobus vernus.* 330. *Orobus tuberosus.* 331. *Orobus niger.* 332. *Lathyrus collium.* 333. *Lathyrus W-Gothicus.* 334. *Lathyrus pratensis.* 335. *Lathyrus clymenum.* 336. *Vicia sativa.* 337. *Vicia sepium.* 338. *Vicia foetida.* 339. *Vicia Scanica maxima.* 340. *Vicia Cracca.* 341. *Ervum arvense.* 342. *Cicer arvensis.* 343. *Pisum W-Gothicum.* 344. *Pisum maritimum.* 345. *Lotus vulgaris.* 346. *Trifolium montanum.* 347. *Trifolium album.* 348. *Trifolium purpureum.* 349. *Trifolium Lagopus.* 350. *Trifolium lupulinum.* 351. *Trifolium Anglicum.* 352. *Trifolium melilotus.* 353. *Medicago nostras.* 354. *Medicago biennis.* 355. *Ono-*

nis inermis. 356. Ononis spinosa. 357. Hypericum quadrangulare. 358. Hypericum anceps. 359. Leontodon taraxacum. 360. Leontodon chondrilloïdes. 361. Hypochæris pratensis. 362. Hieracium pilosella officinarum. 363. Hieracium fruticosum. 364. Crepis tectorum. 365. Sonchus repens. 366. Sonchus lævis. 367. Sonchus Lapponicus. 368. Prænanthes umbrosa. 369. Scorsonnera Pannonica. 370. Tragopogon luteum. 371. Cichorium Scanense. 372. Arctium Lappa. 373. Carlina sylvestris. 374. Carduus helenii folio. 375. Carduus crispus. 376. Serratula tinctoria. 377. Serratula carduus avenæ. 378. Bidens nutans. 379. Eupatorium cannabinum. 380. Artemisia vulgaris. 381. Artemisia absynthium. 382. Gnaphalium filago sylvatica. 383. Tussilago farfara. 384. Tussilago petasites. 385. Doronicum arnica. 386. Solidago virga aurea. 387. Senecio vulgaris. 388. Erigeron Lapponicum. 389. Inula helenium. 390. Inula salicis folio. 391. Aster Tripolium. 392. Buphthalmum tinctorium. 393. Chrysanthemum leucanthemum. 394. Matricaria chamomælum vulgare. 395. Achillea millefolium. 396. Achillea ptarmica. 397. Centaurea maxima. 398. Centaurea jacea. 399. Centaurea cyanus. 400. Cnicus acanthifolius. 401. Calendula arvensis. 402.

Viola canina. 403. : *Viola trachelii folio;.*
404. *Viola lutea.* 405. *Viola tricolor.* 406.
Impatiens nemorum. 407. *Orchis morio.*
408. *Orchis calycibus oblongis.* 409. *Saty-*
rium, viridi flore. 410. *Cypripedium cal-,*
ceolus.. 411. *Ophris major.* 412. *Carex fer-*
ruginea. 413. *Carex echinata.* 414. *Carex,*
globulosa. 415. *Carex pinicea.* 416. *Carex.*
cyperoïdes.. 417. *Carex cespitosa.* 418. *Ca-*
rex inflata. 419. *Carex cœrulea.* 420. *Alnus,*
glutinosa. 421. *Betula vulgaris.* 422. *Be-*
tula nana. 423. *Xanthium inerme.* 424. *Sa-*
gittaria aquatica. 425. *Quercus longo pedun-*
culo. 426. *Fagus' auctorum.* 427. *Corylus,*
avelaña. 428. *Pinus arbor.* 429. *Abies ru-*
bra. 430. *Bryonia rubra.* 431. *Salix pen-*
tandra. 432. *Salix stipulis trapeziformibus.*
433. *Salix foenimessorum.* 434. *Salix la-*
tifolia., rotunda. 435. *Salix glabra, .arbo-*
rea. 436. *Salix viminalis.* 437. *Hippophea*
maritima. 438. *Myrica Brabantica.* 439.
Humulus satictorius. 440. *Populus tremula.*
441. *Populus alba.* 442. *Populus nigra,*
443. *Mercurialis perennis.* 444. *Juniperus*
frutex. 445. *Taxus arborea..* 446. *Atri-*
plex vulgaris. 447. *Atriplex, elimus.* 448.
Fraxinus apetalus. 449. *Rhodiola Lappo-*
nica. 450. *Empetrum nigrum.* 451. *Equi-*
setum arvense. 452. *Equisetum sylvaticum.*
453. *Equisetum palustre.* 454. *Equisetum*

fluviatile. 455. *Equisetum scabrum.* 456.
Polipodium filix mas. 457. *Polipodium filix saxatilis.*

Les Plantes qui déplaisent aux Chevres, sont : 1. *Veronica spicata.* 2. *Pinguicula vulgaris.* 3. *Pinguicula alba.* 4. *Pinguicula minima.* 5. *Verbena vulgaris.* 6. *Eriophorum schœnolagurus.* 7. *Eriophorum triqueter.* 8. *Agrostis enodis.* 9. *Agrostis pyramidalis.* 10. *Aira mariæ-borussoum.* 11. *Galium cruciata.* 12. *Cuscuta parasitica.* 13. *Potamogeton perfoliatum.* 14. *Potamogeton pectiniforme.* 15. *Myosotis pratensis.* 16. *Symphitum majus.* 17. *Echium Scanense.* 18. *Diapensia Lapponica.* 19. *Campanula trachelium.* 20. *Hyosciamus vulgaris.* 21. *Datura erecta.* 22. *Verbascum hirsutum.* 23. *Verbascum nigrum.* 24. *Verbascum Scanicum.* 25. *Solanum vulgare.* 26. *Hedera repens.* 27. *Salsola pungens.* 28. *Herniaria glabra.* 29. *Chenopodium stramæniifolium.* 30. *Chenopodium polispermum.* 31. *Conium arvense.* 32. *Sium majus.* 33. *Sambucus ebulus.* 34. *Cepa sectilis.* 35. *Anthericum calyculatum.* 36. *Acorus palustris.* 37. *Rumex Britannica.* 38. *Rumex crispa.* 39. *Persicaria urens.* 40. *Butomus palustris.* 41. *Andromeda cœrulea.* 42. *Andromeda muscosa.* 43. *Arbutus uva ursi.* 44. *Arbutus Alpina.* 45. *Saponaria* gypſophyton. 46. *Alſine vulgaris.* 47. *Arc-naria purpurea.* 48. *Dryas Lapponica.* 49. *Nymphæa lutea.* 50. *Nymphæa alba.* 51. *Chelidonium vulgare.* 52. *Aconitum napellus.* 53. *Stratiotes aquatica.* 54. *Ranunculus flammula.* 55. *Ranunculus aquatilis.* 56. *Thimus acinos.* 57. *Glechoma hedera terreſtris.* 58. *Ballota Scanenſis.* 59. *Marrubium vulgare.* 60. *Nepeta vulgaris.* 61. *Betonica officinarum.* 62. *Stachys arvenſis.* 63. *Antirrhinum Upſalienſe.* 64. *Cochlearia vulgaris.* 65. *Cochlearia Danica.* 66. *Cochlearia Armoracia.* 67. *Iſatis maritima.* 68. *Siſymbrium ſerratum.* 69. *Siſymbrium ſophia.* 70. *Malva repens.* 71. *Lapſana vulgaris.* 72. *Carduus nutans.* 73. *Bidens diſpartita.* 74. *Tanacetum vulgare.* 75. *Artemiſia Carolina.* 76. *Artemiſia ſeriphium.* 77. *Gnaphalium dioicum.* 78. *Gnaphalium filago paluſtris.* 79. *Gnaphalium filago impia.* 80. *Erigeron acre.* 81. *Inula paluſtris.* 82. *Inula dyſenterica.* 83. *Orchis maculata.* 84. *Satyrium jemtium.* 85. *Calla paluſtris.* 86. *Sparganium erectum.* 87. *Urtica perennis.* 88. *Urtica annua.* 89. *Miriophillum vulgare.* 90. *Polipodium filix coadunata.*

Le baſilic eſt ſur-tout très-contraire aux Chevres. Une Chevre, pour qu'elle ſoit eſtimée bonne, doit être d'une

grande taillë, d'un maintien ferme &
léger, avoir le poil épais, les mamelles
groffes & longuës, & le derriere & les
cuiffes larges; quant à fa couleur, les
fentimens font partagés. Ceux qui aiment l'abondance du lait, recherchent
les blanches, & ceux qui en préferent
la qualité à la quantité, choififfent
celles qui font ou d'un poil rougeâtre,
ou d'un poil noir. Les Chevres qui
n'ont point de cornes, valent communément mieux que celles qui en ont,
& s'accoutument plutôt que les autres
à aller au champ avec les Brebis: on
peut les faire faillir dans la même faifon que les Brebis, afin qu'au printemps, lorfqu'elles ont mis bas leurs
Chevreaux, elles trouvent affez de
nourriture pour leur fournir abondamment du lait. C'eft donc en automne
qu'il faut leur donner le Bouc, s'il eft
poffible. Quoique les Chevres puiffent
concevoir fort jeunes, même à l'âge
d'un an, il ne faut pas cependant les
laiffer porter, que quand elles ont atteint deux ans; à fept ans, elles ne
font plus propres à la fécondation.
Pour être fûr qu'elles ont conçu, il
faut auparavant les avoir vu accou-
plées trois ou quatre fois; elles peu-

vent engendrer deux fois par an, fi le climat & le pâturage font bons; elles portent cinq mois, & ont quelquefois jufqu'à quatre petits ; on ne leur donne ordinairement du foin que quelques jours avant qu'elles chevrotent, & quelques jours après. Le vrai temps où elles entrent en chaleur, font les mois de Septembre, Octobre & Novembre; elles alaitent leur petit pendant un mois, ou fix femaines ; & quand on fe défait des Chevreaux avant ce temps, on peut traire ces animaux, même quinze jours après qu'ils ont mis bas. Les Chevres donnent du lait en quantité pendant quatre ou cinq mois, & même plus que la Brebis ; elles font fi familieres, qu'elles fe laiffent légérement tetter, même par les enfans, pour lefquels leur lait eft une excellente nourriture ; elles font, comme les Vaches & les Brebis, fûjettes à être tettées par la couléuvre ; elles coûtent trèspeu à nourrir ; & rendent cependant beaucoup de profit, quand elles ont toutes les bonnes marques caractériftiques que nous venons d'indiquer: elles fympathifent affez avec les bêtes à laine, pour ce qui regarde leur nourriture ; mais quant à leur tempéra-

ment, il eſt totalement différent. La
Brebis eſt la douceur même, & la Chevre eſt très-vive & très-difficile. Dans
les pays de montagnes, où l'on nourrit de grands troupeaux de ces ſortes
d'animaux, on ne leur donne communément point d'étables; au lieu
que dans les pays où chacun n'en éleve
qu'une très-petite quantité, elles leur
ſont abſolument néceſſaires pour les
garantir, pendant l'hiver des froidures
qu'elles craignent extrêmement. On les
mene au champ dans la belle ſaiſon,
avant que la roſée ait diſparu; elles
y broutent ordinairement les ronces,
les épines, & les buiſſons; il ne faut
pas leur laiſſer fréquenter les lieux ma-
recageux; la nourriture qu'elles y prennent leur eſt mauvaiſe; elles ſe plaiſent ſur-tout dans les lieux montagneux: auſſi ont-elles une facilité ad-
mirable à grimper; elles ſont d'une
grande propreté; il faut conſéquemment tous les jours nettoyer leurs étables, & leur donner une litiere fraîche, principalement pendant l'hiver;
car en été elles couchent bien ſans litiere, & n'en valent que mieux; des
branches de vigne, d'orme, de frêne,
de mûrier, &c.; des raves, des navets,

des choux, &c., font·pour elles une
très-bonne nourriture pendant le temps
des froids & des frimats. En général,
tous les alimens qu'on donne aux Brebis peuvent leur convenir : on les fait
boire foir & matin ; dans les plus beaux
jours d'hiver, on les fait fortir depuis
neuf heures du matin jufqu'à cinq du
foir; & en été, on les ramenera à l'é-
table pendant les heures de la plus forte
chaleur. Il faut les éloigner, autant
qu'on peut, des arbres, qu'elles gâtent en les broutant, & des vaiffeaux
propres à mettre le vin, qu'elles in-
feſtent par leur haleine. Varron, &
d'autres Auteurs après lui, ont prétendu que les Chevres n'étoient jamais
fans fievre, parce qu'elles font toujours
maigres, du moins en apparence, &
que la voix leur tremble comme à une
perfonne qui a le friffon ou la fievre;
mais cette prétention paroît très-mal
fondée: ces animaux haïffent naturellement la falive & l'haleine de l'homme;
auffi quand on leur donne de l'herbe,
du fon, du pain, ou quelqu'autre nourriture, il faut éviter de fouffler deffus;
autrement ils n'y toucheroient pas ; à
moins qu'ils ne fuffent extrêmement
preffés de faim.

On a toujours remarqué que les Chevres souffrent plus qu'aucun autre animal, en chevrotant : on châtre les mâles qui en proviennent au cinquieme ou sixieme mois ; elles mettent bas quelquefois des monstres : on a vu des Chevreaux hermaphrodites, qui, parvenus à un âge compétent, ont donné du lait, même abondamment. Les Ephémérides d'Allemagne font mention d'une Chevre qui mit bas deux Chevreaux, dont l'un avoit deux têtes & deux cols, quatre yeux & quatre oreilles, deux ventres collés ensemble, enfin quatre pieds qui tendoient vers le haut, & autant vers le bas, lequel mourut peu de temps après être né ; l'autre, qui étoit bien conformé, vécut : on lit encore dans ces mêmes Ephémérides, qu'il s'est trouvé une Chevre monstrueuse, remarquable par ses grandes cornes, par sa barbe fort longue, & par sa peau trèsvelue ; mais sur-tout par ses mamelles pleines de lait, qui pendoient presque jusqu'à terre, entre les deux jambes de devant.

M. Bradley a traité très-au long des Chevres, dans son Calendrier des Laboureurs & des Fermiers. Quand

on fait achat de ces animaux, dit-il;
il faut remarquer s'ils boivent, le jour
qu'on les achete ; c'eſt une marque
qu'ils ſe portent bien ; car quand ils
ſont malades, ils évitent toute boiſſon :
les maladies, ajoute-t-il, les attaquent
ſubitement; & ſans un remede prompt,
elles ſont pour la plupart incurables,
& elles les font périr en très-peu de
temps. Le même Auteur dit qu'on a
obſervé que les Chevres ne reſpirent
point par les narines, comme les autres animaux, mais par les oreilles.
Ce fait mérite d'être plus particuliérement conſtaté. Columelle, en parlant
des Chevres, donne la préférence à
celles qui ſont ſans cornes, pour les
pays chauds & tempérés; & à celles
qui ont des cornes, pour les pays plus
froids: on trouve dans l'eſpece qui a
des cornes un avantage particulier qui
ne ſe trouve point dans les autres;
c'eſt de pouvoir connoître l'âge de
ces animaux par les cercles qui ſe
trouvent autour des cornes: on prétend encore que cette eſpece eſt plus
robuſte, & vit plus long-temps. Quelques anciens Naturaliſtes aſſurent que
la Chevre voit auſſi bien la nuit que le
jour. Cela demande un examen plus
ample.   Ces

Ces animaux font fujets aux mêmes maladies que les Brebis; ils font quelquefois attaqués, dit M. Bradley, d'une fievre contagieufe & épidémique, qui emporte tout un troupeau en peu de temps. Cette efpece de pefte leur provient, fuivant cet Auteur, d'avoir été nourris dans des pâturages trop gras; cependant, fi l'on eft affez heureux, ajoute-t-il, pour trouver la premiere ou la feconde Chevre qui en eft attaquée, il faut faigner auffi-tôt tout le refte du troupeau, & fupprimer toute nourriture, jufqu'à ce que la chaleur du jour foit paffée : on pourra encore prévenir cette maladie, fi l'on enferme & fi l'on tue d'abord les Chevres infectées, & fi l'on a foin de les enterrer fort profondément ; mais fi, malgré ces foins, tout le troupeau venoit à périr, il faut bien fe donner de garde de mettre trop vîte de nouvelles Chevres dans les mêmes endroits : on laiffe auparavant purifier l'air, de peur que ces nouvelles ne gagnent la même maladie.

Les Chevres font encore fouvent attaquées, dit M. Bradley, d'une autre maladie, qui eft une efpece d'hydropifie ; pour les traiter de cette mala-

die, on leur perce la peau au-deſſous
de, l'épaule, l'humeur s'écoule d'elle-
même, & on guérit la bleſſure avec
du goudron : il faut dans ce cas que
la nourriture principale d'une Chevre
ſoit ſeche, & la mener paître ou brouter, dans des endroits où les buiſſons
d'aubépine & de prunelier ſont abondans.

M. Bradley conſeille en outre de
n'avoir qu'un petit troupeau de Chevres, préférablement à un grand,
parce que les troupeaux de ces animaux, lorſqu'ils ſont conſidérables,
ſont plus ſujets au tac ; & quand une
Chevre eſt attaquée de cette maladie,
tout le reſte du troupeau en eſt infailliblement attaqué. Un troupeau compoſé de cinquante Chevres de la groſſe
eſpece, & de quatre-vingts, où cent
tout au plus de la petite, eſt plus que
ſuffiſant.

Il reſte communément à la Chevre une
enflure de matrice, après avoir chevro-
té. Un remede intérieur qu'on lui donne
avec ſuccès, eſt du vin ; il peut encore
arriver que dans les grandes chaleurs,
ſon pis ſe deſſeche : on le lui frottera
pour lors avec de la crème, & on la
menera paître à la roſée.

'Pour rendre les Chevres abondantes en lait, il faut les conduire dans
des endroits où il y a beaucoup de
dictame ou de quinte-feuille : on les
fera brouter le long des haies, & on
aura soin de les abreuver soir & matin, ainsi que nous l'avons déja dit.

L'Angleterre a tiré de Barbarie &
des Indes la race de ses belles Chevres, qui donnent deux à trois fois
plus de lait que celles de France, &
qui fournissent du poil fin propre à faire
des camelots. Les Anglois ont dif-
persé cette race dans les pays maigres
& montagneux, où les pâturages n'é-
toient pas assez bons pour les Vaches
& les Brebis originaires de Barbarie
& des Indes ; ils ont tenu à cet égard
le même ordre que pour établir la race
des Brebis Espagnoles.

Tout le monde sait que la Hollande
ne produit pas le tiers des choses
nécessaires à la vie de ses Habitans ;
néanmoins tous les Peuples s'y rendent, à cause de l'abondance que le
commerce y introduit. Ce qui donne
sur-tout lieu à cette abondance, ce sont
les établissemens de toute sorte de manufactures, là nourriture de toute sorte

d'animaux qu'on y peut élever; & la
quantité de plantes & de graines
qu'on y feme pour en tirer de
l'huile , &c. Les Hollandois ont
auſſi établi la race des Vaches & des
Brebis Indiennes, qu'ils ont répandues
dans des marais deſſéchés, & dans les
terres voiſines, quoique maigres, où
ces animaux ont bien réuſſi. Cet exemple avantageux mériteroit bien d'être
ſuivi en France; on pourroit promptement tirer dans ce Royaume de grands
profits de Vaches, Chevres & Brebis
Indiennes. Le moyen qu'on pourroit
employer pour cet effet, & qui ſeroit
très-facile, ſeroit de bien nourrir ces
ſortes d'animaux en tout temps , de
les parquer fraîchement en été , &
chaudement en hiver ; leur donner de
la litiere fraîche tous les ſoirs, ou du
moins paver les écuries & les étables
avec grande pente; pour que les urines
nes s'écoulent, & les bien balayer tous
les jours.

A Angola, Ville d'Aſie dans la Na-
tolie, il y a des Chevres dont le poil
eſt très-fin; il eſt très-propre pour en
faire les camelots les plus beaux ; ce
poil paſſe à Smyrne, où les François,
les Anglois & les Hollandois s'en pour-

voient. Ces Chevres font peu différentes des nôtres; mais leur poil eft
d'un blanc un peu rouffâtre, frifé, fin,
luftré, & fouvent long de plus de
dix pouces; le commerce en eft très-
confidérable. Les Chevres Indiennes
& de Barbarie font de toutes les Chevres celles qui fourniffent au commerce le plus de poil pour fabriquer
les étoffes; mais cette marchandife
eft fujette à être altérée frauduleufe-
ment par le mêlange de la laine avec
le fil qu'on fabrique avec ces poils.

La Chevre eft un animal pour le
moins auffi utile que la Brebis; auffi
M. de Buffon dit qu'on peut regarder en quelque forte la Chevre, ainfi
que l'Ane, comme deux efpèces auxiliaires; qui pourroient, à bien des
égards, remplacer la Brebis & le Cheval, & nous fervir aux mêmes ufages,
dans les cas où ces deux précieufes
efpeces viendroient à nous manquer.
Ces efpeces auxiliaires font même plus
agreftes, plus robuftes que les efpeces
principales.

Que de richeffes ne retirons-nous
point de ces animaux! La Chevre
nous donne un lait qui tient le milieu
entre le lait de Vache & celui d'Aneffe;

il eft moins épais que le, premier , & moins féreux que le fecond , ce qui le rend très-propre aux tempéramens pour lefquels le lait de Vache feroit trop pefant, & celui d'Aneffe trop aqueux ; il convient fur-tout pour rétablir les enfans en chartre, & donner de l'embonpoint aux perfonnes qui feroient extrêmement maigres, fans être incommodées.

Le lait de Chèvre a une petite qualité aftringente, d'autant que cet animal fe nourrit pour l'ordinaire de plantes qui ont cette qualité ; c'eft par cette raifon qu'on le recommande dans les maladies confomptives , accompagnées de cours de ventre féreux ; les propriétés des plantes, dont l'animal fe nourrit , fe communiquent tellement au lait, malgré tous les couloirs & les filtres au travers defquels il paffe, que le lait d'une Chèvre à qui l'on a donné des purgatifs , avalé par la Nourrice, purge l'enfant doucement & fuffifamment. Il eft donc très-effentiel, lorfqu'on prend le lait de Chèvre, d'avoir attention de ne lui faire brouter que des herbes dont les fucs font bénins , & appropriés à la maladie pour laquelle on en ufe ; car cet ani-

mal eſt très-friand de *Tithymales*, dont
le ſuc eſt âcre & cauſtique : on fait avec
ce lait des fromages qui ſont excellens;
mais c'eſt un abus d'en vouloir tirer de
la crême pour en faire du beurre ; il
n'eſt pas aſſez gras ; d'ailleurs le beurre
de Chevre eſt toujours blanc, & a le
goût de ſuif. Les pauvres gens ſe ſervent ordinairement du lait de Chevre
pour leur nourriture, tandis qu'ils font
argent du lait de leurs Vaches. On
prétend que ce lait ſé corrompt quelquefois dans l'eſtomac : on y obvie,
dit-on, en le faiſant cuire avec du
miel. Hyppocrate a obſervé qu'une
Chevre qui mange un concombre ſauvage, fournit du lait propre à purger
un enfant, comme le feroit une médecine. Cette óbſervation du pere de la
Médecine confirme ce que nous avons
dit plus haut ſur les vertus purgatives
que ce lait peut acquérir : on prétend
encore que la viande & le lait d'une
Chevre qui a mangé de l'ellébore, ont
pareillement une vertu purgative,
quoique cette plante ne produiſe pas
un pareil effet ſur l'animal même. Le
fromage de Chevre eſt un excellent
appât pour le poiſſon ; la barbe du
Bouc, à cauſe de ſa longueur, s'em-

ploie par les Perruquiers, en la mêlant avec des cheveux, pour faire des
perruques ; les Chandeliers font un
grand usage de son suif.

:: On prépare les peaux de Bouc ou
de Chevre de différentes manieres: on
les rend aussi douces & aussi moëlleuses
que celles du Daim , & elles font
d'une aussi bonne qualité.

. On les prépare encore en maroquin
rouge & noir. Le plus beau maroquin
rouge nous vient du Levant ; on le
rougit encore avec de la laque &
d'autres drogues, & le maroquin noir
nous est apporté de Barbarie. Ces ma-
roquins font d'autant meilleurs , qu'ils
font plus hauts en couleur, d'un beau
grain , doux au toucher, & fans odeur
défagréable. On prépare des maro-
quins en plusieurs Villes de France ;
mais ils n'ont ni la bonté , ni la durée
des précédens : on emploie encore
quelquefois la peau de Chevre pour
faire du parchemin. Le poil de Chevre
non filé est employé par les Teinturiers
à la composition de ce qu'ils nomment
rouge de bourre ; lorfqu'il est filé, on en
fait diverses étoffes, ainsi que nous l'a-
vons déja dit , tels que le camelot, le
bouracan , &c. , des boutons , des

gances, & autres ouvrages de mer-
cerie. M. la Rouviere l'employoit pour
des ouvrages de bonneterie ; mais ils
n'étoient pas de longue durée. La
Chevre est fort peu usitée parmi nos
alimens, à moins qu'elle ne soit jeune,
sans quoi elle est dure & difficile à digérer, quoique néanmoins elle nour-
risse & fortifie beaucoup. On engraisse
souvent les Chevres & les Boucs, plutôt à cause du suif qu'on en tire, qui
est d'un très grand profit, & qui, outre
l'usage que nous en avons indiqué,
sert encore aux Corroyeurs pour l'ap-
prêt des cuirs.

On ne destine communément la viande de Chevre que pour le commun du
Peuple : on a pour cet effet coutume de
la saler ; quand on la mange fraîche,
elle s'apprête comme la viande de
Mouton, mais son goût n'en est pas à
beaucoup près si agréable ; il déplaît
même à bien des gens.

On fait avec la peau du Bouc ou de
la Chevre, des sacs, qui servent de
vaisseau pour transporter du vin, des
huiles, de la térébenthine, & plusieurs
autres matieres liquides.

Les Orientaux s'en servent encore
pour passer les rivieres à la nage ; &

pour foutenir les radeaux qui tranf-
portent les marchandifes par eau d'un
endroit à l'autre. La fiente que l'on
trouve dans les inteftins grêlés de la
Chevre, eft pour les poiffons un appât auffi bon que le frômage qu'on préparé avec fon lait ; cette fiente paffe en
Médecine pour réfolutive, déterfive,
defficative & digeftive : on la prend
intérieurement pour la pierre, pour
exciter l'urine & les mois aux femmes ;
pour les obftructions de la rate, & contre l'hydropifie ; mais nous n'en con-
feillons pas l'ufage, ayant d'autres remedes moins dégoûtans : on s'en fert
extérieurement pour la gale, pour les
tumeurs froides, & pour les duretés
de la rate & du foie ; étant calcinée,
elle donne une poudre très-fine, propre dans tous les cas où ces déterfifs
font néceffaires, comme l'alopécie &
les dartres.

L'urine de Bouc, bue chaudement
au fortir de l'animal, eft regardée par
quelques Auteurs comme un remede
excellent pour pouffer les urines, &
pour guérir l'hydropifie. Le Docteur
Roifelius dit avoir guéri, par l'ufage
de cette urine, une jeune fille attaquée
d'une hydropifie confirmée. Schroder

Ettmuller & plufieurs autres l'exaltent beaucoup pour cette maladie, pour la colique néfrétique, & pour nettoyer les conduits urinaires des glaires & des graviers.

Un des grands profits que les Chevres apportent, font les Chevreaux où Cabrits qu'on laiffe croître pour multiplier, ou qu'on vend aux Rôtiffeurs : on les-éleve comme les Agneaux ; ils ont pareillement les mêmes maladies. *Voyez* le Chapitre des *Brebis.*

Un Chèvreau, pour être bon à manger, ne doit pas avoir plus de quinze jours ou trois femaines ; fi on attend plus tard, & qu'il ait brouté, fa chair n'a plus de délicateffe. Cette chair nourrit beaucoup, produit un bon fuc, & fe digere aifément, quoiqu'elle conferve toujours un petit goût de bouquin ; elle eft fort falutaire aux convalefcens épuifés de maladies.

Le foie de Chevreau incorporé avec de la mie de pain, du blanc d'œuf & de l'huile de laurier, & appliqué en forme de cataplafme fur le nombril, guérit, dit-on, la fievre quotidienne ; fa peau ne fert gueres qu'à faire des gants, auxquels on laiffe quelquefois le poil, pour les rendre

I 6

plus chauds : on donne le cœur de
jeune Chevreau, haché & trempé dans
de l'eau tiede, pour pâture aux oi-
seaux de proie malades d'apoplexie.
L'Ecole de Salerne dit que le Chevreau eſt le ſeul animal dont on doit
manger les rognons.

CHAPITRE VII.

DU BELIER ET DE LA BREBIS.

Nous diviferons ce Chapitre en quatre articles : le premier traitera du Belier ; le fecond , de la Brebis ; le troifieme , du Mouton ; & le quatrieme, de l'Agneau.

ARTICLE PREMIER.

Du Belier.

Dans la defcription anatomique que nous allons donner ici , d'après M. d'Aubenton , nous confondrons la Brebis avec le Belier qui en eft le mâle. La phyfionomie de ce dernier fe décide au premier coup-d'œil ; les yeux gros & fort éloignés l'un de l'autre ; les cornes abaiffées, les oreilles dirigées horifontalement de chaque côté de la tête, le mufeau long & affilé, le chanfrein arqué , font les traits qui caractérifent la douceur & l'imbécillité de cet

animal. Les cornes ont trois faces, &
font de couleur jaunâtre; chacune s'é-
leve un peu en haut à fon origine, &
enfuite fe replie en arriere & à côté :
on eft quelquefois obligé de les fcier,
parce- qu'en croiſſant., elles s'approchent tellement des côtés de la tête ,
qu'elles la comprimeroient & la bleſſe-
roient : on voit des Brebis qui n'ont
point de cornes, & des Beliers qui en
ont; mais elles manquent plus rarement aux premiers qu'à celles-ci;
prefque toutes les femelles en font pri-
vées.

La grandeur des Beliers varie beaucoup ; ceux de médiocre taille peuvent avoir de longueur du corps entier, mefuré en ligne droite depuis le
bout du mufeau jufqu'à l'anus, trente-
fix ou quarante pouces; de hauteur du
train de devant, mefuré depuis le
garrot jufqu'à terre, vingt à vingt-
deux pouces ; du train de derriere, un
pouce de plus que celui de devant.

Le Belier, ainfi que tous les animaux
rúminans, poſſede quatre eftomacs; le
premier, c'eft-à-dire, celui auquel l'œ-
fophage ou le conduit des alimens
aboutit, eft le plus grand de tous.
Dans un Belier de médiocre taille, il

a dix pouces de longueur sur douze de largeur, & six de hauteur; sa circonférence transverfale, en fuppofant que cette poche foit fouffléé & tendue, eft de trente-deux pouces; la longitudinale qui paffe au-devant, auprès de l'œfophage, & en arriere fur le fommet de la groffe convexité, de trente-quatre pouces : ce premier eftomac eft appellé la panfe, l'herbier ou la double ; c'eft le réfervoir des alimens que l'animal broute ; ils n'y fubiffent qu'un amolliffement, qui les rend plus propres à recevoir une nouvelle maftication, un nouveau broyement, ce que l'on appelle *ruminer*.

On a donné au fecond eftomac le nom de réfeau, ou bonnet; ce n'eft qu'une continuation du premier ; fa longueur eft de fix pouces, & fa circonférence, à l'endroit le plus gros, a douze pouces: Le troifieme eft bien diftingué des deux premiers, & n'y communique que par un orifice affez étroit : on le nomme le feuillet, le millet, mellier, ou pfeautier ; il eft plus grand que le bonnet ; fa grande circonférence eft de dix pouces & demi, la petite, de huit pouces ; il eft plus petit que la caillette, qui eft le quatrieme eſtomac, auquel on a auſſi donné le nom de franche-mulle ; ſa circonférence longitudinale eſt de vingt-un pouces ; la circonférence tranſverſale, à l'endroit le plus gros, de treize pouces.

L'abdomen étant ouvert par deux inciſions, l'une longitudinale, & l'autre tranſverſale, ayant renverſé au dehors les quatre lambeaux, on voit la panſe qui occupe la plus grande partie du côté gauche, le bonnet qui eſt derriere le diaphragme ou la cloiſon qui ſépare la poitrine du bas-ventre, le feuillet, la caillette & les inteſtins qui environnent la partie poſtérieure de la panſe.

La panſe ouverte dans le contour de ſa grande circonférence, ſe ſépare en deux pieces, dont l'une préſente les parois inférieures de la panſe, vues au-dedans, & l'autre les parois ſupérieures, vues auſſi au-dedans : on y reconnoît l'œſophage : on y diſtingue aiſément les rebords, qui ſont épais, & d'une conſiſtance un peu plus ferme que celle du reſte de la panſe ; ils ſont revêtus d'une membrane nue, & d'une couleur de blanc ſale & jaunâtre, de même que quelques endroits, tandis

què les autres font garnis d'un très-
grand nombre de papilles oblongues
& fort minces, dont les plus allongées ont deux lignes de longueur, &
une ligne de largeur. Ces papilles
font pofées fort près les unes des autres, de façon qu'elles cachent entiérement la membrane à laquelle elles
tiennent : elles font revêtues, de même
que cette membrane, par une forte de
velouté fort mince & fort tendre, qui
les enveloppe & qui leur fert de gaîne;
cette membrane veloutée eft brune;
elle s'enleve aifément ; & lorfqu'on
la fépare de la membrane qui eft
deffous, on voit les papilles qui tiennent à cette feconde membrane fortir
de la membrane veloutée comme d'autant de gaînes. Ces papilles font fort
étroites & fort fouples en fortant de
leurs gaînes.

Le bonnet n'eft diftingué de la
panfe que par un rétréciffement fi peu
marqué, qu'on ne fe feroit pas avifé
d'en faire un eftomac féparé, & qu'au
contraire, on ne l'auroit regardé que
comme un prolongement de la panfe,
fi fes parois intérieures n'étoient con-
formées bien différemment de celles
de la panfe : au lieu de papilles, on

voit fur les parois une forte de réfeau formé par dés cloifons minces, qui ont environ une ligne de hauteur. Ces cloifons, en fe croifant, forment différentes figures, qui ont quatre, cinq ou fix faces ; le diametre des plus grandes figures eft d'environ dix lignes ; la plupart font encore partagées par des cloifons moins élevées, & dirigées en différens fens.

L'aire de ces figures eft parfemée de petites papilles ; les cloifons font cannelées de haut en bas, & hériffées de papilles, & le bord de la cloifon eft dentelé ; l'aire de toutes ces figures, les papilles, les cloifons & les dentelures font revêtues, comme les papilles de la panfe, par une membrane qui eft fort mince, & qui s'enleve aifément.

Ce qui mérite plus d'attention, eft la gouttiere qui fe trouve à la partie fupérieure de cet eftomac, & s'étend depuis l'œfophage jufqu'à l'orifice du troifieme eftomac. Cette gouttiere a près de deux pouces & demi de longueur ; elle eft large de huit lignes ; fes bords latéraux font formés par une fuite de bourrelets revêtus de papilles.

Il y a quelques petites ftries qui s'étendent longitudinalement fur les parois intérieures, qui font bordées de papilles : on en voit de groſſes du côté du feuillet ; elles font blanches, coniques & pointues. On regarde ce demi-canal comme une continuation de l'œſophage ; & on croit qu'il peut ſe former en ſe contractant, & qu'alors ſes bords étant rapprochés l'un de l'autre dans toute leur longueur, ils forment un canal entier & continu, depuis l'œſophage juſqu'au troiſieme eſtomac ; il eſt terminé par l'orifice, qui termine du ſecond au troiſieme eſtomac.

L'organiſation du troiſieme eſtomac paroît encore plus extraordinaire, que celle du ſecond : on y voit intérieurément deux plis en forme de ſtries, qui s'étendent d'un bout à l'autre, & ſur leſquels il y a des papilles coniques & pointues ; à côté de chacun, on diſtingue de part & d'autre l'origine d'autres plis, qui font auſſi hériſſés de papilles pointues ; ils s'élevent, & deviennent plus larges à meſure qu'ils ſe prolongent ſur la paroi du troiſieme eſtomac ; leur plus grande largeur ſe trouve dans le milieu de cet eſtomac, & diminue peu-à-peu, à meſure qu'ils approchent du quatrieme.

On a comparé avec raiſon ces plis aux feuillets d'un livre, car c'eſt autant de lames placées à quelque diſtance les unes des autres; elles ſont faites en forme de croiſſant, dont le bord convexe tient aux parois de l'eſtomac: ces feuillets ſont de différentes largeurs; il y en a de très-larges, de moyens & de petits: les plus larges ont deux pouces de largeur; les moyens un pouce dans l'état naturel; c'eſt-à-dire, le troiſieme eſtomac n'étant point ouvert, le petit feuillet ſe trouve entre les deux feuillets moyens; & les trois feuillets, c'eſt-à-dire, le petit & les deux moyens, entre deux grands feuillets; & ainſi de ſuite pour l'arrangement de tous les autres. Leur nombre n'eſt pas conſtant dans divers ſujets; dans les uns, on en compte environ ſoixante, & juſqu'à quatre-vingts dans les autres.

On voit auſſi dans le corps de la caillette des replis de différente grandeur, qui s'étendent longitudinalement, & qui forment des ſinuoſités: les plus grands de ces replis ont huit lignes de hauteur; ils ſont de conſiſtance molle, & placés beaucoup plus loin les uns des autres que les feuillets du

troisieme eftomac. La caillette eft revêtue en entier par une membrane
molle & veloutée, dont il fort une liqueur épaiffe. Le canal inteftinal n'a
rien de particulier, fi ce n'eft fa longueur, qui va jufqu'à quatre-vingt-fix
pieds, non compris le *cœcum*; d'environ neuf pouces de longueur dans un
Belier de moyenne taille.

Les inteftins grêles ont, depuis le
pilore jufqu'au *cœcum*, environ foixante-
fix pieds; leur circonférence eft depuis un pouce jufqu'à deux pouces &
demi, fuivant les endroits où elle eft
prife. Celle du cœcum, du colon &
du rectum dans les endroits les plus
gros, eft de fept pouces. Le foie eft
placé du côté droit; il eft diftingué en
trois lobes, deux grands & un petit;
les deux grands font l'un à côté de
l'autre; le petit eft fitué fur la partie
poftérieure du grand lobe droit; il eft
de couleur rougeâtre. La véficule du
fiel s'étend d'un pouce & demi au-
delà du foie; elle eft remplie d'une
liqueur limpide, de couleur d'olive;
c'eft-à-dire, d'un verd jaunâtre. On
trouve dans le finus hépatique, dans
les canaux biliaires, & même dans la
liqueur du fiel, des vers plats & fort

minces, d'une confiſtance molle, &
d'une figure ſinguliere ; leur couleur
eſt olivâtre, lorſqu'ils ſont en repos ;
ils forment un oval, qui a environ
neuf lignes de longueur, & ſix lignes de
largeur, le milieu des deux faces eſt
uni, mais les bords ſont diſpoſés en
ondes, à-peu-près comme une fraiſe
de veau ; la partie antérieure ſemble
être échancrée de chaque côté, & terminée dans le milieu par une ſorte de
tête oblongue ; cette tête eſt de la longueur d'une ligne, & paroît percée
par un trou à ſon extrémité ; un peu
au-deſſous, il y a une autre petite ouverture ronde, dont les bords ſont un
peu élevés, & placés ſur la face inférieure du vers, à l'origine de la tête :
on apperçoit ſouvent ſur l'une & l'autre face, des petits vaiſſeaux & des ramifications qui s'étendent depuis la
tête juſqu'à l'extrémité des vers. Ces
vers ne peuvent ſe mouvoir qu'en ſe
traînant ; ils avancent la partie antérieure de leur corps, & par ce mouvement, ils s'allongent au point d'a-
voir un pouce de longueur ; mais en
même temps, ils ſe rétréciſſent, de
façon qu'ils n'ont plus qu'environ trois
lignes à l'endroit le plus large ; ils re-

tirent en avant la partie poftérieure,
& par le fecond mouvement, ils par-
viennent à fe déplacer entiérement, &
ils repréfentent la même forme arrondie qu'ils avoient avant de fe mouvoir. Ces vers, qu'on a appellés douves, reffemblent affez à une petite
feuille liffe & ondée, garnie du commencement de fon pédicule; les plus
petits du Belier font comme des filets menus, d'un ou de deux lignes de
longueur; ils fe trouvent fur-tout dans
la veficule du fiel, & nagent dans
cette liqueur.

La rate eft fituée fur la partie gauche de la panfe, & s'étend obliqué-
ment de derriere en avant, & de haut
en bas; fes deux extrémités font arrondies, & prefque femblables; elle
eft de couleur rougeâtre. Les reins
ne font pas compofés de tubercules
comme ceux des Bœufs; leur figure
n'eft pas triangulaire comme celle des
reins du Cheval & de l'Ane; mais ils
ont la figure ordinaire des reins de la
plupart des autres animaux, c'eft-à-
dire, la forme d'un haricot. Le baffinet eft grand, les mamelons réunis,
& les diverfes fubftances très-diftinctes;
le poumon droit eft diftingué en quatre

lobes, dont trois font rangés de file; celúi du milieu eft le moins grand, & l'antérieur eft échancré profondément, & prefque divifé en deux parties; le quatrieme lobe eft le plus petit de tous. Le poumon gauche n'a que deux lobes, dont l'antérieur eft prefque féparé en deux parties par une échancrure profonde, comme celle du lobe antérieur du côté droit.

Sur la partie antérieure de la longueur, on trouve de petits grains glanduleux de figure ronde, & des filets pointus dirigés en arriere, mais prefque imperceptibles; fur la partie poftérieure, on voit des glandes de différentes figures, dont les plus grandes font dans le milieu: on y remarque encore des papilles larges & applaties. Le palais eft traverfé par environ quinze fillons, dirigés à-peuprès en ligne droite; les plus larges fe trouvent, comme dans le Cheval; à l'endroit des barres; leurs bords font un peu élevés, & terminés par une dentelure fi fine, qu'à peine peut-on l'appercevoir. Tous les fillons font traverfés par une efpece de canal longitudinal, qui les partage en deux parties égales dans le milieu de leur

longueur,

longueur, à l'exception de quelques
fillons dans la partie poftérieure du
palais. Le nombre des mamelons varie
fuivant les divers fujets ; les uns en
ont quatre bien apparens, & fitués
au-deffous du *fcrotum*, deux de chaque
côté, à un pouce de diftance l'un de
l'autre ; d'autres n'en ont que deux, un
de chaque côté ; les Brebis n'en ont
pour l'ordinaire que deux, & leurs
mamelles font inguinales. Entre l'orifice du prépuce & le fcrotum, il y a
environ fix pouces de diftance, & la
longueur de la verge depuis la bifurcation des corps caverneux jufqu'à l'infertion du prépuce, eft à-peu-près de
neuf pouces, plus ou moins, fuivant
les fujets.

La figure du gland eft fort irréguliere ;
il femble être terminé par une efpece de
champignon de couleur rougeâtre, formé par un tubercule charnu, pofé obliquement fur la partie fupérieure du
gland. Ce tubercule peut avoir un demi-pouce de longueur fur cinq lignes
de largeur, & une ligne d'épaiffeur ; le
canal de l'uretre déborde au-delà du
gland, de la longueur de douze à treize
lignes ; cette partie de l'uretre n'a
tout au plus qu'une ligne de diametre

elle eft molle & flottante, de forte qu'elle fe replie fur le gland, & y demeure collée; le gland eft applani fur les côtés, à quelque diftance de fa bafe. La verge forme une double courbure; la portion comprife entre les deux courbures peut être d'un pouce de longueur : il y a deux cordons plats, qui tiennent par l'une de leurs extrémités aux premieres vertebres de la queue, & qui fe joignent au - deffus de l'anus, après l'avoir entouré ; ils s'étendent le long de la verge jufqu'à la courbure la plus voifine du gland; ils adherent à cet endroit, & s'épanouiffent au-deffous de cette partie fur les côtés jufqu'au prépuce, ce qui fait à-peu-près quatre pouces de longueur; le prépuce a auffi deux mufcles, lefquels s'étendent fous l'abdomen, & fe prolongent par des parties tendineufes jufqu'aux environs de l'anus; ces mufcles paroiffent fervir à retirer le prépuce en arriere.

Les tefticules font ovoïdes, leur fubftance intérieure eft de couleur jaunâtre fort pâle, & on y diftingue une forte de noyau longitudinal, & de couleur blanche, qui s'étend jufqu'aux trois quarts de la longueur du tefticule. Les véficules féminales font

compofées de plufieurs cellules,
comme dans l'homme, & couchées de
côté & d'autre du col de la veffie ;
ellescommuniquent à l'uretre à l'endroit des proftates, où l'on voit dans
l'intérieur du canal les orifices des
vaiffeaux déférens. A l'égard des parties de la génération de la Brebis, la
vulve fe termine en pointe par le bas,
comme celle des chiennes. Le gland
du clitoris eft placé à environ un demi-
pouce au-deffus de cette pointe. La
matrice dans les Brebis qui ne font pas
pleines, eft très-petite ; fa cavité eft
étroite ; elle fe divife en deux cornes
réunies par des membranes, & adoffées
l'une à l'autre fur une certaine longueur ; enfuite ellès fe recourbent à
côté & au bas. Les trompes forment
beaucoup de finuofités, & aboutiffent,
en fuivant une ligne courbe, chacune
à un pavillon. Les tefticules ont une
forme irréguliere, un peu allongée.

Le fœtus de la Brebis eft enveloppé
d'un amnios & d'un chorion ; il a auffi
un allantoïde, mais il n'en eft pas environné comme le fœtus du Cheval ;
l'ouraque fort de l'ombilic avec les
vaiffeaux fanguins, & fe prolonge où
l'amnios s'épanouit & s'étend de toute

part pour envelopper le fœtus ; à ce
même endroit, le prolongement de
l'ouraque forme l'allantoïde, qui s'é-
tend à droite & à gauche entre l'amnios & le chorion, & forme deux
cornes ou poches allongées ; dont le
fond termine les deux bouts de l'allantoïde ; ces poches se réunissent à
l'endroit de l'ouraque, & reçoivent la
liqueur qui en découle. Lorsque le fœtus est près du terme, son allantoïde
est fort étendue ; il n'est pas facile pour
lors de l'enfler en entier sans la déchirer ; mais on y parvient aisément dans
un sujet moins avancé. Cette membrane est transparente au point de voir
à travers le sédiment de la liqueur
qu'elle contient ; ce sédiment paroît
souvent comme de petits corps flottans,
grumeleux, lesquels, en se réunissant,
forment une masse, ou un corps plus
ou moins gros. Il y en a qui ne sont
pas plus gros que des pois, tandis que
d'autres, comme dans le Cheval, pesent jusqu'à cinq ou six onces ; leur
couleur est verdâtre : dans le Belier,
leur substance est composée de cou-
ches additionnelles, de consistance vis-
queuse ; ils ont des cavités irrégulieres
dans leur intérieur, sans qu'on y puisse

diſtinguer aucun vaiſſeau, ni aucune organiſation d'un corps vivant.

Le chorion & l'amnios forment, comme l'allantoïde, deux prolongemens qui s'étendent dans les cornes de la matrice; mais ils n'y adhèrent pas comme dans la Jument, par des rugoſités; c'eſt au contraire par des petits placenta, qui ſont ſeparés les uns des autres, & diſtribués à différentes diſtances: on en compte juſqu'à cinquante & plus pour un ſeul embryon: on leur a donné le nom de cotyledons; ils ſont applatis, de figure ovale, & formés en partie par la matrice, & en partie par le chorion; il s'élève ſur les parties intérieures de la matrice, des tubercules ovales, correſpondans à d'autres tubercules de même figure qui ſe forment ſur la face extérieure du chorion. Ces tubercules ſont appliqués l'un autour de l'autre, & le compoſé d'un tubercule de la matrice, environné par un tubercule des chorions, à-peuprès comme un gland par ſa coupe, eſt ce qu'on appelle un cotyledon; chaque cotyledon attache le chorion à la matrice, lorſque le fœtus a pris quelqu'accroiſſement: alors ſi on ſépare le chorion de la matrice; les co-

tyledons fe partagent en deux parties;
dans le moment de cette disjonction,
l'on apperçoit que les tubercules du
chorion font hériffés de petits prolongemens, & que ces prolongemens fortent de plufieurs cavités qui pénetrent
dans les tubercules de la matrice; ces
tubercules fe détachent naturellement
lorfque la Brebis met bas, & ceux qui
reftent dans la matrice, s'obliterentàla
fuite, & s'effacent en entier. Dans les
premiers jours de la conception, l'œu-
vre de la génération eft une boule
flottante dans la matrice; peu après
les premiers rudiments du fœtus femblent à être enfermés dans une enveloppe tranfparente, dont les côtés
commencent à pénétrer dans la matrice; enfin les tubercules fe forment,
& les cotyledons font parfaits. Les
quatre eftomacs dans le fœtus n'occu-
pent qu'une très-petite partie de l'abdomen, en comparaifon de celles
qu'ils rempliffent dans l'adulte; la
caillette eft fituée à gauche, & les autres eftomacs font tous pelotonnés
derriere le foie & le diaphragme; les
eftomacs étant foufflés, la caillette eft
comme dans le veau, beaucoup plus
grande que la panfe.

Après avoir donné la defcription de cet animal, paffons au méchanifme de fa digeftion. Cet animal rumine, eft pourvu de quatre eftomacs, & fes inteftins font d'une longueur prodigieufe, parce qu'il fe nourrit d'herbes; & cette fubftance étant une de celles qui contiennent le moins de molécules nutritives, il eft néceffaire que l'animal qui s'en nourrit ait des réfervoirs d'une capacité affez ample pour en contenir une capacité fuffifante à fes befoins, & des canaux affez allongés pour pouvoir donner le temps aux alimens dans leur paffage de fe dépouiller de leurs particules nutritives. La rumination dans les Brebis, de même que dans tous les animaux herbivores, eft un vomiffement fans efforts, occafionné par la réaction des deux premiers eftomacs fur les alimens qu'ils contiennent. La Brebis remplit en mangeant la panfe, & le bonnet qui n'eft qu'une portion de la panfe, autant qu'ils peuvent l'être; leurs membranes tendues réagiffent avec force fur l'herbe qu'elles contiennent, qui n'eft que très-peu mâchée, & dont le volume augmente par la fermentation. Par ce méchanifme, & par celui de la déglutition, les bords

K 4

de la gouttiere du bonnet fe rapprochent, & forment le canal qui s'étend de l'œfophage au troifieme eftomac; l'herbe feche & en peloton avalée par la Brebis, trouvant au fortir de l'œfophage la bouche étroite du canal qui ne peut la recevoir, & l'ouverture très-grande de la panfe, eft déterminée à paffer dans celle-ci, & dans le bonnet, qui n'en eft que la continuation. Lorfque ces deux eftomacs font remplis, la réaction de leurs membranes obligeroit l'herbe d'entrer dans le feuillet, fi en même temps elle n'en étoit empêchée par la contraction de la gouttiere, qui forme le canal dont l'extrémité entoure & défend l'ouverture de cet eftomac. L'herbe eft donc forcée de remonter par l'œfophage pour être ruminée, & par cette nouvelle opération, être réduite en pâte affez liquide pour qu'elle puiffe couler par le canal du bonnet dans le feuillet. Les parties groffieres de cette pâte, qui ne peuvent entrer dans le conduit, font portées dans la panfe, d'où elles font tirées avec l'herbe pour fubir une nouvelle rumination : mais comme il s'opere dans la panfe & dans le bonnet un commencement de digeftion,

une légere décompofition ; que d'ailleurs il tombe fouvent dans ces eftomacs des parties de cette pâte liquide
formée par la rumination, qui n'aura
pas paffé en entier par le conduit du
bonnet, il doit fe trouver dans les
deux premiers eftomacs, lorfque la
rumination eft achevée, une certaine
quantité de cette pâte liquide, propre
à être reçue dans le troifieme eftomac :
alors toutes ces parties étant dans le
relâchement, aucune action ne s'exerce
plus fur elles ; le canal du bonnet s'ouvre, & fe change en gouttiere, par laquelle coulent dans le feuillet les ré-
fidus qui fe trouvent dans les premiers
eftomacs ; la communication des trois
eftomacs eft pour lors entiérement libre & ouverte ; les alimens, parvenus
au troifieme eftomac, y font retenus
par fes feuillets, jufqu'à ce qu'une
nouvelle macération les rende propres
à être entiérement décompofés & réduits en mucilage par la caillette, où
ils fubiffent leur derniere préparation ;
ce n'eft pour ainfi dire que le marc
qui paffe dans les inteftins, où il
acheve d'être dépouillé de fes parties
nutritives, & où il eft entiérement
deffééhé.

K 5

On ne garde ordinairement dans les troupeaux que ce qu'il faut de Beliers pour pouvoir féconder les femelles : dans de certains cantons, on donne jufqu'à cinquante Brebis à un Belier ; mais on feroit cependant mieux d'en donner un par vingt-cinq ; car il eft fûr que plus un Belier a de Brebis à couvrir, plus il eft fatigué. Tout le monde fait que l'évacuation qui fe fait par l'accouplement, énerve tous les animaux ; fi on ne donnoit même à chaque Belier que quinze ou vingt Brebis à fervir, il s'en acquitteroit avec une ardeur égale, & les Agneaux en feroient plus fains, plus forts & plus vifs : tout dépend principalement du Belier ; s'il eft d'une bonne efpece, il n'eft pas douteux que les Agneaux le feront auffi.

Il y a plufieurs fignes pour décider de la bonté d'un Belier on choifit par préférence ceux qui ont le corps gros & long ; ils doivent être forts des os & des membres ; leur front doit être large & rond ; leurs yeux grands, vifs & rouges, leur nez camus, leurs oreilles larges ; il faut que leur démarche foit ferme, leur queue grande, longue & bien garnie de laine. L'agilité & l'empreffement que le Be-

lier montre en faillant les Brebis, décide encore de fa bonté ; il faut de
plus qu'il foit jaloux , courageux, attentif à repouffer les Beliers étrangers
qui veulent approcher de fon troupeau ; il doit auffi avoir la laine longue,
épaiffe & blanche : on rejette ordinairement ceux dont la laine eft rouge
ou noire , parce que les Agneaux leur
reffemblent ordinairement à cet égard.
La laine que les bons Beliers ont aux
parties poftérieures doit être fur-tout
fine & épaiffe : il faut encore que fa
langue foit fans tache ; car fi le Belier
avoit une langue tachée , on a obfervé que les Agneaux qui en proviennent font foibles , & ont la laine
de différente couleur : il ne faut pas
non plus permettre l'accouplement à
un Belier dont l'haleine eft âpre &
puante ; c'eft un figne de maladies, &
les Agneaux n'en vaudroient rien.

Quand un Belier eft trop féroce &
méchant, à caufe de la grande effer-
vefcence de fon fang, il faut le faigner ;
n'importe de quelle veine. Les Beliers
font très-propres à faillir depuis l'âge
de trois ans jufqu'à huit ; pour bien
faire, il conviendroit de ne laiffer qu'autant de temps néceffaire qu'il en faut

K 6

pour l'accouplement; par ce moyen,
on ménage les forces du mâle & de la
femelle. Les Agneaux qui proviennent
d'un Belier qu'on fait faillir avant l'âge
de trois ans, ne font jamais bien con-
ditionnés : les Brebis n'entrent ordinairement en chaleur que vers le commencement de Novembre ; cependant
les Beliers les féconderoient en tout
temps, fi on leur en laiffoit la liberté.

L'âge des Beliers fe connoît à leurs
dents, ou aux anneaux qui font à l'extrémité de leurs cornes : on compte
les années par leur nombre ; il faut fur-
tout bien nourrir les Beliers dans le
temps de leur accouplement ; le pain ,
l'orge & le chenevis font une bonne
nourriture pour eux.

On mange rarement la chair du Belier, à caufe de fon odeur défagréable,
& de fa fueur forte , qui approche
de celle du Bouc; elle eft en outre plus
indigefte que celle de la Brebis , du
Mouton & de l'Agneau : on emploie
en Médecine fon fiel , fon fuif & fa
moëlle. Le fiel eft purgatif: on en imbibe de la laine; qu'on emploie en cataplafme fur le ventre des petits enfans,
pour leur lâcher le ventre , ce qui eft
très-utile dans ce cas, où on ne peut

leur faire prendre de remede par la bouche. Ce même fiel adouci, & mêlé avec du lait de femme, eſt propre pour déterger & guérir les ulceres des oreilles.

Le ſuif & la moëlle de Belier ſont émolliens, anodins & réſolutifs : on s'en ſert dans pluſieurs onguens & emplâtres, comme, dans l'onguent de la mer, l'emplâtre de minium, la toile à Gautier, &c. On ſe ſervoit chez mon pere de la laine qui ſe trouve aux environs des teſticules du Belier, pour mettre autour de la tige des orangers : on prétend que cette laine en éloigne les fourmis.

ARTICLE II.

Du Mouton.

Le Mouton eſt un Agneau châtré, qui devient à la ſuite très-gros & très-gras. Dans le Journal économique du mois de Mai 1765, on trouve une maniere, qu'on diſoit pour lors nouvelle, de châtrer les Beliers : on prend pour cet effet trois brins de fil retors, de bonne conſiſtance, mais qui ne ſoit pas tordu : on les roule ſur ſes

genoux comme font les Cordonniers,
& on les tire avec la poix dont ils
fe fervent : cela fait, on prend un brin,
d'une longueur fuffifante : on le noue
par chaque bout à un petit morceau,
de bois, & on lie les tefticules, en tirant le fil à foi par un des bâtons, le
plus fortement qu'on peut, tandis
qu'un fecond le tire par l'autre ; car
c'eft de cela que dépend le fuccès de
l'opération. Les tefticules perdent
auffi-tôt tout fentiment, par le défaut
de circulation, & fe détacheroient
d'eux-mêmes, fi on les laiffoit dans
cet état : mais cette méthode ne vaut
rien ; car la puanteur en devient pour
lors telle, qu'elle caufe quelquefois la
mort à l'animal. Le mieux eft de les
couper au bout de neuf jours ; mais
il faut bien prendre garde de ne point
faire l'incifion trop près de la ligature ; car fi elle venoit à lâcher, l'animal courroit rifque de périr. Le vrai
temps pour châtrer les Beliers eft au
printemps ; ceux qui font maigres ou
mal nourris, fupportent avec peine
l'opération.

La nourriture des Moutons eft la
même que celle des Brebis. Pour les
engraiffer, on les met dans une étable

féparée, & le Berger qui en eſt chargé
les conduit aux champs, dès que le
jour paroît, & avant que la roſée foit
tombée, ce qui ne contribue pas peu
à leur faire prendre de la graiſſe. Dans
la moiſſon, dès que le bled eſt hors
des champs, on y mene paître les
Moutons: on les fera boire fouvent;
on leur donnera même du ſel pour
les y exciter. On laiſſe les Moutons aux
champs depuis l'aube du jour juſqu'à
huit heures du matin, que le chaud
commence à ſe faire ſentir : on les
ramene pour lors à l'étable; ils y demeurent juſqu'à trois heures après midi,
& on les mene paître. On commencera à les gouverner de la ſorte depuis
le mois de Mars juſqu'à la fin de Juillet, pour les troupeaux qu'on veut
vendre de bonne heure ; mais quand
on veut avoir le débit de ces animaux,
on ne commence à les gouverner ainſi
que depuis le commencement de Juillet juſqu'à la fin de Septembre ; &
de quelque façon qu'on engraiſſe les
Moutons pendant l'été, il ne faut jamais les laiſſer paſſer l'hiver à l'étable ; cette graiſſe qu'ils ont amaſſé
leur devient préjudiciable : il faut donc

s'en défaire ; plufieurs meurent de faim. Nous parlerons plus amplement de la maniere d'engraifler ces animaux, à l'art. *Brebis.*

Pour que la chair du Mouton foit bonne à manger, il faut que l'animal foit jeune, médiocrement gras, tendre, nourri d'alimens fains , & élevé dans un air pur & fec. Les Moutons de Préfalé en Normandie, des Ardennes, de Berry & de Beauvais , font les plus eftimés. La chair de Mouton eft extrêmement nourriffante ; elle fournit, un excellent aliment, & de facile digeftion ; elle contient beaucoup d'huile & de fel volatil ; elle eft propre à toute forte d'âge & de tempérament : on tire de cet animal différentes fubftances , qui entrent dans le commerce, telles que la laine, la peau, la graiffe, tant celle dont on fe fert pour les chandelles , & qu'on nomme fuif , que celle qui eft connue fous le nom d'œfipe. On a coutume de donner le nom de Mouton à la peau de cet animal , différemment préparée ; la plus grande partie du parchemin fe fait de Mouton.

ARTICLE III.

De la Brebis.

La Brebis eſt l'animal femelle de ce genre. Si l'on fait attention, dit M. de Buffon, à la foibleſſe & à la ſtupidité de la Brebis; ſi l'on conſidere en même temps que cet animal ſans défenſe ne peut même trouver ſon ſalut dans la fuite ; qu'il a pour ennemi tous lës animaux carnaſſiers, qui ſemblent chercher par préférence à le dévorer par goût ; que d'ailleurs cette eſpece produit peu ; que chaque individu ne vit que peu de temps, on ſeroit tenté d'imaginer que dès les commencements la Brebis a été confiée à la garde de l'homme ; qu'elle a eu beſoin de ſa protection pour ſubſiſter, & de ſes ſoins pour ſe multiplier, puiſqu'en effet on ne trouve point de Brebis ſauvages dans les déſerts. Ce n'eſt donc, ajoute ce ſavant Naturaliſte, que par notre ſecours & nos ſoins que cette eſpece a duré, dure, & pourra durer encore : il paroît qu'elle ne ſubſiſteroit pas par elle-même. La Brebis eſt abſolument ſans reſſource & ſans défenſe ; le Be-

lier n'a que de foibles armes, fon courage n'eft qu'une pétulance inutile
pour lui-même, incommode pour les
autres, & qu'on détruit par la caftration. Les Moutons font encore plus
timides que les Brebis; c'eft par crainte
qu'ils fe raffemblent fi fouvent en troupeaux ; le moindre bruit extraordinaire fuffit pour qu'ils fe précipitent
& fe ferrent les uns contre les autres,
& cette crainte eft accompagnée de
la plus grande ftupidité; car ils ne
favent pas fuir le danger, ils femblent
même ne pas fentir l'incommodité de
leur fituation ; ils reftent où ils fe trouvent, à la pluie, à la neige; ils y demeurent opiniâtrément ; & pour les
obliger à changer de lieu, & à prendre
une route, il leur faut un Chef, qu'on
inftruit à marcher le premier, & dont
ils fuivent tous les mouvemens pas à
pas. Ce Chef demeureroit lui même
avec le refte du troupeau, fans mouvement, dans la même place, s'il n'é-
toit chaffé par le Berger, ou excité
par le chien commis à leur garde, lequel fait en effet veiller à leur fûreté,
les défendre, les diriger, les féparer,
les raffembler, & leur communiquer
les mouvemens qui leur manquent.

Ce font donc, continue M. de Buffon, de tous les animaux quadrupedes, les plus ftupides ; ce font ceux qui ont le moins de reffource & d'inftinct ; les Chevres, qui leur reffemblent à tant d'autres égards, ont beaucoup plus de fentiment; elles favent fe conduire ; elles évitent les dangers; elles fe familiarifent aifément avec les nouveaux objets, au lieu que la Brebis ne fait ni fuir, ni s'approcher ; quelque befoin qu'elle ait de fecours, elle ne vient point à l'homme auffi volontiers que la Chevre ; & ce qui, dans les animaux, paroît être le dernier degré de la timidité ou de l'infenfibilité, elle fe laiffe enlever fon Agneau fans le défendre, fans s'irriter, fans réfifter, & fans marquer fa douleur par un cri différent du bêlement ordinaire : mais cet animal, fi chétif en lui-même, fi dépourvu de fentiment, fi dénué de qualités intérieures, eft pour l'homme l'animal le plus précieux, celui dont l'utilité eft la plus immédiate & la plus étendue; feul, il peut fuffire aux befoins de premiere néceffité ; il fournit tout-à-la fois de quoi fe nourrir & fe vêtir, fans compter les avantages particuliers que l'on fait tirer du fuif, du lait, de la peau, & même des boyaux, des os & du fumier de cet animal, aù-quel il semble que la nature n'ait pour ainsi dire rien accordé en propre, rien donné que pour le rendre à l'homme.

L'amour, qui, dans les animaux, est le sentiment le plus vif & le plus général, est aussi le seul qui semble donner quelque vivacité, quelque mouvement au Belier; il devient pé-tulant, il se bat, il s'élance contre les autres Beliers, quelquefois même il attaque son Berger; mais la Brebis, quoiqu'en chaleur, n'en paroît pas plus animée, pas plus émue; elle n'a qu'autant d'instinct qu'il en faut pour ne pas refuser les approches du mâle, pour choisir sa nourriture, & pour re-connoître son Agneau. L'instinct est d'autant plus sûr, qu'il est machinal, & pour ainsi dire plus inné; le jeune Agneau cherche lui-même dans un nombreux troupeau, trouve & saisit la mamelle de sa mere, sans jamais se mé-prendre. L'on dit aussi que les Moutons sont sensibles aux douceurs du chant; qu'ils paissent avec plus d'assiduité; qu'ils se prêtent mieux; qu'ils engraîs-sent au son du chalumeau; que la musique a pour eux des attraits : mais

l'on dit encore plus fouvent , & avec
plus de fondement , qu'elle fert au
moins à charmer l'ennui du Berger, &
que c'eft à ce genre de vie oifive & fo-
litaire que l'on doit rapporter l'origine
de cet Art.

- Ces animaux , dont le naturel eft fi
fimple, font auffi d'un tempérament
très - foible ; ils ne peuvent marcher
long-temps , les. voyages les affoiblif-
fent & les exténuent; dès qu'ils courent , ils palpitent , & font bientôt ef-
foufflés ; la grande chaleur , l'ardeur
du foleil les incommodent autant que
l'humidité , le froid & la neige, ainfi
qu'on pourra le remarquer , lorfque
nous traiterons de leurs maladies.

Le Belier & la Brebis ne font vraiment propres à la génération , que
lorfqu'ils ont atteint leur parfait accroiffement; le vrai âge pour le Belier
eft de dix-huit mois , & un an pour
la Brebis , quoique nous ayons cependant dit, en parlant du Belier,
qu'il lui faut l'âge de trois ans pour
être propre à faillir ; nous obferverons néanmoins ici que , fi on pouvoit
empêcher le mâle de s'accoupler avant
deux ans, & la femelle avant trois, la
race qui en proviendroit en feroit

beaucoup plus belle, plus forte & plus vigoureuse. M. le Blanc, qui habite nos Provinces méridionales, est de ce dernier sentiment, & est contraire à ce que nous avons dit de l'accouplement, à l'art. *Belier*. Il semble en général, dit M. le-Blanc, que le Belier, comme la Brebis, peut donner de bonnes races à deux ans. Cette réflexion, ajoute-t-il, s'accorde avec l'intérêt du Propriétaire ou Fermier, qui ne sauroit attendre plus long-temps pour multiplier son troupeau : il paroît même que le Belier peut être très-propre à la génération à vingt mois, & même à dix-huit, ainsi que nous venons de l'observer ; il les acquiert, à compter depuis sa naissance, jusqu'au temps où on lui fait saillir les Brebis ; autrement, s'il falloit renvoyer à l'année suivante, il auroit trente-deux mois, & cela seroit trop long. Cette réflexion s'accorde encore avec l'usage introduit dans les Provinces méridionales de conduire les troupeaux en été sur les hautes montagnes, où ils passent trois à quatre mois, & où il seroit difficile d'empêcher les Beliers d'approcher des Brebis.

Les Brebis font ordinairement en

chaleur depuis le commencement de Novembre jufqu'à la fin d'Août ; cela ne les empêche pas cependant de concevoir en tout temps. Lorfque la Brebis n'eft point couverte pendant qu'elle eft en chaleur, cette chaleur fe paffe, & revient après un certain temps : c'eft par cette raifon qu'on peut donner jufqu'à cent Brebis à un Belier, parce qu'il peut les couvrir en différens temps ; il couvre les vieilles préférablement aux jeunes. Le temps de la portée des Brebis eft de cinq mois ; elles mettent bas au commencement du fixieme ; elles font très-fujettes à avorter, & à mettre bas des monftres.

Lorfqu'une Brebis eft prête à mettre bas, elle éprouve quelques douleurs ; elle fe couche ; & après plufieurs efforts, elle jette pour l'ordinaire fon Agneau enveloppé d'une membrane de l'amnios, auquel eft joint l'allantoïde. La mere, en fe levant, rompt le cordon ombilical, fans aucune effufion de fang ; ce cordon fe deffeché & s'oblittere en peu de temps. Les tubercules du chorion fe détachent naturellement de ceux de la matrice;

& cette membrane eſt jetée par la Brebis peu après l'Agneau.

Les Brebis ne portent ordinairement qu'un Agneau, rarement deux, & ſeulement une fois par an, à moins que ce ne ſoit dans les climats chauds; elles ont ordinairement du lait pendant ſept ou huit mois, quoique néanmoins elles ſevrent d'elles-mêmes leur Agneau à trois ou quatre mois. Une Brebis bien gouvernée peut produire juſqu'à l'âge de dix à douze ans, quoique ſouvent elles paroiſſent vieilles dès l'âge de ſept à huit ans : quant au Belier, paſſé huit ans, il n'eſt plus propre à la propagation. La Brebis graſſe conçoit difficilement ; elle devient auſſi ſouvent ſtérile à force d'avortemens.

. On a obſervé que tous les animaux qui ruminent n'ont aucune dent inciſive à la mâchoire ſupérieure ; les bêtes à laine ſont de ce nombre ; elles ont huit dents inciſives ſur le devant de la mâchoire inférieure, tandis que la ſupérieure en eſt totalement dénuée. On appelle vulgairement les dents inciſives *palettes* ; elles ſont étroites & épaiſſes en ſortant de la gencive,

&

& elles s'élargissent, deviennent plattes, minces & tranchantes à l'autre extrémité. Aux premieres dents, aux dents de lait, ou à celles qui paroissent peu de jours après la naissance de l'animal, & qui tombent en différens temps, succedent de nouvelles dents qui sont permanentes, ou qui ne tombent que dans l'extrême vieillesse. Les premieres dents des Brebis sont beaucoup plus courtes, plus blanches, plus unies que celles qui les remplacent ; aussi est-il facile, par le moyen de ces dents, de juger de l'âge de ces animaux. Les deux dents les plus intérieures, c'est-à-dire, celles qui se trouvent au milieu des huit, tombent au bout d'un an ; les deux dents voisines dès intérieures, au bout de dix-huit mois, & en moins de trois ans, elles se trouvent toutes généralement remplacées ; elles sont pour lors égales, & d'une blancheur assez belle. Quand elles se trouvent dans cet état, on dit que les Brebis ont la bouche ronde ; mais à proportion que l'animal acquiert de l'âge, elles se déchaussent, paroissent plus longues, s'émoussent, & deviennent inégales & noires.

Il est encore facile de connoître

l'âge des Beliers par les cornes, lorfqu'ils en ont ; car ils paroiffent dès la
troifieme année, quand ils en doivent
avoir, & croiffent tous les ans d'un anneau jufqu'à la fin de leur vie.

Quoique nous ayons dit ci-deffus
que les bêtes à laine ont toutes leurs
dents remplacées dans l'efpace de trois
ans, il y en a qui n'ont la bouche
ronde qu'en quatre ans ; par conféquent, lorfque les Brebis de cette efpece ont deux palettes entiérement
revenues, elles ont deux ans ; quand
on leur en compte quatre, elles en ont
trois ; quatre ans, lorfqu'elles en ont
fix revenues ; & cinq ans enfin, lorfqu'elles ont les huit dents totalement
repouffées. Ces dents reftent en leur
totalité jufqu'à huit ans ; paffé ce temps,
les deux du milieu tombent ; à neuf
ans, les deux voifines en font autant,
& ainfi d'année en année, jufqu'à onze
ans, qu'il n'en refte plus aucune. Les
bêtes à laine qui nous viennent de Sue-
de, perdent leurs dents deux ans plutôt
que celles qui nous viennent d'Angleterre.

On a obfervé de tout temps que
ce qui étoit le plus dangereux aux
Brebis étoit l'humidité ; elles ne fe plaifent jamais fi bien que fur les côteaux,

& les plaines élevées au-deſſus des col-
lines; par conſéquent un Berger doit
avoir l'attention de ne les pas mener
paître dans des endroits bas, humides
& marécageux; mais au contraire, il les
fera paître dans des terreins ſecs, couverts de ſerpolet, & d'autres herbes
aromatiques & ameres, qui ſont de
toutes les plantes celles qui plaiſent le
plus aux Brebis : auſſi les Moutons
qui en pâturent ont-ils la chair de
meilleure qualité, & approchante de
celle qu'on leur trouve lorſqu'ils ont
été élevés dans des plaines ſablon-
neuſes, voiſines de la mer, où toutes
les herbes ſont ſalées. Le lait des Brebis qui habitent ces ſortes de terreins
eſt auſſi plus abondant, & de meilleure qualité; le ſel, & conſéquemment les plantes ſalées ſont la nourriture la plus ſaine pour les Brebis.

Pendant l'été, on ne donne aux Brebis aucune nourriture à l'étable; elles
ſe contentent de celles qu'elles trouvent aux champs : on ne les y mene
que lorſque la roſée eſt totalement
tombée; après quoi on les y laiſſe pai-
tre pendant quatre ou cinq heures : on
les ramene enſuite à la bergerie, ou
dans quelqu'autre endroit à l'ombre;

fur les trois ou quatre heures du foir;
lorfque la chaleur eft prefque entiérement paffée, on les remene paître de
nouveau jufqu'à la fin du jour; fi on
pouvoit même laiffer paffer les Brebis
pendant la nuit aux champs à la belle
étoile, comme on le dit communément, il n'en feroit que mieux. Plus
on peut rapprocher par le gouvernement un animal domeftique de fa premiere nature, plus cet animal en devient fort & vigoureux; mais les Brebis font tellement dégradées de leur
premiere nature, fur-tout en France,
qu'elles femblent en avoir contracté
une nouvelle, & s'être formé un nouveau tempérament; il pourroit peut-
être devenir très-dangereux, dans la fituation des chofes, de gouverner nos
Brebis de la même façon que fi elles
étoient fauvages, en les expofant pendant l'hiver elles & leur petits aux in-
tempéries & aux frimats des faifons.
Cependant M. d'Aubenton en a fait
l'expérience pendant un hiver, & il
s'en eft très-bien trouvé; fes bêtes à
laine, quoiqu'expofées à l'air nuit &
jour, n'en ont fouffert aucun domma-
ge; elles en font même devenues plus
vigoureufes, & leur laine a acquis un

degré de fineſſe qu'elle n'avoit pas
avant cet eſſai ; & effectivement, la
nature paroît avoir muni ces animaux
contre l'excès du froid, par la façon
dont elle les a habillés. Il n'en eſt pas de
même de la grande chaleur ; elle eſt pour
les Brebis de là plus grande incommodité ; les rayons du ſoleil leur étour-
diſſent la tête, & leur donnent ſouvent
même des vertiges : auſſi un Berger
entendu a-t-il grand ſoin de les mener
paître le matin ſur des côteaux expoſés au Levant ; & l'après-midi, ſur des
côteaux expoſés au couchant ; elles
ont par ce moyen toujours en paiſſant,
la tête à l'ombre de leur corps.

En hiver, on eſt obligé de toute
néceſſité de nourrir les Brebis à l'é-
table ; cependant on les en fait ſortir
tous les jours, à moins que le temps
ne ſoit mauvais, mais c'eſt uniquement
pour leur faire prendre l'air : au printemps & en automne, on les mene
aux champs, dès que le ſoleil a pu être
aſſez fort pour diſſiper la gelée & l'humidité, & on ne les ramene à la Bergerie qu'au ſoleil couchant.

On nourrit pendant l'hiver les Brebis différemment, ſuivant les différens
pays, & ſuivant les fourrages qu'on

L 3

y récolte ; la luzerne, le fainfoin, le trefle, les féverolles, les vefces, font les efpeces de fourrages qu'on donne aux Brebis de la Flandre. Dans la Champagne, & dans d'autres Provinces, on ne les nourrit pour l'ordinaire que de paille & de regains de prairies ordinaires ; quelquefois encore de feuilles d'orme de frefne : on auroit par conféquent de la peine d'élever en Champagne les Brebis de Flandres. La paille, le foin ne font pas pour les Brebis des alimens auffi fubftantiels que les fourrages de vefce, de pois, de lentille, de navets, de luzerne, de trefle & de fainfoin ; par conféquent, avant de penfer à établir de nouvelles races de Brebis dans un pays, il faut d'abord prendre garde fi, dans les lieux où l'on veut faire ces établiffemens, on trouve les mêmes reffources, la même abondance, la même qualité du fourrage que produit le pays d'où on les tire.

Tous les alimens d'hiver font très-analogues par leur féchereffe au tempérament de la Brebis ; la bruyere, les feuilles de chêne, & la plupart des plantes defficatives & aftringentes leur font fur-tout falutaires ; elles leur

peuvent fervir non-feulement d'alimens , mais encore de remedes , tant
préfervatifs que curatifs. Les Brebis fe
portent mieux en hiver qu'en toute
autre faifon de l'année ; rarement il
en périt dans cette faifon , à moins
que l'hiver ne foit humide , ou que le
Berger ne laiffe paître à fon troupeau
des herbages abreuvés de pluie , &
prefque pourris. Le printemps eft pour
elles la faifon la plus à craindre , parce
que les herbes qui commencent à
pouffer dans cette faifon , font molles ,
& leurs fucs, qui n'ont point encore
été travaillés par la chaleur , font très-
aqueux ; d'ailleurs, dans cette faifon, un
commencement de chaleur fe joignant à
l'humidité qui regne encore alors, hâte
la putréfaction des végétaux. L'automne n'eft pas pour les Brebis une
meilleure faifon , prefque par les mêmes raifons. Il faut donc, dans ces
deux faifons, pour obvier aux inconvéniens qui pourroient leur en furvenir, ne conduire ces animaux que fur
les terreins les plus fecs & les plus ari-
des , & éviter avec le plus grand foin
de leur laiffer paître les pouffieres des
grains qui font tombés pendant la récolte : il faut donc, par une feconde

conséquence , tirée de la premiere ; leur défendre l'entrée des plaines qui ont été moissonnées , aussi-tôt que les grains perdus commencent à germer , & ne le leur permettre qu'après quelques givres , qui desséchent les pousses de ces grains.

Les plantes qui peuvent convenir pour la nourriture des Brebis , sont, suivant Linnæus : 1. *Ligustrum vulgare.* 2. *Circœa utraque.* 3. *Veronica ternifolia.* 4. *Veronica spicata.* 5. *Veronica mas.* 6. *Veronica scutellata.* 7. *Veronica beccabunga , oblonga.* 8. *Veronica Alpina.* 9. *Veronicæ oblongis cauliculis.* 10. *Veronica cymbalarifolia.* 11. *Veronica rutæfolia.* 12. *Verbena vulgaris.* 13. *Lycopus palustris.* 14. *Salvia horminum.* 15. *Anthoxanthum vulgare.* 16. *Valeriana vulgaris.* 17. *Valeriana dioïca.* 18. *Valeriana locusta.* 19. *Scirpus sylvaticus.* 20. *Eriophorum polystachion.* 21. *Nardus pratensis.* 22. *Phalaris arundinacea.* 23. *Phalaris phleiformis.* 24. *Alopecurus erectus.* 25. *Alopecurus infractus.* 26. *Milium suaveolens.* 27. *Agrostis pyramidalis.* 28. *Agrostis stolonifera.* 29. *Aira Dalekarlica.* 30. *Aira flexuosa.* 31. *Aira miliacea.* 32. *Aira lanata.* 33. *Aira xerampelina.* 34. *Aira mariæ borussorum.* 35. *Aira spica lavendulæ.* 36. *Poa gigantea.*

37. *Poa compressa repens.* 38. *Poa annua.* 39. *Poa vulgaris magna.* 40. *Poa angustifolia.* 41. *Poa media.* 42. *Poa Alpina variegata.* 43. *Briza vulgaris.* 44. *Cynosurus cristatus.* 45. *Cynosurus cœruleus.* 46. *Cynosurus paniculatus.* 47. *Bromus vulgaris.* 48. *Bromus . Upsalensis.* 49. *Bromus tectorum.* 50. *Bromus hordei-formis.* 51. *Bromus perennis maxima.* 52. *Bromus spicâ Brizœ.* 53. *Festuca nutans.* 54. *Festuca marginea agrorum.* 55. *Festuca ovina.* 56. *Avena pratensis.* 57. *Avena volitans.* 58. *Avena nodosa.* 59. *Lolium tremulentum.* 60. *Triticum rad. officinarum.* 61. *Hordeum murinum.* 62. *Scabiosa vulgaris.* 63. *Scabiosa Gothlandica.* 64. *Scabiosa succisa.* 65. *Asperula odorata.* 66. *Asperula rubeola.* 67. *Galium luteum.* 68. *Galium stakense.* 69. *Galium quadrifolium.* 70. *Galium cruciata.* 71. *Aparine vulgaris.* 72. *Aparine parienfe.* 73. *Plantago vulgaris.* 74. *Plantago incana.* 75. *Plantago lanceolata.* 76. *Plantago radice lanatâ.* 77. *Plantago coronopus.* 78. *Plantago linearis maculatus.* 79. *Sanguisorba Gothlandica.* 80. *Cornus fœminà.* 81. *Cornus herbacea.* 82. *Evonymus vulgaris.* 83. *Alchimilla vulgaris.* 84. *Cuscuta parasitica.* 85. *Sagina minima.* 86. *Lithospermum annuum.* 87. *Anchusa Buglossum.* 88. *Symphitum. majus.* 89.

Pulmonaria immaculata. 90. *Lycopſis ar-venſis.* 91. *Echium Scanenſe.* 92. *Aſpa-rago vulgaris.* 93. *Androſace minor.* 94. *Primula vulgaris.* 95. *Primula purpurea.* 96. *Myanthes trifoliata.* 97. *Samolus ma-ritima.* 98. *Lyſimachia vulgaris.* 99 *Ly-ſimachia axillaris.* 100. *Lyſimachia Num-mularia.* 101. *Convolvulus arvenſis.* 102. *Convolvulus maximus.* 103. *Polemonium glabrum.* 104. *Campanula vulgaris.* 105. *Campanula. magno flore.* 106. *Campanula gigantea.* 107. *Solanum dulca mara.* 108. *Hedera repens.* 109. *Lonicera caprifolium.* 110. *Lonicera xyloſteum.* 111. *Rhamnus catharticus.* 112. *Rhamnus frangula.* 113. *Ribes groſſularia.* 114. *Ribes rubra.* 115. *Ribes Alpina.* 116. *Gentiana amarella.* 117. *Herniaria glabra.* 118. *Chenopo-dium Upſalienſe.* 119. *Chenopodium pur-puraſcens.* 120. *Chenopodium ſegetum.* 121. *Chenopodium ſtramonifolium.* 122. *Chenopodium viride.* 123. *Chenopodium vulvaria.* 124. *Chenopodium poliſpermum.* 125. *Ulmus campeſtris.* 126. *Sanicula ſyl-vatica.* 127. *Daucus ſylveſtris.* 128. *Co-nium arvenſe.* 129. *Selinum. oreoſelinum.* 130. *Athamantha daucoïdes.* 131. *Laſer-pitium majus.* 132. *Heracleum vulgare.* 133. *Liguſticum Scoticum.* 134. *Angelica Alpina.* 135. *Œnanthe ſucco crocante.* 136.

Phallandrium aquaticum. 137. Cicuta
aquatica. 138. Œthusa artedii. 139. Scandix hispida. 140. Scandix sativa. 141.
Chœrophillum cicutaria. 142. Carum officinarum. 143. Pimpinella officinarum.
144. Œgopodium repens. 145. Apium palustre. 146. Opulus palustris. 147. Sambucus arborea. 148. Parnassia vulgaris.
149. Statice capitata. 150. Statice limonium. 151. Linum catharticum. 152. Cepa
pratensis. 153. Anthericum album. 154.
Ornithogallum majus. 155. Ornithogallum minus. 156. Asparagus Scanensis. 157.
Convallaria, lilium convallium. 158. Convallaria polygonatum. 159. Convallaria
polygonatum altissimum. 160. Convallaria
cordifolia. 161. Juncus valentii. 162. Juncus sylvaticus. 163. Juncus psillii. 164.
Berberis spinosa. 165. Rumex Britannica.
166. Rumex acetosa, pratensis. 167. Rumex acetosa, lanceolata. 168. Triglochin tricapsularis. 169. Triglochin sexlocularis.
170. Trientalis thalii. 171. Acer platanoïdes. 172. Epilobium irregulare. 173. Epilobium hirsutum. 174. Epilobium palustre.
175. Erica vulgaris. 176. Daphne rubra.
177. Vaccinium maximum. 178. Vaccinium nigrum. 179. Persicaria amphibia.
180. Persicaria mitis. 181. Bistorta minor. 182. Helxine sativum. 183. Paris

nemorum. 184. *Andromeda vulgaris.* 185.
Dianthus vulgaris. 186. *Dianthus Scanen-*
fis. 187. *Dianthus Gothlandicus.* 188. *Sa-*
ponaria gypfophiton. 189. *Cucubalus be-*
hen. 190. *Cucubalus dioicus.* 191. *Silene*
vifcaria. 192. *Silene nutans.* 193. *Alfine*
vulgaris. 194. *Alfine pentagyna.* 195.
Alfine graminea. 196. *Arenaria purpurea.*
197. *Spergula verticillata.* 198. *Ceraf-*
tium Lapponicum. 199. *Agroftemma agrof-*
tis. 200. *Lychnis aquatica.* 201. *Oxalis*
fylvatica. 202. *Sedum telephium.* 203. *Ly-*
thrum paluftre. 204. *Agrimonia officina-*
rum. 205. *Semper vivum tectorum.* 206.
Padas folio deciduo. 207. *Prunus fpinofa.*
208. *Cratægus Scanica.* 209. *Cratægus*
oxyacantha. 210. *Sorbas aucuparia.* 211.
Pyrus pyrafter. 212. *Pyrus malus.* 213.
mefpilus cotonafter. 214. *Filipendula molon.*
215. *Filipendula ulmaria.* 216. *Rofa ma-*
jor. 217. *Rofa minor.* 218. *Rubus idæus.*
219. *Rubus maritimus.* 220. *Rubus cæfius.*
221. *Rubus faxatilis.* 222. *Rubus North-*
landicus. 223. *Rubus chamæmorus.* 224.
Fragaria vulgaris. 225. *Potentilla anfe-*
rina. 226. *Potentilla fruticofa.* 227. *Po-*
tentilla reptans. 228. *Potentilla adfcendens.*
229. *Potentilla fruticofa.* 230. *Potentilla*
Norwegica. 231. *Tormentilla officinarum.*
232. *Comarum paluftre.* 233. *Geum fua-*

veolens. 234. *Geum rivale.* 235. *Papaver glabrum.* 236. *Papaver hispidum.* 237. *Actæa nigra.* 238. *Tibia communis.* 239. *Cistus vulgaris.* 240. *Euphorbia fruticosa.* 241. *Reseda luteola.* 242. *Delphinium segetum.* 243. *Aconitum Lapponicum.* 244. *Hepatica verna.* 245. *Pulsatilla vulgaris.* 246. *Anemone nemorosa.* 247. *Thalictrum Canadense.* 248. *Thalictrum striatum.* 249. *Ranunculus Chelidonium minus.* 250. *Ranunculus acris.* 251. *Caltha palustris.* 252. *Helleborus trollius.* 253. *Ajuga verna.* 254. *Teucrium Scordium.* 255. *Elymus serpyllum.* 256. *Thymus minor.* 257. *Clinopodium montanum.* 258. *Origanum vulgare.* 259. *Glechoma hedera palustris.* 260. *Nepeta vulgaris.* 261. *Betonica officinarum.* 262. *Stachis fœtida.* 263. *Stachis arvensis.* 264. *Galeopsis tetrahit.* 265. *Galeopsis ladanum.* 266. *Lamium perenne.* 267. *Lamium rubrum.* 268. *Lamium amplexicaule.* 269. *Leonurus cardiaca.* 270. *Brunella vulgaris.* 271. *Scutellaria vulgaris.* 272. *Antirrhinum Upsaliense.* 273. *Antirrhinum rhinanthus.* 274. *Pedicularis Alpina lutea.* 275. *Melampyrum tetragonum.* 276. *Melampyrum arvense.* 277. *Melampyrum cœruleum.* 278. *Melampyrum vulgare.* 279. *Melampyrum ringens.* 280. *Bartsia Lapponica.* 281. *Euphrasia vulgaris.* 282.

Odontites. 283. Lathræa squammaria. 284.
Linnæa. 285. Draba nudicaulis. 286.
Alyssum Scanense. 287. Thlaspi Bursa pastoris. 288. Lepidium perenne. 289. Myagrum sativum. 290. Turritis glabra. 291.
Brassica perfoliata. 292. Sinapi arvensis.
293. Sisymbrium pinnatifidum. 294. Sisymbrium sophia. 295. Erysimum vulgare.
296. Erysimum Leucoii folio. 297. Erysimum barbarea. 298. Cardamine pratensis.
299. Cardamine stolonifera. 300. Crambe Maritima. 301. Geranium Batrachioïdes. 302. Geranium gratia Dei. 303. Geranium malvaceum. 304. Geranium pedunculis longissimis.. 305. Geranium fructu
hirsuto. 306. Geranium cicutaria. 307.
Malva repens. 308. Malva alcea. 309.
Fumaria officinarum. 310. Polygala vulgaris. 311. Genista procumbens. 312. Genista tinctoria. 313. Astragalus dulcis. 314.
Astragalus Lapponicus. 315. Orobus vernus. 316. Orobus tuberosus. 317. Orobus
niger. 318. Lathyrus collium. 319. Lathyrus W-Gothicus. 320. Lathyrus pratensis.
321. Lathyrus clymenum. 322. Vicia sativa. 323. Vicia sepium. 324. Vicia fœtida.
325. Vicia Scanica maxima. 326. Vicia
cracca. 327. Ervum arvense. 328. Cicer
arvense. 329. Pisum W-Gothicum. 330.
Pisum Maritimum. 331. Lotus vulgaris.

332. Trifolium montanum. 333. Trifolium album. 334. Trifolium purpureum. 335. Trifolium lupulinum. 336. Trifolium Anglicum. 337. Trifolium melilotus. 338. Medicago nostras. 339. Medicago Biennis. 340. Ononis inermis. 341. Ononis spinosa. 342. Hypericum quadrangulare. 343. Hypericum anceps. 344. Hypericum teres. 345. Leontodon taraxacum. 346. Hieracium majus multifidum. 347. Hieracium Thalii Upsaliense. 348. Hieracium fruticosum. 349. Crepis tectorum. 350. Sonchus lævis. 351. Sonchus Lapponicus. 352. Prenanthes umbrosa. 353. Scorsonnera Pannonica. 354. Tragopogon luteum. 355. Lapsana vulgaris. 356. Cichorium Scanense. 357. Carduus helenii folio. 358. Carduus crispus. 359. Serratula tinctoria. 360. Serratula carduus avenæ. 361. Bidens tripartita. 362. Tanacetum vulgare. 363. Artemisia Carolina. 364. Artemisia absynthium. 365. Gnaphalium dioïcum. 366. Gnaphalium filago Upsaliensis. 367. Tussilago farfara. 368. Tussilago petasites. 369. Doronicum arnica. 370. Solidago virga aurea. 371. Inula palustris. 372. Inula salicis folio. 373. Chrysanthemum leucanthemum. 374. Matricaria Chamæmelum nobile. 375. Matricaria Chamæmelum vulgare. 376. Anthemis arvensis. 377. Achillæa millefolium. 378. Achillæa ptar-

mica. 379. *Centaurea maxima*. 380. *Centaurea jacea*. 381. *Centaurea cyanus*. 382. *Calendula arvensis*. 383. *Viola canina*. 384. *Viola palustris*. 385. *Viola trachefolia*. 386. *Viola apetala*. 387. *Orchis maculata*. 388. *Carex dactiloïdes*. 389. *Carex filiformis*. 390. *Carex capillacea*. 391. *Carex panicea*. 392. *Carex cyperoïdes*. 393. *Carex cespitosa*. 394. *Carex inflata*. 395. *Carex cærulea*. 396. *Alnus glutinosa*. 397. *Betula vulgaris*. 398. *Betula nana*. 399. *Quercus longo pedunculo*. 400. *Fragus auctorum*. 401. *Salix pentandra*. 402. *Salix latifolia, rotunda*. 403. *Salix glabra, arborea*. 404. *Salix viminialis*. 405. *Hyppophaë maritima*. 406. *Humulus salictorius*. 407. *Populus tremula*. 408. *Populus alba*. 409. *Populus nigra*. 410. *Mercurialis perennis*. 411. *Juniperus frutex*. 412. *Taxus arborea*. 413. *Atriplex vulgaris*. 414. *Atriplex halimus*. 415. *Frax'nus apetala*. 416. *Rhodiola Lapponica*. 417. *Equisetum fluviatile*.

Les Plantes qui déplaisent aux Brebis, sont : 1. *Salicornia maritima*. 2. *Hippuris aquatica*. 3. *Veronica pseudo-chamædris*. 4. *Pinguicula vulgaris*. 5. *Pinguicula alba*. 6. *Pinguicula minima*. 7. *Iris palustris*. 8. *Scirpus lacustris*. 9. *Scirpus palustris*. 10. *Agrostis, spina venti*. 11. *Arundo la-*

cuſtris. 12. Elymus maritimus. 13. Montia paluſtris. 14. Sherardia Scanica. 15. Alchimilla Alpina. 16. Potamogeton natans. 17. Potamogeton perfoliatum. 18. Potamogeton plantaginis. 19. Myoſitis pratenſis. 20. Myoſitis paluſtris. 21. Myoſitis lappula. 22. Cynogloſſum vulgare. 23. Anagallis rubra. 24. Diapenſia Lapponica. 25. Hyoſciamus vulgaris. 26. Datura erecta. 27. Verbaſcum hirſutum. 28. Verbaſcum Scanicum. 29. Solanum vulgare. 30. Aſclepias vulgaris. 31. Salſola pungens. 32. Sambucus ebulus. 33. Cepa ſectilis. 34. Anthericum oſſifragum. 35. Anthericum calyculatum. 36. Acorus paluſtris. 37. Aliſma erecta. 38. Vaccinium vitis idæa. 39. Vaccinium oxycoccus. 40. Chryſoſplenium ſylvaticum. 41. Perſicaria urens. 42. Helxine ſcandens. 43. Butomus paluſtris. 44. Pyrola irregularis. 45. Pyrola ſecunda. 46. Pyrola uniflora. 47. Andromeda cærulea. 48. Andromeda muſcoſa. 49. Arbutus uva urſina. 50. Ledum graveolens. 51. Saxifraga officinarum. 52. Arenaria multicaulis. 53. Ceraſtium viſcoſum. 54. Sedum album. 55. Sedum acre. 56. Potentilla argentea. 57. Dryas Lapponica. 58. Nymphæa lutea. 59. Chelidonium vulgare. 60. Aconitum napellus. 61. Aquilegia officinarum. 62. Ranunculus flammula. 63. Ranunculus ſclerata. 64. Ranunculus aquatilis. 65. Men-

tha arvenſis. 66. *Ballota Scanenſis.* 67.
Marrubium vulgare. 68. *Antirrhinum lina-*
ria. 69. *Pedicularis calyce tuberculoſo.* 70.
Scrophularia fœtida. 71. *Thlaſpi arvenſe.*
72. *Thlaſpi campeſtre.* 73. *Cochlearia vul-*
garis. 74. *Cochlearia Danica.* 75. *Cochlea-*
ria Armoracia. 76. *Iſatis maritima.* 77.
Eryſimum alliaria. 78. *Geranium rober-*
tianum. 79. *Malva ſuaveolens.* 80. *Leon-*
todon chondrilloïdes. 81. *Hypochæris pra-*
tenſis. 82. *Arctium lappa.* 83. *Onopordon.*
84. *Carduus lanceolatus.* 85. *Carduus nu-*
tans. 86. *Eupatorium cannabinum.* 87. *Ar-*
temiſia vulgaris. 88. *Artemiſia ſeriphium.*
89. *Senecio vulgaris.* 90. *Inula dyſſenterica.*
91. *Inula helenia.* 92. *Buphtalmum tinc-*
torium. 93. *Cnicus acanthifolius.* 94. *Viola*
tricolor. 95. *Impatiens nemorum.* 96. *Saty-*
rjum jemtium. 97. *Sparganium erectum.*
98. *Urtica perennis.* 99. *Urtica annua.*
100. *Xanthium inerme.* 101. *Myriophyl-*
lum vulgare. 102. *Corylus avellana.* 103.
Abies rubra. 104. *Bryonia alba.* 105.
Myrica Brabantia. 106. *Empetrum ni-*
grum. 107. *Equiſetum ſcabrum.* 108. *Pte-*
ris filix fœmina. 109. *Polypodium officina-*
rum. 110. *Polypodium filix mas.* 111.
Aſplenium trichomanes.

Les Brebis qu'on deſtine à l'engrais,
doivent être gouvernées différem-

ment de celles dont nous venons de
parler. Toutes les années, il faut trier
dans le troupeau les bêtes que l'on
veut engraiffer, & il en faut faire un
troupeau féparé. Les Brebis qui commencent à vieillir, les Moutons de
trois ou quatre ans, font ordinairement ceux de ces animaux que l'on
choifit pour engraiffer ; quant aux Beliers qu'on deftine pour l'engrais, fi
l'on veut qu'ils prennent la graiffe,
il faut ou les couper, ou les biftour-
ner. La chair de Mouton eft la plus
falutaire & la meilleure de toutes les
viandes de bêtes à laine, tandis que
celle de Belier a toujours un mauvais
goût, & celle de la Brebis eft mollaffe
& infipide.

Il y a deux méthodes d'engraiffer
les Brebis & Moutons, ou à fec, ou à
l'herbe ; auffi diftingue-t-on dans l'é-
conomie champêtre deux fortes d'engrais, ou de graiffe : la graiffe feche
qui fe fait à l'étable, & la graiffe verte,
ou d'herbe, qui fe prend dans les
champs. Rien ne contribue plus à
l'engrais des bêtes à laine, que l'eau
prife en grande abondance, & rien ne
s'y oppofe davantage que l'ardeur du
foleil ; plus on pourra leur exciter la

foif, mieux ce fera. Le fel eft très-propre pour cet effet; il réveillera même leur appétit : on les garantira fur-tout foigneufement de la chaleur. Quand on veut engraiffer un Mouton, il faut qu'il foit fain; lorfqu'il eft malade, ou qu'il fouffre, il ne prend la graiffe qu'avec peine. Le repos & la tranquillité ne font pas moins effentiels à l'engrais de ces animaux.

Quand on veut engraiffer les bêtes à laine aux champs, c'eft-à-dire, par la pâture, on s'y prend de la maniere fuivante. (*Voyez* ce que nous avons déja dit à l'art. *Mouton*). On les mene paître avant le lever du foleil; bien différens en cela de ceux qu'on réferve pour les nourrir, afin de leur faire paître l'herbe humide & chargée de rofée : on les ramene au logis avant la grande chaleur, fur les huit ou neuf heures du matin; & après les avoir fait boire, on les met à la Bergerie, ou en quelqu'endroit froid & ombragé, où ils puiffent fe coucher à l'aife, & fans être preffés ni ferrés les uns contre les autres : on les mene une feconde fois, fur les quatre heures du foir, dans les pâturages les plus frais & les plus humides, les plus abondans & les plus fertiles : on ne les ramene qu'à nuit fermée. C'eſt ſur le ſoir qu'ils paiſſent le plus tranquillement ; la fraîcheur ſemble réveiller leur appétit. On engraiſſe les bêtes à laine à ſec dans toute ſaiſon, mais principalement en hiver. Cet engrais eſt le meilleur : on nourrit à cet effet les Moutons à l'étable, & on ne les fait ſortir que pour prendre l'air, & ſe promener : on leur fait manger beaucoup de ſel pour exciter leur ſoif, & réveiller leur appétit : on leur donne pour fourrage de la luzerne, du trefle & du ſainfoin ; le ſel qu'on leur donne ſe mêle avec des farines d'orge, d'avoine, de froment, de feves. À défaut de ſel, on humeſtera légérement les farines avec une forte leſſive de cendres de bruyere, ou même de cendres communes. Les Flamands engraiſſent leurs Moutons avec des pains de grains de colſa, d'où on a tiré l'huile : on pourroit auſſi ſe ſervir pour la même fin de pains de navette, ou de chenevis : on engraiſſera encore les bêtes à laine avec des marcs de raiſins, des glands, des pommes de terre cuites & réduites en pâte. Il ne faut pas tenir les bêtes qu'on veut engraisler dans un lieu chaud.

La propreté eſt encore eſſentielle à la ſanté des bêtes à laine, & à leur engrais ; la plus grande partie de leurs maladies, qui ne ſont, que des maladies de peau, ne proviennent que de leur mal-propreté; leur fiente & leur urine, les exhalaiſons infectées d'un fumier entaſſé pendant long-temps, ne peuvent que contribuer à ces maladies. La coutume de ne vuider les Bergeries que deux ou trois fois par an, eſt très-pernicieuſe à ces animaux. Il feroit à ſouhaiter qu'on les nettoyât tous les huit jours. Cependant il ne ſuffit pas ſeulement de nettoyer les Bergeries, mais il faut encore les tenir ſeches, & en renouveller ſouvent l'air.

Les Bergeries, ou trop chaudes, ou trop cloſes, ſont toujours mal-ſaines; cela eſt de fait: il faut en tenir les portes & les fenêtres ouvertes, pendant que les Brebis ſont aux champs, & même pendant la nuit en été; ſi l'on pouvoit avoir une Bergerie dont les fenêtres fuſſent percées les unes vis-à-vis des autres, cela n'en feroit que mieux.

Il y a des Provinces où l'on parque les Brebis ; elles ont par ce moyen l'avantage d'être nuit & jour en plein air pendant tout le temps du parcage ; dans les autres Provinces où cette méthode n'eſt pas encore établie, on pourroit y ſuppléer, en faiſant coucher les Brebis dans un parc formé de claies au milieu d'une cour.

Il faut bien ſe donner de garde d'engraiſſer les Brebis qu'on deſtine pour la multiplication de l'eſpece ; la graiſſe eſt une cauſe de ſtérilité : on doit choiſir pour la propagation les Brebis les plus ſaines & les plus vigoureuſes des troupeaux : on ne les laiſſe ſaillir par le Belier que ſuivant le temps qu'on en veut avoir des Agneaux : on ne peut les faire ſaillir aſſez tôt, quand elles ont pour fourrage du foin, de la luzerne, du trefle, du ſainfoin & des féverolles ; la mere ſe trouvant nourrie d'alimens auſſi ſubſtantiels, ne peut manquer d'avoir beaucoup de lait ; elle pourra par conſéquent nourrir ſon Agneau, même ſans peine pendant l'hiver, & l'Agneau en ſera indubitablement plus fort & plus vigoureux pour ſoutenir les rigueurs de l'hiver ſuivant. Quand on ne manque pas de fourrage, le vrai temps pour donner le Belier à ſes Brebis, eſt la fin de Juillet, ou le commencement d'Août; on a pour lors les Agneaux en Janvier: mais ſi le fourrage n'eſt pas aſſez abondant, on ne leur donnera qu'au mois d'Octobre ou de Novembre, pour qu'elles ne faſſent leur Agneau qu'en Mars & Avril, parce qu'alors la mere pourra trouver aux champs une quantité d'alimens proportionnée au beſoin de ſon petit.

On peut avoir des Agneaux dans tous les mois de l'année ; cependant on en a rarement en Octobre, Novembre & Décembre. Lorſqu'une Brebis eſt prête à mettre bas, il n'en vaudroit que mieux, ſi on pouvoit être à portée de l'aider ; il n'arrive que trop ſouvent que l'Agneau ſe préſente de travers, ou par les pieds, & pour lors la mere court riſque de ſa vie, ſi elle n'eſt promptement ſecourue: lorſqu'elle eſt délivrée, on leve l'Agneau, & on le dreſſe ſur ſes pieds : on enferme enſuite pendant trois ou quatre jours l'Agneau qui vient de naître avec ſa mere, pour qu'il apprenne à la connoître : on donne à la Brebis, pour la rétablir, du bon foin, de l'orge

l'orge moulu, ou du son mêlé de sel :
on lui fait boire de l'eau un peu tiede,
blanchie avec de la farine de bled, de
feves ou de millet ; au bout de quatre
ou cinq jours, on la remet par degrés
à sa nourriture ordinaire, & on la fait
sortir avec les autres. Il y en a qui ne
prennent pas tant de soin de la Brebis
qui a agnelé ; ils se contentent, aussi-
tôt qu'elle a mis bas, de lui donner un
picotin de son mêlé avec de l'avoine :
on la laisse seulement un jour avec son
Agneau, & dès le lendemain, on la
mene aux champs avec les autres.
Pour peu qu'on s'apperçoive que les
Brebis ont de peine à agneler, il faut
leur donner une petite cuillerée de
poudre de pouliot & de myrthe dans
de la biere, où une infusion tiede de
ces deux plantes aussi dans la biere.
Ce remede facilite non-seulement le
travail, mais fait encore sortir l'arriere-
faix, qui pourroit aussi occasionner la
mort de la Brebis, s'il lui restoit dans
le corps.

Les premiers Agneaux de la Brebis
ne sont jamais si estimés ni si vigoureux
que les seconds. On ne doit laisser les
Agneaux suivre leurs meres aux
champs, que quand ils sont assez forts,

& lorſque le temps eſt doux : on les garde à l'étable pendant l'hiver : on ne les fait ſortir que le ſoir & le matin pour tetter : il ne faut pour l'ordinaire les laiſſer aller aux champs que vers les mois d'Avril ou de Mai ; dès qu'ils ſont en état de manger, on le leur donne.

Le Belier eſt celui des deux individus qui influe le plus ſur la beauté ou la laideur de la race. Un Belier grand & bien fait, quoiqu'accouplé avec des Brebis de petite taille, procréera des Agneaux qui ſeront indubitablement plus grands que leur mere. Il en eſt tout différemment, ſi on accouple de grandes Brebis avec de petits Beliers, la race en dégenere : c'eſt pourquoi on doit toujours choiſir le Belier parmi les plus beaux & les plus forts de ſon eſpece. Les Beliers qui ont des cornes ſont toujours les meilleurs ; en Eſpagne, on les préfere à ceux qui n'en ont point.

Les Brebis qu'on doit choiſir par préférence pour la propagation de leur eſpece, ſont celles dont la laine eſt plus abondante, plus touffue, plus longue, plus ſoyeuſe & plus blanche, ſur-tout ſi elles ont en même temps le

corps grand, le col épais & la démarche légere ; celles qui font plutôt maigres que graffes, produifent plus fûrement que les autres, & on peut être
affûré de retirer toujours de belles efpeces de Brebis de celles qui ne portent que dans l'âge où elles fe trouvent
dans toutes leurs forces. On ne voit
que très-rarement des Brebis porter
des jumeaux ; celles de la race de Flandres donnent fouvent deux Agneaux
par année ; & celles de la race d'Hollande, ou plutôt des Indes Orientales,
d'où elles ont été tirées originairement, en produifent fouvent quatre
par an.

L'importation des races eft un article très-intéreffant à l'occafion des
Brebis ; il exige bien des petites attentions de la part d'un Econome. Il
eft fûr qu'une belle race, tranfportée
d'un pâturage fitué au bel air, & couvert d'herbes fines fur des friches communes, dégénere en fort peu de temps;
elle perd la bonne qualité de fa laine
& de fa chair. Le climat, la nourriture,
les foins, apportent immanquablement
quelque diverfité ; il eft néceffaire,
pour que l'établiffement d'une race
étrangere réuffiffe, que les bêtes qui

la compofent, trouvent, dans le canton, où elles font importées, un climat, une nourriture, & des foins à-
peu-près pareils à la température, aux
alimens, & à la façon d'être gouvernées du pays d'ou elles font exportées.

Il eft clair qu'un troupeau de haut
& puiffant corfage, qui exige fans
contredit beaucoup d'alimens, &
même des plus nourriffans, dégéné-
rera, ou, pour mieux dire, périra dans
un pays où les fourrages manquent.
Si on enferme dans des Bergeries
chaudes, mal-faines & peu aérées, des
Brebis accoutumées à parquer, on doit
s'attendre à les voir attaquées de maladies qui leur étoient inconnues; leur
laine, qui auparavant étoit belle &
fine, devient ichoreufe & groffiere.

Pour démontrer que le climat influe
fur les bêtes importées, il fuffit de
jetter les yeux fur les bêtes à laine du
Rouffillon, & fur celles d'Angleterre;
elles ont été tirées originairement
l'une & l'autre d'Efpagne; mais comme
le climat de la Province de Rouffillon
eft à-peu-près femblable à celui de
l'Efpagne, la race Rouffillonne n'a pas
beaucoup dégénéré de la premiere

eſpece, tandis que celles d'Angleterre,
qui ſont ſous un autre climat, ont totalement dégénéré ; car les laines
d'Angleterre ſont bien plus longues
& moins fines que celles d'Eſpagne.
: Les combinaiſons diverſes du climat ; la nature des alimens, la nourriture plus ou moins abondanté, des
ſoins variés ſuivant les différens pays,
ſont donc des cauſes qui peuvent faire
naître des variétés dans les races &
leur amélioration. Rien n'eſt donc plus
eſſentiel, ſi on veut réuſſir dans l'importation d'une race étrangere, que
d'avoir des inſtructions amples ſur ces
différens objets. L'expérience doit être
notre guide dans toutes nos actions.
Ce n'eſt qu'en faiſant des eſſais qu'on
tâte la nature, & qu'on l'amene inſenſiblement & par degrés au point de
perfection dont elle peut être ſuſcep-
tible. Si l'on veut par exemple établir
la race Flandrine, qui eſt une des
plus groſſes de celles que l'on connoiſſe,
dans un pays où elle eſt étrangère, il
faut uniquement tirer des Beliers de la
Flandres, & les donner aux Brebis naturelles du pays ; les fruits qui en pro-
viendront, quoiqu'inférieurs aux pe-
res, feront cependant bien ſupérieurs

aux meres ; ou à la race dominante. Si
cette premiere génération réuſſit, on
en rendra encore la race plus approchante de la Flandrine, en conſervant
toujours les femelles de cette génération, en faiſant couper tous les mâles, &
en fourniſſant à ces femelles un nouveau Belier de Flandre. Si cette ſeconde
génération proſpere encore ; on recom-
mence une troiſieme fois avec les dernieres femelles, auxquelles on donne
un Belier frais, jéune & vigoureux.
Pour l'ordinaire ; cette troiſieme génération produit une race auſſi parfaite
que la Flandrine. Les bêtes à laine qui
naîtront ainſi des Brebis naturelles du
pays, quoique d'un Belier étranger,
participeront de l'un & de l'autre, &
peuvent toujours être regardées comme
des naturelles, mais d'une qualité ſupérieure aux bêtes ordinaires ; elles
n'auront pas le déſavantage d'être obli-
gées de s'habituer au pays, ni celui
d'être nées de meres languiſſantes &
affoiblies. Quand on ne prend pas ce
moyen, il y a mille dangers auxquels
on eſt expoſé ; les plus grands obſta-
cles qui s'oppoſent à la réuſſite d'une
importation, ſont l'âge & l'engrais :
l'âge favorable à l'exportation eſt de-

puis sept mois jusqu'à un an au plus pour les mâles, & dix-huit mois pour les femelles, ou tout au plus deux ans; plus elles font vieilles, plus elles ont de peine à s'habituer au nouveau pays qu'on leur fait habiter.

La graisse, dans un animal dont on veut faire l'exportation, ne vaut absolument rien; c'est une espece de dépérissement de l'animal. Les bêtes grasses ne font jamais faines; elles meurent presque toujours de pourriture: il faut donc éviter de se laisser séduire, lorsqu'on veut faire l'acquisition de ces animaux qu'on veut exporter, par l'apparence d'un embonpoint qui flatte la vue, mais qui dégénere en moins de deux mois en confomption & en pourriture. La différence ou le rapport du pays doit fervir de regle pour l'importation; il faut abfolument avoir attention fi on peut trouver dans le pays où fe fait l'importation, les mêmes ressources, la même abondance, la même qualité de fourrages que produit le pays où on l'exporte, finon on fera obligé de nourrir à grands frais les bêtes exportées, dont les dépenfes excéderont le profit.

La faifon la plus favorable pour l'im-

portation eft au commencement du
mois d'Août au plutôt, principalement fi avec les Beliers on veut tranfporter les Brebis, parce que c'eft alors
que les Brebis n'alaitent plus. Le temps
de l'exportation peut fe prolonger jufqu'à la fin de Septembre ; d'abord le
Mouton, qui eft déchargé pour l'ordi-
nàire de fa laine depuis deux mois, fe
trouve déja affez couvert pour être
garanti des injures de l'air fous un
ciel étranger; en fecond lieu, les pâturages font plus fains & plus abondans
dans cette faifon, & la raifon en eft
toute palpable ; le fuc des herbes en
eft moins vif que celui de la premiere
pouffe; par conféquent il n'y a rien à
craindre pour les bêtes exportées, des
révolutions qui arrivent ordinairement
dans le tempérament des animaux ,
lorfqu'ils commencent à pâturer des
nouvelles herbes; les fortes chaleurs
font d'ailleurs paffées, & on a encore
affez de temps pour difpofer les bêtes
aux pluies de l'automne & aux rigueurs
de l'hiver. On donne le nom de Bergerie à l'endroit qu'on deftine à héber-
ger les bêtes à laine, les Boucs & les
Chevres. Ces animaux ne demandent
pas d'être fuperbement logés ; il leur

faut cependant une demeure bien conf-
truite ; & parfaitement convenable à
leur naturel & à leur fanté ; elle doit
en même temps leur fervir de retraite
fûre contre le froid, l'eau & l'humidité,
qui font leurs plus grands ennemis. On
ne peut pas s'imaginer combien eft
pernicieufe pour ces animaux une Bergerie humide ; c'eft fouvent de-là que
leur proviennent la quantité de maladies auxquels ils font fujets ; pour les
en garantir, il faudra donc avoir foin
de ne placer la Bergerie que dans un
endroit élevé, fur un fond de fable fin,
ou de terre mêlée de fable.

Le but qu'un Econome doit fe pro-
pofer, lorfqu'il conftruit une Bergerie,
c'eft de mettre les Brebis à l'abri des
froids de l'hiver. Il regne un préju-
gé affez dangereux à ce fujet : on
prétend que plus il fait chaud dans les
Bergeries, mieux cela vaut ; mais l'expérience dément tous les jours ce pré-
jugé. Une chaleur exceffive eft auffi
nuifible aux Brebis que le grand froid ;
elles n'ont befoin que d'une chaleur
douce & modérée, & ce n'eft que dans
le temps qu'elles agnelent qu'elles demandent d'être garanties même de la
moindre impreffion de froid.

M 5

La meilleure expofition pour placer
une Bergerie, eft le midi : on la fait
avec des planchers, ou fans planchers :
on pratique, lorfqu'il y a des planchers, des greniers à fourrages fur la
Bergerie. Quand une Bergerie a trois
toifes de longueur, il faut lui donner
neuf pieds de hauteur ; fi elle a trois
toifes de longueur de plus, on élevera
la Bergerie de deux pieds de hauteur
de plus ; par conféquent une Bergerie
qui fera longue de fix toifes, doit avoir
onze pieds : on lui donne pour largeur ordinairement la moitié de la
longueur ; c'eft la proportion la plus
fymmétrique. Il faut pratiquer des trous
de trois à quatre pouces de diametre
le long du bâtiment, pour donner
paffage aux exhalaifons, & pour renouveller l'air, ce qui n'eft pas d'une
petite conféquence pour la fanté des
Brebis. On pratiquera uniment l'aire
d'une Bergerie, fans même fe fervir
de pierres : on aura fur-tout attention
qu'elle aille en pente du fond vers la
porte, pour faciliter l'écoulement de
l'urine ; car fi cette urine ne s'écou-
loit pas, elle cauferoit par fon féjour
du mal aux pieds des Brebis, & gâteroit leur laine ; il faut pour cet effet

pratiquer plufieurs petits trous au bas
des parois : on couvrira toujours exactement le fol de la Bergerie de paille
fraîche, avant que d'y mener les Brebis , & on n'y laiffera pendant l'hiver
le fumier entaffé que jufqu'à une certaine hauteur. Quand la laine des Brebis qu'on a eft fine & précieufe, on fait
le fol de la Bergerie de planches ; outre les petits trous qu'on pratique, ainfi
que nous l'avons dit, dans la Bergerie, on fait encore une ou deux fenêtres de deux pieds de largé fur
deux de haut. Ces fenêtres feront à
couliffe : on les ouvre, quand on s'apperçoit qu'il y fait trop chaud ; d'ailleurs, il eft démontré que les Brebis
fe plaifent beaucoup mieux au grand
jour que dans l'obfcurité. On fait dans
les Bergeries ordinairement plufieurs
petites féparations baffes , pour pouvoir mettre dans les unes les Brebis
malades, dans d'autres celles qui veulent agneler : on fait auffi de légeres
claies pour les Agneaux & les Beliers.

Après avoir parlé des Bergeries, il eft
à propos de traiter auffi du parc, parce
que c'eft renfermer un troupeau dans
des paliffades mobiles, en plein air &

au milieu des champs ; le parcage
s'exécute ordinairement pendant les
nuits de l'été. L'enceinte d'un parc est
donc formé de claies posées bout à
bout sur la surface d'un champ ; sa
figure est celle d'un quarré parfait, ou
d'un quarré long. On appelle claie un
assemblage de baguettes flexibles de
coudrier, ou de tel autre bois léger,
verd & pliant, entrelacées & croisées
en sens contraires sur des montans de
la même matiere ; l'ouvrier lui donne
la forme d'un quarré long de neuf pieds
sur quatre pieds & quatre pieds & demi à cinq pieds de hauteur ; chaque
claie est accompagnée d'une crosse
destinée à la contenir , & on la joint
avec l'extrémité de la claie suivante ;
sa crosse est un bâton de sept à neuf
pieds , traversé de deux chevilles à
l'extrémité supérieure ; l'autre bout
est percé d'une mortaise à jour, propre à recevoir une longue claie de
bois applati ; quelques jours avant le
commencement du parc, le Maître du
troupeau fait voiturer ses claies sur les
lieux, avec la cabane où le Berger
doit se loger ; cette cabane est une espece de lit d'alcove , couverte d'un
toit composé de planches, & d'une

porte fermant à la clef. Cet asyle ambulant est posé sur deux essieux, soutenus par quatre roues, ou traversé d'un seul essieu passé dans deux roues. Les quatre roues donnent à la cabane une assiette solide, & sont plus commodes ; la loge se meut & se transporte, en passant les traits du Cheval dans deux chevilles ou crampons, qui saillent de la partie inférieure ou pignon de face ; les cabanes à deux roues se terminent par un double timon comme les charrettes ; le train de devant est soutenu par un chevalet tenant à la voiture , qui se plie & se dresse à volonté. Le choix de ces deux constructions dépend du local qui les décide.

La premiere sorte convient dans les pays plats & unis ; la cabane accompagnée de timon, réussit mieux dans les terreins d'une surface inégale : quant au placement du parc , voici comme il se fait. Le Berger détermine l'enceinte, en mesurant le terrein avec une perche, ou de ses pas , à raison de trois pas par chaque claie ; il dresse le parc , en soulevant une premiere claie avec la crosse qu'il porte sur une épaule , & la porte sur son dos à l'endroit où il a tracé fes lignes ; il tranfporte de même une feconde & une troifieme claie à la fuite l'une de l'autre ; à mefure qu'il avance, il paffe l'extrémité fupérieure de la croffe, dans une ouverture ménagée à l'endroit où les deux clefs empietent l'une fur l'autre. Ces ouvertures, & celles qui regnent le long de la claie, fe nomment *Eperneaux*, tandis que les deux chevilles tiennent en refpect le haut des claies ; le bout, qui eft la bafe de la croffe, les maintient. Cette bafe eft affurée par une clavette de bois qu'on a paffée dans la mortaife, & qu'on enfonce dans la terre à coup de maillet. Si la réfiftance des croffes n'eft pas affez forte pour faire joindre exactement les clefs des angles, on éleve les clefs, en les arrêtant avec une corde. La force du vent, & le côté d'où il fouffle, déterminent la direction des croffes ; plus elles font longues, plus le parc eft affermi contre l'impétuofité des vents. Un Berger porte trente claies ; en changeant deux & trois fois par nuit : on nomme chaque changement coup de parc. Si le nombre des claies fe monte à quarante, il a befoin d'un fecond ; la proportion du nombre des

claies & des bêtes de moyen corſage
eſt de dix claies par cent bêtes ; quarante ſuffiſent pour cinq ou ſix cents :
on peut néanmoins changer cette diſ-
poſition, relativement à la nature des
amendemens dont les terres ont beſoin, ſelon la longueur des nuits, la
taille des bêtes, & la force des pâturages.

Chacun connoît l'utilité des parcs,
il eſt inutile d'en parler ici ; mais ils
n'ont pas lieu pour nos Provinces ſep-
tentrionales. Dans certains endroits,
on ne fait parquer les Moutons que
pendant l'été ; dans d'autres, on les
fait parquer pendant tout l'hiver ; ces
animaux menent ainſi une vie ſauvage.
Cela peut avoir principalement lieu
pour nos Provinces méridionales. M.
Carlier, dans ſon Traité des Bêtes à
laine ; nous a donné la deſcription
d'un parc domeſtique, ou d'un parc
d'hiver. Ce qui en a donné l'idée, c'eſt
l'expérience qu'on a faite en Normandie, du côté de Rouen vers 1762, que
les toiſons des Moutons qui paſſent
ainſi l'hiver, augmentent du quart en
quantité, & de plus du double en qualité, quand on a ſoin de tenir le troupeau proprement : on a auſſi obſervé

que cette expofition détruit le jarre ;
& prévient la chûte de la laine au
printemps. Le fieur George Petit, Laboureur du Vexin, en la Paroiffe de
Grainville, inftruit de ce qui fe pratique en Angleterre, en Irlande, &c,
où l'on expofe les Moutons au grand
air, même pendant les temps les plus
rigoureux de l'année, a effayé de faire
parquer la moitié de fon troupeau
dans fa cour pendant l'hiver de 1762 :
il a fait enfermer l'un & l'autre à l'ordinaire dans les étables ; la moitié
qui a parqué n'a effuyé aucune efpece
de maladie ; la laine a confidérablement augmenté en quantité & en qualité, tandis que l'autre partie, renfermée dans les Bergeries, a été fujette à
tous les inconvéniens qui arrivent ordinairement.

On nomme Bergers ceux qui gou-
vernent les troupeaux de bêtes à laine
aux-champs & à la maifon. Un Berger
en chef doit être un homme fait, capable de conduire en maître abfolu,
en Médecin & en Serviteur, felon l'exi-
gence des temps & des lieux. Tout
Laboureur, jaloux de profpérer, ne
doit rien négliger pour avoir un Maître Charretier & un Berger confommés

chacun dans fa partie; auffi dès qu'un Laboureur a fait choix d'un Berger, il doit s'en rapporter à fon expérience fur tous points, & lui laiffer un pouvoir fans bornes. On diftingue deux fortes de Bergers; les Bergers de ferme & ceux de Communauté. Les troupeaux des premiers appartiennent à un feul Maître, Laboureur ou Bourgeois, & ceux des feconds font compofés de bêtes appartenans à différens Particuliers. Le fort des Bergers de ferme l'emporte de beaucoup fur ceux des Communautés.

On peut réduire les qualités conftitutives d'un bon Berger à trois principales, la fidélité, la vigilance & la fcience: mais en vain auroient-ils ces trois qualités, fi le troupeau auquel on les prépofe n'eft pas bien compofé, & s'il ne fe trouve pas exempt de certains vices radicaux, qui font fouvent des germes de maladies & de mortalité. On auroit beau confier au meilleur Berger des bêtes à laine d'efpeces difparates, auxquelles les pâturages des lieux ne conviendront point, ou qui auront été achetées aux foires par un de ces Commiffionnaires ignorans, qui fe laiffent féduire aux dan-

gereufes apparences de l'embonpoint;
ce dépôt ne pourra jamais fructifier.
Il en eſt de même, ſi on lui confie des
bêtes chétives, qu'on aura pu acheter, à cauſe du bon marché, par pau-
vreté, ou par eſprit d'avarice, ſans
parler encore de la maigreur, prove-
nant d'un gras fondu ou des ſuites de
la gale. Il ſe trouve des bêtes d'une
laine naturellement défectueuſe, jar-
reuſe, ſableuſe, luzerneuſe & buleuſe,
qui reçoivent & qui gardent la pluie,
& toutes les eſpeces de ſaletés que les
bonnes toiſons & les bons tempéramens rejettent.

Nous ne parlerons pas ici de la fidélité des Bergers; tout le monde ſait
en quoi elle peut conſiſter : nous obſerverons ſeulement qu'un Domeſtique
mal gagé, ou qui n'a point de gages
ſuffiſans, ſuccombe aiſément à la ten-
tation de s'approprier tous les profits
qui ſe préſentent. Le meilleur préſer-
vatif contre tous les abus qui peuvent
provenir du défaut de fidélité, eſt
une bonne foi réciproque, & un prin-
cipe d'équité, qui détermine les Maîtres à faire un ſort convenable à leurs
Bergers, & ceux-ci à ne pas vouloir
s'attribuer ou exiger des ſalaires qui

emportent le produit du troupeau.

Les gages des Bergers fe payent ou en argent feulement, ou en argent, ou en grains & en denrées: cela dépend des ufages & des productions naturelles du pays. En Picardie, & dans plufieurs Provinces limitrophes, la plupart font payés en argent & en grains, quelquefois en argent feulement.

La feconde qualité d'un bon Berger eft la vigilance. On a toujours remarqué que la négligence & la fainéantife étoient des caufes prochaines de tous les accidens qui pouvoient arriver. L'attention d'un Berger doit fe porter fur tant d'objers, aux champs, au parc & à l'étable, qu'il faut pour le foutenir qu'il foit doué d'une bonne vue & d'une ouïe excellente; il lui faut auffi des chiens, & même un domeftique pendant certains temps de l'année, furtout fi fon troupeau eft confidérable. Sans une attention particuliere, un Berger court à chaque inftant les rifques de perdre en détail une partie de fon troupeau. Lorfque les pâturages fe trouvent entrecoupés de ronces, d'épines & d'arbriffeaux armés de piquans, les Moutons s'y prennent fouvent, comme à un piege, par la cloifon.

Un chien eft un animal précieux pour un Berger; fes manœuvres caufent autant de plaifir que de furprife. Cet animal apporte en naiffant un inftinct qui vient de race, & que l'éducation perfectionne; les Bergers en élevent, & fe les vendent les uns aux autres: on en diftingue de deux fortes, des vifs & des pofés: ceux-ci valent mieux à la plaine & dans les pâturages des chemins, quand la terre des deux côtés eft couverte de moiffons; ceux-là agiffent mieux dans les vallées entrecoupées de petites pieces, les unes cultivées, enfemencées de grains, plantées de légumes, &c. d'autres incultes, en jacheres. Pendant les chaleurs, un chien pofé eft préférable à un chien vif, qui harcele continuellement le troupeau, le fatigue, l'échauffe, & lui occafionne par-là plufieurs genres de maladies. Les Bergers en ont pour l'ordinaire de l'une & l'autre efpece, & ils les tiennent alternativement en leffe; quand deux chiens ne leur fuffifent pas, ils en ont un troifieme & un quatrieme; un ou deux fe repofent pour lors fuffifamment, tandis que les autres travaillent. Il eft néceffaire que les chiens aient la dent

bonne, autrement les Moutons fe joüe-
roient d'eux, méprifiroient leurs gla-
piffemens &. leurs pourfuites. Cependant il ne faut pas qu'ils aient les bro-
ches ni trop longues, ni trop aiguës,
de peur qu'elles ne faffent des plaies
profondes: on prévient cet inconvénient, en caffant ou en limant les bro-
ches de jeuneffe, dès qu'on s'apperçoit
qu'elles pouffent trop. Il faut que les
dents aient la propriété de faire foïtir
le fang, plutôt que de meurtrir la
chair.

Un chien bien dreffé happe le Mouton au train de derriere, vers le bas
du jarrêt, jamais au cou, ni aux pieds
de devant ; les morfures faites à ces
derniers endroits guériffent difficilement, & font boiter ; les morfures &
meurtriffures qui tournent en plaies, fe
guériffent comme les piquures que les
Tondeurs font par mégarde, ou par
mal-adreffe. Quand un chien ceffe
d'avoir la dent bonne, on le renferme.

Un chien de Berger, pour qu'il foit
bon, doit connoître tous les fignaux
de fon Maître, & favoir y obéir ; c'eft
auffi une bonne marque, lorfque les
chiens courent après les mottes que

jette le Berger aux endroits d'où il
veut écarter les Moutons. On a remarqué que les chiens posés vivoient plus
long-temps que les chiens vifs & cou-
rans; la durée de leur vie est d'environ huit à dix ans : quand ils font malades , il suffit de leur faire prendre
quelque repos , & de leur donner de
la soupe & du bouillon. Veiller la
nuit , courir le jour, est la vie d'un
chien de Berger ; au parc sur-tout , un
chien dressé est réellement un trésor ,
& un surveillant qui épargne bien des
peines.

On appelle Vagant, un jeune Serviteur, que le Berger prend en second
dans les temps où le troupeau est plus
difficile à conduire ; quelques-uns leur
donnent aussi le nom de Traînards;
& en effet, ils suivent, tandis que le
Berger va devant. Un Berger peut
s'amuser, pendant les heures de loisir,
à jouer des instrumens à vent ; le son
de ces instrumens récrée les Moutons, & écarte les loups. Il faut se dé-
fier d'un Berger qui cultive la magie,
pour en imposer & se faire craindre ;
celui qui brigue cette réputation est un
fainéant, à coup sûr, & souvent un
fripon.

La troisieme qualité d'un Berger est la capacité; cette capacité dépend de plusieurs circonstances. En général, deux choses sont nécessaires à un Berger, pour acquérir de l'expérience; l'intelligence, & un tempérament propre à supporter les fatigues du métier.

Le génie, l'humeur & les caracteres varient chez les Bergers comme parmi les autres hommes: les uns sont vifs & actifs; naturellement inquiets, ils se fatiguent beaucoup, & tourmentent quelquefois mal-à-propos leur troupeau par un excès de zele & de bonne volonté: les autres sont tempérés, posés, & en montrant plus de tranquillité & de présence d'esprit, ils ne s'agitent qu'à la vue du danger, & gardent leur sang froid dans toute autre rencontre. A qualités & à mérites égaux du côté de la fidélité, de la vigilance & de l'expérience, un Berger tranquille, pourvu qu'il ne soit pas lent, vaut mieux que celui qui est sans cesse en action, & qui s'épuise, sans qu'il en résulte aucun avantage sensible. La meilleure école pour former les Bergers, c'est celle des Vagans, que les Bergers experts prennent à leur service, & avec lesquels ils partagent

leurs fonctions; les fils de Berger jouiſ-
ſent du même avantage. La houlette
eſt le ſceptre des Bergers, il faut qu'elle
ſoit gárnie d'un crochet à l'extrémité
ſupérieure; car quand il eſt queſtion
d'arrêter un Mouton, pour le ſaiſir, il
ſuffit que le Berger le ſaiſiſſe par un
pied de derriere avec le crochet, &
il n'eſt pas pour lors néceſſaire de prendre l'animal par ſa toiſon. Les fonctions & l'exercice de Berger ſont ou
habituelles, comme celles de garder
ou de conduire aux champs, ou acci-
dentelles & périodiques, comme les
veilles de parc, & l'affourage des Bergeries; s'il ſe trouvoit un climat où il
n'y eût point de nuit, point d'hiver
rigoureux, ou de chaleurs exceſſives,
les fonctions du Berger ſeroient de
conduire perpétuellement ſon troupeau.

Le loup eſt un animal fort à craindre pour les Brebis; il emploie toute
ſorte de ruſes. Quand il veut ſurpren-
dre un troupeau au parc, ou attraper
une proie, deux, trois & quatre ſe
réuniſſent; un ſeul attaque, tandis que
les autres demeurent en embuſcade;
ces derniers ayant pris leur poſte au-
deſſous du vent, l'agreſſeur ſe préſente
au-deſſus,

au-deſſus du côté oppoſé, & fait tous
les mouvémens qu'il croit propres à
jetter la terreur & l'épouvante dans
le troupeau ; les Moutons effrayés
rompent les claies, & ſe répandent
dans la campagne ; c'eſt alors que les
loups, qui attendoient le moment du
déſordre, quittent leur poſte ; fondent
ſur les bêtes diſperſées, en font un
carnage affreux : non contens d'égor-
ger les bêtes qui doivent leur ſervir de
pâture, ils déchirent indiſtinctement
toutes celles qu'ils peuvent joindre,
dans l'eſpoir que demeurant ſur la place,
ils reviendront ſucceſſivement les
prendre. Celui qui a attaqué ne s'oublie point ; après avoir fait quelques
feintes de fuir pour amuſer & donner
le change aux Bergers & aux chiens,
il fait un circuit, & revient prendre ſa
part du butin.

Le loup ſeul, ſans témoins & ſans
compagnon, eſt plus fin, plus réſervé
que quand il marche avec d'autres ; il a
pluſieurs rôles à jouer, & doit ſe compor-
ter en ennemi qui attaque, qui combat
& qui enleve ſa proie : il s'avance d'a-
bord à pas comptés contre le vent ; il
examine avec des yeux de lynx l'aſſiette

des claies; il fonde le terrein, s'il eft
meuble & compacte ; apperçoit-il un
jour fur la terre, ou un défaut entre
deux claies, il gratte, & tâche d'é-
carter avec fon mufeau les deux bouts
des claies, & cela avec tant de légéreté,
& fi petit bruit, qu'il fe trouve gliffé
dans le parc, fans avoir été vu, ni entendu des Moutons: il fait alors dans
le parc ce qu'on dit du loup renfermé
dans la Bergerie; il étrangle; il maffa-
cre; la frayeur faifit le refte du troupeau, qui force les claies, & prend la
fuite. Cet ennemi n'eft pas moins
furieux dans la déroute que dans le
combat; il continue le carnage jufqu'au
moment où le Berger furvient avec fes
chiens; & quand il touche à l'inftant
critique où il court rifque à fon tour
de perdre la vie, il faifit par le cou
un des Moutons, à qui il a donné la
mort, le charge fur fon dos, & fuit
avec cette proie.

On a cent expédiens pour prendre
& écarter les loups: on les éloigne,
en allumant des feux, ou en entrete-
nant une fumée épaiffe avec le fecours
du fumier, ou de la paille mouillée,
dont on couvre un brafier: on fait auffi

fuir le loup, en battant le fuſil ; l'o-
deur de la poudre à tirer l'écarte, &
à plus forte raiſon les coups de mouſ-
quet. Cet animal eſt auſſi tellement
ennemi de l'harmonie, que le ſon des
inſtrumens le fait fuir.

Un Berger attentif diſtingue à la voix
de ſes chiens ſi le loup rode autour
du parc ; quelques-uns ont coutume de
pendre des ſonnettes au cou d'une
douzaine de Moutons ; à la premiere
alerte, le bruit de ces ſonnettes les
inſtruit du danger.

Dès qu'un Berger eſt averti de l'ar-
rivée du loup, il doit lâcher ſur lui
ſes chiens, & tirer un coup d'armes à
feu ; un pétard d'un ſol fait l'effet d'un
coup de fuſil pendant la nuit ; un ti-
ſon ardent, des étincelles tirées d'un
caillou avec un briquet, ou par le choc
de deux pierres à fuſil ; quelques lambeaux attachés à des piquets, pourvu
qu'on les varie, la voix & les cris du
Berger éloignent le loup.

Certains Laboureurs propoſent comme un moyen infaillible pour empêcher
les loups d'approcher du parc & des
Bergeries mal aſſurées, de faire filer des
cordes d'une étoupe la plus groſſiere,
& de planter de petits piquets de dif-

tance en diftance, fur lefquéls on étend
ces cordes ; l'odeur du chánvre & des
cordages fraîchement travaillés , fait
autant d'impreffion, à ce qu'ils difent ,
fur le loup , que la poudre à tirer. Il eft
à propos, ajoute-t-on , d'en avoir de
rechánge, & de plufieurs façons , de
varier la pofition des piquets de temps
en temps ; & la ráifon, c'eft que le
lóup s'accoutume peu-à-peu à ce qu'il
voit continuellement, & paffe.

De tous les moyens qu'on met en
ufage pour la confervation des troupeaux, le fel eft, fuivant M. le Blanc,
un des plus indifpenfables. C'eft une
vérité réconnue & confirmée par l'expérience. Le Mouton eft par fa nature
d'un tempérament phlegmatique ; fon
cerveau comme fon eftomac eft toujours extrêmement humide ; il s'amaffe
ordinairement dans ce dernier une
quantité de glaires , qui commencent
par lui ôter l'appétit, & dégénerent
enfuite en maladies dangereufes, fouvent incurables, fi on ne les prévient.

Le grand air, beaucoup de diffipa-
tion , & de bons alimens, peuvent confidérablement diminuer ces accidens :
mais le plus fûr eft d'employer le fel;
car indépendamment de ce qu'en bien

des cantons de la Province de Languedoc, on ne sauroit tenir toute l'année
les Moutons en plein air, les Bergeries font en général très-mal construi-
tes, & d'ailleurs les fourrages, fur-
tout ceux de la bonne espece, manquent quelquefois, & principalement
lorsque l'hiver est long. Le sel n'est pas
une nourriture, comme quelques-uns
l'ont cru ; mais il est reconnu pour
certain qu'il prévient les funestes effets
des maladies, que la constitution naturelle du Mouton & la mauvaise éducation ne rendent que trop fréquentes.

Le sel, par sa nature, desseche les
humidités, prévient là pourriture qui
se formeroit dans les intestins, la dif-
sipe, & excite l'appétit. Il est donc in-
dispensable d'en donner aux troupeaux.
Cependant l'usage n'en est ni assez général, ni assez uniforme. Certains Cultivateurs en donnent deux fois par
mois, d'autres trois fois, d'autres tous
les huit jours ; quelques-uns le croient
plus nécessaire dans les temps de fé-
cheresse, d'autres dans des temps d'humidité. Ces derniers prétendent que
lorsque l'animal commence à prendre
les herbes du printemps, on ne peut
assez lui en servir.

Quelques perfonnes, effrayées par la dépenfe, n'en donnent qu'une fois par mois, ou en hiver feulement; d'autres, par les mêmes motifs, ou par d'autres raifons, n'en donnent point du tout; auffi voit-on beaucoup de Moutons périr, fur-tout pendant l'hiver : on en attribue l'effet à toute autre caufe qu'à la privation de fel, & fouvent on eût fauvé le troupeau, fi on lui en eût fervi.

Parmi ceux qui ne font point ufage du fel, les uns, comme on l'a dit, s'en abftiennent par économie, les autres le regardent au moins comme inutile. Les uns & les autres n'ont pas fans doute confulté l'expérience; c'étoit là cependant ce qui devoit les guider. Il eft de fait que les Moutons qui paiffent fur les côtes de la mer, font en général plus robuftes que les autres; à éducation égale, & moins fujets aux maladies qui affectent trop fouvent ceux de l'intérieur du Royaume. C'eft fans doute d'après cette réflexion que les Cultivateurs intelligens, qui ne font pas à portée de la mer, ont déterminé de donner du fel à leurs troupeaux. Il eft encore de fait que les Moutons qui paiffent dans des pâturages falés, ou

auxquels on donne du fel, ont la chair
plus ferme & de meilleur goût ; enfin ,
indépendamment de ce qu'on eſt à
portée de voir autour de ſoi, on peut
encore s'en rapporter à la conduite de
nos voiſins. Les Eſpagnols donnent du
ſel au gros & menu bétail ; les Anglois,
qui ſont ſi éclairés, n'ont garde d'en
priver les beſtiaux ; enfin, les Suiſſes,
cette Nation ſi ſage, ſont ſi perſuadés
de la néceſſité de donner du ſel, que
les Cantons viennent de délibérer tout
récemment qu'on devoit augmenter la
doſe qu'on donnoit ci-devant aux
troupeaux : d'un autre côté, cette den-
rée eſt exceſſivement chaude ; conſéquemment, l'excès en pourroit être
nuiſible. On en donne pour l'ordinaire une livre par vingt Moutons ;
l'animal le plus vorace & le plus fort
eſt celui qui en mange le plus, & il
peut s'en trouver mal ; car autant il eſt
intéreſſant d'arrêter dans le Mouton
la trop grande abondance des humidités, autant il eſt prudent de lui en
conſerver une certaine quantité. Lorſqu'il prend trop de ſel, ſes humeurs ſe
deſſechent trop, ſon ſang s'échauffe,
ſa ſanté & la qualité de la laine s'alterent ; l'humidité au contraire qui regne

dans l'animal, quand elle eft bien ménagée, en lui confervant une bonne
conftitution; prête à la laine des refforts qu'elle n'auroit pas, fi cette humidité fe defféchoit trop. Il faut donc,
en donnant le fel au troupeau, en régler l'ufage.

Quelques perfonnes prétendent
qu'en abreuvant les troupeaux dans les
marais falans, cette pratique peut fup-
pléer au fel, en appaifant la foif; mais
elles fe trompent, & expofent le bétail. L'eau des marais falans eft communément bourbeufe, & celle qui eft
renouvellée par les eaux de la mer n'eft
encore chargée que d'une trop grande
quantité de parties limonneufes; la partie faline dont elle eft d'ailleurs compofée, eft remplie de trop d'âcreté,
pour qu'elle puiffe produire le même
effet que le fel. Il ne faut, pour s'en
convaincre, que favoir de quelle maniere fe fait le fel; on verra qu'avant
de le laiffer cryftallifer, il faut purger
l'eau de ce qu'elle a de limonneux & de
trop âcre, fans quoi il feroit nuifible:
d'ailleurs il y a un autre inconvénient
d'abreuver les troupeaux dans les marais
falans; les bords font remplis d'herbes
qu'ils broutent; ces herbes contiennent beaucoup d'humidité, des par-

ties limonneuses & âcres, que le sel qu'elles renferment ne sauroit corriger. On ne doit donc pas, sous prétexte d'économie, faire abreuver les troupeaux dans ces marais, parce que le prétendu avantage qu'on croit en tirer, ne compense pas les inconvéniens qui en résultent.

M. le Blanc, Inspecteur des Manufactures de Languedoc, après avoir réfléchi, tant sur les inconvéniens que sur la dépense que le sel occasionne, à tâché de remédier à l'un & à l'autre par le moyen de certains gâteaux salés, qui, en faisant le même effet que le sel, n'en ont pas les inconvéniens, & diminuent la dépense des trois cinquièmes. La base de ces gâteaux est de la farine de froment qu'on mêle avec de la farine d'orge, ou par moitié, ou par cinquième. Sur une quantité déterminée de cette farine, on met un quart de sel. Un de ces gâteaux, du poids d'une livre, donné à vingt Moutons, fait autant d'effet qu'une livre de sel; cependant, comme en pétrissant il est bien difficile de n'employer que la quantité d'eau suffisante, on peut ajouter une demi-livre de sel, quoique cela ne soit pas absolument

N 5

nécessaire : on mêle bien les farines ensemble ; & après en avoir ôté le gros son, on les pétrit de la maniere suivante.

On prend le tiers du poids de ces farines, que l'on pétrit avec une quantité d'eau suffisante, & dans laquelle on a fait dissoudre environ un huitieme de sel, en supposant toujours qu'on en emploie vingt-cinq livres pour un quintal de farine : on met dans la pâte la quantité de levain d'usage. Lorsque cette premiere pâte est bien levée, on prend le second tiers, que l'on pétrit avec le premier, en les mêlangeant ensemble, par le moyen d'une quantité d'eau suffisante, dans laquelle on aura fait auparavant dissoudre le tiers de ce qui restera de sel ; & lorsque cette pâte est bien levée, on pétrit le troisieme tiers, que l'on mêle avec les deux premiers, par le moyen de l'eau qui reste, & dans laquelle on a fait dissoudre le surplus du sel.

Si l'on croit devoir suivre l'usage ordinaire, pour pétrir, c'est-à-dire, faire l'opération en deux fois, on mettra pour lors dans la partie qui sert de levain le sixieme du sel, & le surplus dans l'autre partie : mais la pre-

miere méthode eft; la meilleure, le
pain a plus de confiftance, & la pâte
rend davantage.

Dans tous les cas, le fel doit être
diffous dans l'eau, pour le diftribuer
également par-tout. Aprèsavoir donné
à la pâte le temps néceffaire pour lever & être mife au four, on la divife
en petits gâteaux d'une livre. Ces gâteaux doivent être fort plats, c'eft-à-
dire, qu'on ne doit leur donner qu'un
pouce d'épaiffeur, afin qu'il n'y ait
abfolument que la croûte, foit pour
éviter que ceux que l'on conferve ne
fe moififfent, foit pour les concaffer
avec plus de facilité.

On fait enfuite cuire ces gâteaux,
comme on fait cuire le pain : il vaut
mieux qu'ils foient trop cuits que pas
affez ; ils fe broyent & fe confervent
mieux. Lorfqu'on les a tirés du four,
on les laiffe réfroidir entiérement
avant de s'en fervir ; & fi on veut les
conferver, on les mettra dans un endroit fec, & à l'abri des rats. On peut
les garder fans rifque une année, &
même plus.

Avant de les donner aux Moutons,
il faut les concaffer par petits morceaux, pour que la diftribution foit

plus égale. Si cette diftribution fe fait en plein champ, on pourroit avoir deux planches jointes en forme de gouttiere, avec un linteau en dedans pour les affujettir, & faciliter au Mouton le moyen de prendre tout ce qu'il trouvera : on aura feulement attention qu'il n'y ait que vingt Moutons à la fois, autrement on ne pourroit être fûr de faire une diftribution égale. Si cette diftribution fe fait dans la Bergerie, on fera fortir les Moutons; & après avoir mis un gâteau concaffé dans la mangeoire, on laiffera entrer vingt Moutons feulement; après que ceux-ci auront mangé, on les fera fortir; on en fera entrer vingt autres, auxquels on aura concaffé un autre gâteau, & ainfi de fuite. Ces gâteaux font d'ailleurs un vrai préfervatif de la pourriture.

Les Brebis font fujettes à plufieurs maladies, & principalement aux maladies de la peau, & ces maladies font prefque toujours contagieufes; la malpropreté des écuries, le peu de foin que l'on prend des Brebis, la mauvaife qualité des alimens en font ordinairement les caufes. La clavelée eft la feule qui paroiffe être totalement différente

des autres maladies de la peau; elle
eſt pour les Brebis ce qu'eſt la petite
vérole pour l'homme; c'eſt une dépu-
ration du ſang, une purgation naturelle & preſque indiſpenſable de ces animaux. Cette petite vérole des Brebis
eſt des plus contagieuſes; elle dépeu-
ple ſouvent les troupeaux les plus
nombreux; elle paroît en tout temps &
en toute ſaiſon; cependant il y a des
ſaiſons où elle eſt moins fâcheuſe. L'excès du froid ou du chaud eſt également
dangereux pour cette maladie. La clavelée ſe manifeſte par des puſtules, ou
boutons enflammés, qui s'élevent ſur
tout le corps de l'animal; d'abord ſur
les parties de l'animal, où il ne ſe trouve
point de laine, telles que l'intérieur des
cuiſſes & des épaules, le bas-ventre,
les mamelles, le deſſous de la queue,
le nez, &c. L'éruption de ces boutons
eſt ordinairement complette vers le
quatrieme ou cinquieme jour. Cependant elle peut être retardée ou accé-
lérée ſelon la température de l'air, la
force & l'âge des bêtes, & les différentes circonſtances ou accidens qui
peuvent ſurvenir. Après l'éruption,
ſuit l'inflammation, de même que dans
la petite vérole; les boutons reſtent

durs, rouges pendant quatre ou cinq jours, après lefquels ils s'éteignent ; ils blanchiffent & deviennent mous ; enfuite la fuppuration s'établit, la peau fe deffeche, & forme une croûte noire, qui tombe par la fuite : tels font les périodes de la petite vérole des Brebis, lorfqu'elle eft bénigne ; mais il eft rare d'en trouver d'un caractere auffi bénigne ; fouvent l'inflammation eft fi confidérable, que les boutons noirciffent & fe deffechent fans fuppurer ; plus fouvent encore, ce qui en augmente le danger, l'éruption ne fe fait qu'imparfaitement ; les boutons font petits, blanchâtres, peu nombreux. Le cas le plus dangereux, c'eft lorfqu'il y a complication de maladie avec la clavelée ; quand la pourriture s'y trouve, ce qui eft très-commun, la clavelée a toujours une fuite funefte ; pour lors auffi-tôt après l'éruption, une morve plus ou moins épaiffe coule avec abondance par les narines, la tête eft attaquée : les paupieres fe gonflent tellement, que les yeux en font fermés ; il furvient un râle humide très-fort, une grande difficulté de refpirer, avec battement de flanc confidérable ; l'haleine eft d'une puanteur

infupportable ; enfin, un dégoût abfolu. Tous ces fymptômes, principa--
lement l'abondance de la morve, annoncent toujours la mort prochaine de
l'animal.

Lorfque la Brebis affectée de cette
maladie mange avec appétit, & que
l'éruption eft bien établie, on peut
efpérer la guérifon, quoique la tête
foit attaquée, qu'elle devienne pefante,
que les paupieres fe gonflent, pourvu
néanmoins qu'on ne remarque point
de morve, ou très-peu ; fouvent les
joues & le nez font couverts de boutons, les yeux même en font attaqués ;
la fuppuration s'y établit très-promp-
tement & très-abondamment, & fauve
l'animal malade, néanmoins quelquefois aux dépens de fa vue.

Les dépôts & les abcès extérieurs
font très-avantageux dans cette maladie, ainfi qu'en général tout ce qui
tend à une prompte réfolution, ou
tout ce qui peut procurer une ample
évacuation de pareille nature. C'eft
de l'éruption complette & de fa durée
que dépend la malignité ou la béni-
gnité du clavin ; la température de l'air
éft le principal agent qui détermine l'é-
ruption & fa durée. Tout le monde

fait que la chaleur ouvre les pores,
le froid les refferre ; l'un rend les fibres
plus flexibles, plus lâches, l'autre les -
roidit : cependant l'excès de la chaleur eft peut-être plus dangereux que
celui du froid ; le paffage fubit du chaud
au froid eft auffi très-pernicieux dans
cette maladie ; cependant il eft vrai de
dire qu'un air pur & frais eft pour lors
très-néceffaire : mais pour renouveller
cet air, il faut ufer de précaution, &
prendre certaines mefures relatives à
l'égard des bêtes malades.

Il eft très-difficile d'empêcher les
progrès de la contagion de la clavelée
dans les bêtes faines. Cette maladie infecte ordinairement les troupeaux pendant trois mois ; le fecond mois eft celui où elle fe fait fentir plus fortement,
c'eft-à-dire ; celui où il fe trouve le
plus de bêtes attaquées. Il arrive fouvent qu'une partie d'un troupeau s'en
trouve affectée, tandis que l'autre eft
intacte, ou parce que cette derniere
n'eft pas difpofée à recevoir la contagion ; comme la premiere, ou qu'elle
en a été déja anciennement atteinte ; car
les Brebis ont rarement, pour ne pas
dire jamais, deux fois cette maladie.
' **La clavelée fe répand de différentes**

manieres, ou par l'habitation, ou par les pâtures, où par les vents, où par la communication quelconque.

Les fymptômes de la clavelée étant connus, il faut donner la maniere de la traiter. Nous avons dit ci-deffus qu'elle fe manifeftoit par l'éruption des boutons ; conféquemment, dès qu'on voit quelques bêtes à laine triftes & languiffantes, il faut les vifiter; fi on apperçoit des puftules, il faut auffi-tôt les féparer, & les mettre dans une Bergerie, ou infirmerie, non-feulement pour s'oppofer, autant qu'il eft poffible, aux progrès de la contagion, mais encore pour pouvoir leur adminiftrer les fecours que chacune d'elles exige, fuivant la violence plus ou moins grande du mal, ou les accidens qui peuvent furvenir. En été, lorfque la chaleur eft confidérable, il faut les mettre dans une Bérgerie grande & vafte, bien percée, pour pouvoir y entretenir toujours un air frais ; fi c'eft au contraire en hivèr qu'elles ont cette maladie, on les logera dans un endroit petit, bien couvert, peu élevé, & le plus chaud qu'on pourra leur procurer. Pendant cette faifon rigoureufe, il ne faut pas moins

avoir attention de renouveller l'air de
leur infirmerie, au moins une fois par
jour, en ouvrant la porte & les fenêtres
pendant un quart d'heure à l'heure la
plus tempérée du jour. En été, cette
précaution est inutile, parce qu'on
tient tout ouvert. Si dans l'hiver, les
froids font trop violens, & si on ne
peut conféquemment donner de l'air à
la Bergerie où elles font, on y obvie,
en y brûlant de l'*affa fœtida*, ou quelqu'autre drogue d'odeur forte & péné-
trante, pour la parfumer. Cependant
cela n'empêche pas, si on peut trouver
quelques momens favorables, d'en
profiter.

Il y a dans la clavelée des Brebis deux indications à remplir ; il
faut aider la nature dans l'éruption,
& conduire l'éruption à une fuppuration louable ; quand l'éruption fe fait
bien, c'eft la meilleure de toutes les
marques ; c'eft pourquoi on donne
pour lors aux Brebis quelques remedes échauffans, pour procurer la
fortie des boutons ; celui dont on fait
ufage par préférence, eft le fafran
pulvérifé : on en donne la dofe d'une
demi-once, ou d'une cuillerée par jour
à l'animal ; on le mêle avec de l'a-
voine & du fon ; on continuera ce re-

mede, jufqu'à ce que la fuppurarion
foit bien établie: il faut en outre favorifer l'expulfion du virus variolique
par toutes les vóies naturelles ; il faut
aider les fecrétions, fur-tout celles des
urines ; la tranfpiration diminuée ou
fupprimée augmente plus ou moins
fenfiblement cette évacuation ; le fel
marin eft pour lors le diurétiqué le
plus convenable: on délayera une once
ou une poignée de ce fel dans chaque
feau d'eau, pour boiffon ordinaire &
unique ; rien ne fait mieux porter les
Beftiaux que le fel. *Voyez* ce que nous
avons déja dit ci-deffus au fujet des gâteaux de fel.

Le foufre & le fel marin, ou à fon
défaut le falpêtre, peuvent donc être
regardés comme les remedes généraux
qui tendent au même but, quoique
cependant ils paroiffent contraires en
effets. Le foufre entretient l'inflammation ; l'eau nitré ou falée la tempere,
mais en même temps chaffe, par la
voie des urines, une partie toujours
hétérogene, qui auroit exigé, fi elle
étoit reftée, pour être pouffée en boutons, un degré peut-être trop confidérable d'inflammation.

La fuppuration eft le principal agent,

dont la nature fe fert pour fe délivrer
du poifon de cette maladie. Tout ce
qui pourra l'augmenter fera donc très-
bien dans ce cas; les fetons font de
cette nature : on agira fagement d'y
avoir recours ; on les fait ordinairement à la partie fupérieure du fternum;
pour les faire, on leve la peau, en la
prenant entre deux doigts le plus qu'il
eft poffible. Cette opération la double :
on la perce alors avec un fer rouge,
ou avec un inftrument pointu : on paffe
une corde dans les deux ouvertures,
dont on lie les deux extrémités pendantes : on enduit cette corde dans
toute fa longueur d'onguent fuppura-
tif, ou de *bafilicum*. Chaque jour on a
foin de la tirer, ou de la faire gliffer
entre cuir & chair , pour renouveller
l'onguent, & la nettoyer du pus qui s'y
amaffe ; quelques jours après , il fe
forme en cet endroit un amas de matiere , qui s'écoule par l'ouverture ;
c'eft ce qu'on appelle une ortie. Si on
fe fert d'un morceau d'ellébore, ou de
pied de griffon, il fe forme au bout
de quelque temps une tumeur, qu'on
conduit à la fuppuration par le moyen
du bafilicon ; mais le feton eft plus facile : on peut encore avoir recours

aux œufs, quoiqu'ils n'agiſſent que très-peu ſur les bêtes à laine.

Pendant tout le traitement de la maladie, il faudra nourrir les Brebis malades au ratelier, & ne les point laiſſer ſortir de la Bergerie. Si c'eſt l'hiver, on leur donnera du foin à diſcrétion; & une fois par jour un mêlange d'avoine avec du ſon, ou avec de l'orge carrelée, auquel on aſſociera du ſoufre en poudre; en été òn pourra les laiſſer aller aux champs, pourvu que ce ſoit aux heures où la chaleur ſe trouve la plus tempérée, ayant principalement ſoin de les mettre au frais, ou à l'ombre pendant le grand chaud.

Après avoir donné la cure générale de la clavelée, il faut expoſer les différens accidens qui peuvent là rendre plus périlleuſe. Le premier & le plus commun eſt une éruption ſupprimée ou répercutée. Lorſqu'on s'apperçoit que les boutons ſont petits, blanchâtres, pointus, variqueux, peu nombreux, que la tête s'appéſantit, que l'animal perd l'appétit, le danger eſt des plus éminens; on ne peut pour lors aſſez hâter la ſuppuration par toutes ſortes de voies, par les ſetons, **les orties,** les véſicatoires, &c. **Il**

faut ufer en même temps des remedes
qui pouffent à la peau , & qui aident
à la tranfpiration. L'affa-fœtida fait
très-bien alors ; la dofe fera d'une demi-
once par jour. On donne ordinairement l'affa-fœtida en fubftance : mais
comme il eft dur , on fera mieux de le
diffoudre ; & de le mêler avec parties
égales de baies de laurier en poudre ,
pour en faire une pâte , dont on donnera la groffeur d'une noix , une ou
deux fois par jour , jufqu'à ce que l'é-
ruption fe manifefte totalement , &
que l'animal ait recouvré l'appétit.

Un fecond accident totalement op-
pofé au premier , c'eft lorfque l'éruption eft fi confidérable , que le corps
fe trouve entiérement couvert de boutons enflammés , ferrés & nombreux.
Quand on touche l'animal un peu
rudement , il reffent une douleur vive,
à ce qu'il paroît ; il tombe même fouvent fans avoir la force de fe relever ;
fi on le prend par le col , la convulfion
furvient auffi-tôt ; fi on l'arrête par la
laine du dos , il paroît au même moment tout éreinté ; il fe traîne , fans
pouvoir marcher pendant quelques
minutes ; il n'y a pour lors aucune autre indication à remplir que celle de

modérer la violence de l'inflammation,
qui pourroit très-bien attaquer les vifceres, & qui, au lieu de fe terminer
par la fuppuration, pourroit auffi fe
terminer par la gangrene, ou la mortification. Il n'y a point de temps pour
lors à perdre ; il faut recourir à la faignée ; elle fe fait à la jugulaire avec
une flamme, & on tire à l'animal malade environ deux onces de fang, ou
une très-petite palette ; par ce moyen,
le nombre des boutons diminuera ;
mais en diminuant, ceux qui refteront
en deviendront plus larges, & s'éten-
dront davantage ; conféquemment, ils
feront plus fufceptibles de fuppuration.
En cas qu'une faignée ne fe trouve pas
fuffifante, on en viendra à une feconde :
on pourra encore faire prendre deux
gros de falpêtre incorporé avec du
miel pour un bol.

Dès que la fuppuration commence
à s'établir, le danger eft prefque
paffé : on tâchera cependant toujours de l'entretenir par l'ufage conti-
nué du foufre & de l'eau falée. Lorfque les croûtes commenceront à fe
former, on retranchera le foufre ; mais
on ne difcontinuera pas jufqu'à la
quinzaine l'eau falée pour boiffon.

Quand la clavelée fe manifefte par des boutons d'un pourpre foncé ou mollet, lorfque les tégumens du bas-ventre font de la même couleur, parfemés de vaiffeaux noirâtres, il y a prefque un danger imminent, parce que ces fymptômes annoncent pour l'ordinaire une gangrene interne, une dépravation générale des humeurs, & leur diffolution : on pourra cependant dans ce cas effayer quelques remedes : on mettra en poudre deux gros d'alun, autant de gomme arabique : on incorporera ces poudres avec du miel pour un bol, que l'on réitérera tous les jours : on donnera à l'animal malade pour boiffon, de l'eau aiguifée avec l'efprit de vitriol jufqu'à une douce acidité : on pourra fubftituer à défaut d'efprit de vitriol, du vinaigre : on aura auffi recours principalement aux fetons.

Quand les Brebis pleines fe trouvent affeétées de clavin, elles jettent pour l'ordinaire leur Agneau ; l'avortement eft toujours dangereux ; mais principalement dans ce cas ; les boutons font pour lors petits & peu nombreux ; l'indication la plus preffante eft d'en procurer la fortie, en donnant des

remedes

remedes qui raniment les forces , tels
que les cordiaux , & l'*affa-fœtida*.

De tout ce que nous avons dit , on
peut déduire les axiomes fuivans :
1°. une bête jeune & vigoureuse fou-
tiendra les attaques de la clavelée plus
aifément que celle qui feroit déja affoi-
blie par l'âge , ou par d'autres infirmités ; 2°. la clavelée fera bien moins
dangereufe dans une faifon tempérée ,
que dans celle où regne une chaleur
exceffive , où un froid confidérable ;
3°. les accidens de cette maladie feroient moins fâcheux & plus rares , fi
on pouvoit préparer les animaux par
un régime & une boiffon appropriée
à la maladie future , & fi les Brebis
avoient mis bas , & ceffé d'allaiter ;
4°. il eft peu de troupeaux qui foient
exempts du clavin.

Ces axiomes pofés , il eft probable
que l'inoculation du clavin doit être
auffi falutaire pour les bêtes à laine ,
que l'inoculation de la petite vérole
pour l'homme ; les mêmes avantages
en réfultent. Pour faire cette inoculation, on choifiroit la faifon & les fujets : on les prepareroit fuivant ce qu'on
trouveroit de plus convenable. Comme
la clavelée ne reparoît prefque jamais

deux fois fur le même fujet, il ne faudroit inoculer que celles dont on feroit
fûr qu'ils n'en ont point été attaqués.
On choifiroit donc dans les troupeaux
tout ce qui eft jeune, vigoureux &
fain ; on rejetteroit tout ce qui feroit
foible & délicat, âgé, attaqué de pourriture, ou d'autre mal : on inocule-
roit au printemps ou à la fin de l'été :
on ne perdroit pour lors aucun Agneau,
ni aucune mere par avortement ; cette
maladie né feroit pas fi longue que fi
elle étoit naturelle ; dans moins d'un
mois, elle fe termineroit, tandis que
la naturelle dure ordinairement près de
trois mois.

La rougeole, connue par plufieurs
fous le nom de feu, eft une maladie
qui ne diffère de la clavelée, qu'en ce
que l'éruption, au lieu de fe faire par
boutons, fe manifefte par une rougeur
qui fe répand fur la peau de l'animal.
Les fymptomes, les accidens & le
traitement de ces deux maladies font
à-peu-près les mêmes ; ainfi, il eft
inutile de nous étendre fur cet objet,
pour en venir aux véritables maladies
de la peau des Brebis.

La première eft la gale ou la rogne ;
elle fe manifefte toujours par de pe-

tits boutons qui s'élevent fur la peau ;
l'humeur âcre. & cauftique qui, en
fuinte, ronge les filets de la laine, la
fait tomber, & laiffe la place du mal
à découvert. Dès qu'on s'apperçoit
qu'une bête fe frotte fouvent & fe
gratte avec fes dents, il y a tout lieu
de foupçonner la gale. En ouvrant la
laine jufqu'à la peau, on découvrira
les boutons qui caufent cette déman-
geaifon. Pour peu qu'on néglige cette
maladie, l'humeur qui l'occafionne
devient de plus en plus âcre, corrode
le cuir, & y produit des excoriations
qui dégénerent prefque toujours en
ulceres, quelquefois chancreux., &
fouvent incurables ; la chair & la peau
tombent jufqu'aux os, principalement
à la partie du vifage ; les yeux fortent
de la tête ; les cornes & les oreilles
tombent, en forte que le crâne paroît
à découvert ; fouvent le mal fe répand
fur la moitié du corps, avant que la
Brebis meure ; quand la gale eft parvenue à ce point, on la nomme dans
les campagnes feu Saint Antoine.

Le bouquet, ou noir mufeau, eft
encore une efpece de gale, qui eft
même fouvent plus difficile à guérir
que la commune : on peut la qualifier

de gale feche, ou de rogne à écailles
brunes, qui affecte le muſeau & la
tempe de l'animal à côté de l'oreille.
Ces maladies proviennent preſque
toujours & de la négligence des Bergers, & de celle des propriétaires:
mille cauſes peuvent y donner lieu; 1°.
l'urine, la fiente & les vapeurs d'un
fumier qu'on laiſſe entaſſer pendant ſix
mois dans leurs bergeries; 2°. les années humides, & les pluies abondantes qui abreuvent continuéllement
d'eau la laine de leurs corps; 3ᵉ. les
piquures d'épines, après que les Brebis ſont tondues, ou les plaies qu'on
leur fait en les tondant; 4°. enfin, la
mauvaiſe qualité des alimens, la faim,
la diſette, le changement ſubit du
froid au chaud. Lorſque la gale eſt
uniquement occaſionnée par des cauſes étrangeres, comme la mal-propreté,
les piquures, les bleſſures & la contagion (cette derniere eſt la plus ordinaire), on n'emploiera que des topiques, ſeuls ils ſuffiront. Il faudra
cependant avoir attention de tenir
les Brebis propres, de nettoyer les
écuries, de les défendre des épines ou
autres accidens, & de les ſéparer de
celles qui ſont infectées. On ne fera

uſage pour topiques que de deſſicatifs & de déterſifs: on ſe ſervira par exemple d'une forte infuſion de tabac, dans laquelle on jettera une bonne poignée de ſel ; & pour rendre ce remede encore plus efficace, on y ajoutera du ſoufre vif: on frotte la partie affectée avec cette infuſion ; après quatre ou cinq effuſions, le mal eſt pour l'ordinaire deſſéché & emporté. Lorſque la partie affectée n'eſt pas bien conſidérablé, on ſe contentera de mâcher du tabac ; & quand on l'aura bien imbibé de ſalive, on en frottera la tache galeuſe.

Si la gale vient à ces animaux d'un vice intérieur du ſang, il ne faudra pas s'en tenir aux ſeuls remedes externes, de même que ſi elle leur eſt occaſionnée par des alimens gâtés ou mal ſains ; les meilleurs remedes internes qu'on pourra leur donner dans ces cas, ſont le ſel ou le ſalpêtre diſſous dans leur boiſſon à la doſe d'une once par ſeau d'eau : on leur donnera en outre pour nourriture des alimens ſains & de bonne qualité, & des herbes fraîches plutôt que du foin : on leur fera prendre tous les jours une cuillerée de ſoufre en poudre par picotin de ſon & d'a-

voine : on continuera au moins pendant huit jours l'ufage de ces remedes
intérieurs, après quoi on en viendra
feulement à l'infufion de tabac, qui eft
le remede extérieur.

La gale invétérée & négligée dégénere en petits ulceres, & fe change
en rogne. Tout le monde fait que la
rogne n'eft pas fi facile à guérir que la
gale commençante & nouvelle, & que,
prife dans fon commencement, elle
fe guérit mieux que quand elle eft invétérée.

Pour traiter la rogne & le feu
Saint-Antoine, il y a deux indications
à remplir ; l'une eft de corriger l'âcreté
& le vice du fang ; l'autre, de mondifier
& de cicatrifer les ulceres : le meilleur
remede intérieur qu'on peut employer
dans ce cas, eft l'éthiops minéral ; la
dofe eft d'une cuillerée par bête malade, qu'on mêle avec du fon mouillé,
& qu'on leur donne deux ou trois fois
la femaine pendant le cours de la maladie : on feroit encore bien de leur
faire prendre trois fois la femaine les
pilules fuivantes.

On prend un demi-gros de mercure
doux ; on l'incorpore avec un peu de
miel, ou bien on prend deux gros de

mercure crû, qu'on éteint dans une
demi-once de térébenthine : on y ajoûte
du foufre en poudre la quantité fuffifante pour faire du tout une pâte, que
l'on divife en pilules de la groffeur
d'une noifette , & d'un demi-gros chacune.

Après quelques jours de ce traitement intérieur, on frottera les petits
ulceres deux ou trois fois par jour,
avec une infufion de trois ou quatre
onces de tabac dans deux pintes d'u-
rine, ou dans une forte faumure, que
l'on mettra digérer pendant huit jours
dans le fumier chaud. Si par ce remede,
les ulceres ne ceffent pas de fournir
toujours une fanie ichoreufe, on fe fervira pour liniment d'huile de chenevis,
dans laquelle on aura fait fondre, fur
un feu doux, autant de foufre qu'elle
en pourra porter, & on y ajoutera
l'onguent gris ordinaire : on continuera
néanmoins toujours les remedes intérieurs. Si après quinze jours ou trois
femaines, le mal, au lieu de fe guérir,
vient cancéreux, ou fe change en feu
Saint - Antoine , il faut d'abord commencer par enlever les chairs mortes
& baveufes, & les bords calleux, en
les touchant avec l'huile de vitriol ; il

se forme bientôt après une efcarre, fous
laquelle s'établit quelquefois une fuppuration fort louable ; quand cette efcarre eft tombée, fi les chairs ne deviennent pas vives, & fi au contraire
elles contiennent des levres livides, on
réitérera l'application de l'huile de vitriol, jufqu'à ce que les chairs deviennent vermeilles : on lavera pour lors
tous les jours la plaie avec une forte
décoction de rhue & de ciguë. Si ces
ulceres fe trouvoient placés fur des
parties peu charnues, comme, par
exemple, la tête, il ne feroit pas poffible d'employer pour lors le vitriol ;
mais on auroit recours à l'huile de tabac, & à celle de foufre, qu'on mê-
leroit par parties égales, dans lefquelles
on éteindroit du mercure moitié poids
de ces huiles, qu'on appliqueroit fur
les ulceres, ayant foin de les laver
tous les jours avec la décoction de
rhue & de ciguë: on ne difcontinuera
pas néanmoins l'ufage des remedes internes ; quand le mal eft cancereux,
il faut plus d'un mois pour en obte-
nir la guérifon.

Le bouquet, qui eft une efpece de
rogne qui affecte ordinairement le mufeau des Brebis, & qui s'étend quelque-

fois jufqu'à la tempe, au-deſſous de l'o-
reille, eſt mis avec raifon au rang des
maladies de la peau. Quand cette maladie eſt récente, elle fe guérit en frottant feulement une fois par jour la partie affectée avec un onguent de foufre
vif & d'huile d'olive ; fi au contraire
elle eſt invétérée, elle eſt pour l'ordinaire rebelle : on frotte pour lors la
partie affectée avec un mêlange de
parties égales d'huile de chenevis, de
foufre, d'ellébore noir & d'euphorbe ;
la dofe de chacun eſt ordinairement
d'une once.

Une autre maladie, qu'on qualifie
encore dans les bêtes à laine de maladie de la peau , eſt l'anthrax ou le
charbon. Cette maladie eſt une tumeur maligne & brûlante, qui s'éleve
en différentes parties du corps de la
Brebis, & qui paroît d'abord comme
un bouton noir, dur & âpre ; mais il
y a tant de malignité dans cette tumeur, qu'en peu d'heures elle fait des
progrès fenfibles ; tous fes environs deviennent livides ; la gangrene furvient,
& en un jour ou deux au plus l'animal
périt. On voit par-là qu'il n'y a point
de temps pour apporter remede à cette
maladie ; auſſi dès qu'elle fe manifeſte,

il faut à l'inftant fcarifier profondément la tumeur : on paffera de l'efprit
de vitriol dans les fcarifications, & on
décrira fur la peau, avec du beurre
d'antimoine, une efpéce de cercle qui
entourera la tumeur ; la gangrene fe
bornera par ce moyen à la circonférence du cercle, & elle s'y arrêtera :
on travaillera en outre à faire tomber
le plutôt qu'on pourra l'efcarre que
les cauftiques auront formée, foit en
la fcarifiant de nouveau, & y repaffant
l'efprit de vitriol, foit en l'emportant
avec un inftrument. Rien n'eft plus effentiel que de donner promptement
iffue aux fucs viciés & corrompus ren-
fermés fous cette efcarre : on déter-
gera la plaie qui fuccédera à la chûte
de cette efcarre, avec parties égales
d'égyptiac & de térébenthine ; quand
elle fera bien nettoyée, on en termine-
ra la cure par le moyen de la térébenthine & du bafilicum ; pour les panfe-
mens, on fe fervira toujours pour la
laver d'une forte décoction de rhue &
de ciguë.

Après avoir examiné la plupart des
maladies externes des Brebis, il faut
en venir aux internes. La pourriture
eft la maladie la plus commune chez

lēs, bêtes à laine, & en même temps
la plus dangereuſe : on ne la connoît
pour l'ordinaire que lorſqu'il n'y a plus
de remede ; les ſymptomes en ſont
très-difficiles à caractériſer dans ſes
commencemens ; la pourriture ne s'an-
nonce par aucun changement ſenſible
de l'animal : il n'y a que les yeux &
les gencives qui puiſſent nous diriger
dans le diagnoſtic de cette maladie ,
encore même très-foiblement. Lorſqu'une Brebis eſt ſaine, ſes yeux ſont
toujours vifs & brillans ; la caroncule
charnue ſituée au coin interne des
yeux, eſt d'une couleur de chair animée ;
les vaiſſeaux qui ſerpentent ſur cette
partie & ſur l'œil , ſont d'un beau
rouge , & les gencives ſont vermeilles ; mais dès que leurs yeux ſont ternes & couverts d'humidité, que leurs
caroncules & leurs vaiſſeaux , de même
que les gencives, ſont pâles & livides ,
il n'y a pas lieu de douter que l'animal
eſt pourri. Si, avec tous ces ſignes ca-
ractériſtiques de la maladie , on s'apperçoit d'un épanchement d'eau dans
le bas-ventre de l'animal, on peut dire
que la maladie eſt parvenue au dernier
période. Il eſt facile de s'appercevoir
de cette fluctuation , en frappant lé-

gérement cette partie avec la mâin. Il
furvient encore aux bêtes à laine attaquées de la pourriture, un autre épanchement fous le menton; cet épanchement y forme une tumeur de la
groffeur d'un œuf; les Bergers appellent cette tumeur *gourmette*: on ne s'apperçoit bien de toutes ces marques de
pourriture, qu'après les premiers froids,
ou les premieres gelées blanches.

Quand on ouvre des Brebis mortes
de pourriture, leurs poumons font toujours couverts de tubercules; il paroît
même quelquefois à leur fuperficie
plufieurs hydatides; fouvent la couleur
de ce vifcere, au lieu d'être d'un rouge
pâle, eft d'un verd noirâtre, qui pénetre dans fa fubftance. Le foie eft encore plus attaqué que les poumons;
c'eft même le vifceré où paroît être le
fiege principal de la maladie; au lieu
d'être d'un brun foncé & fanguin, il
eft bleu pâle & livide; fa fubftance eft
molle, & fe déchire entre les doigts,
la véficule du fiel eft auffi très-flafque,
& ne renferme qu'une bile diffoute &
corrompue; la fuperficie du foie fe
trouve encore couverte d'hydatides
plus ou moins groffes, ou plus ou moins
profondes; le finus de la veine porte;

& ses ramifications font remplies de douves, efpeces d'infectes ; les inteftins font d'un blanc pâle & livide, humides, luifans, & prefque diaphanes ; la matiere adipeufe de l'épiploon eft citronnée & mollaffe ; en général, tous les vifceres & toutes les chairs fe trouvent affectés de lividité & de molleffe.

Plufieurs perfonnes prétendent que ce qui donne lieu à cette maladie font les douves, mais cela ne paroît pas probable ; il y a peu de Brebis où on n'en trouve point, & cela ne les empêche cependant pas d'être très-faines. La vraie caufe de la pourriture dans les Brebis eft le relâchement & la molleffe des parties folides occafionnés par une nourriture trop graffe & trop humide. Ainfi, tout ce qui peut empêcher ce relâchement, eft propre à retarder ou à diminuer le mal : on peut par conféquent placer parmi les caufes plus ou moins puiffantes, ou plus ou moins prochaines de la pourriture, la différente température des faifons, la nature des alimens, l'âge & la force de l'animal, de même que la maniere de le gouverner. Perfonne n'ignore que les années les plus-humides font celles qui font les plus-favorables à

la pourriture, & la raifon en eft, palpable; les bêtes à laine ne fe nourriffent pour lors que d'herbages chargés
d'humidité. Rien ne contribue plus
auffi à la pourriture, que de conduire
pour paître les Brebis dans des terreins
frais, bas & marécageux; les alimens
trop abondans & trop fucculens paffent
auffi pour être très-dangereux aux Brebis, & pour favorifer chez elles la
pourriture. C'eft ordinairement à la
premiere pouffe des herbes, & aux approches du printemps, que cette maladie exerce fes ravages avec plus de fureur.

Il eft prefque impoffible de guérir ra-
dicalement une Brebis attaquée de la
pourriture. Quand la maladie eft dé-
clarée, le parti le plus fûr eft d'engraiffer l'animal, pour être en état
d'être vendu, & d'en tirer profit; car
la graiffe eft même une vraie tendance
à cette maladie: mais fi les Brebis
font encore faines, ou fi du moins elles
n'en font que légèrement attaquées,
on peut les garantir, en fe fervant des
moyens fuivans.

On a obfervé que les troupeaux
qui habitent les marais falés ne font
jamais fujets à la pourriture; par con-

féquent le fel marin eft. le meilleur de tous les préfervatifs : on en donnera donc aux Brebis quatre ou cinq fois par an, diffous dans une quantité fuffi- fante d'eau, à la dofe d'une demi-once ou environ par chaque Brebis. A dé- faut de fel marin, on pourra employer le fel gemme, le faipêtre, les fels lixi- viels, ou les leffives des cendres de prefque tous les bois. Les gâteaux de fel de M. le Blanc font encore préfé- rables.

Des préfervatifs contre cette mala- die, mais qui font cependant moins fûrs, font les plantes ameres, aftrin- gentes, apéritives & defficatives, tel- les que les aromatiques, le ferpolet, la bruyere, l'abfynthe, tous les feuill- lages de chêne, de charme & d'aune, & généralement tous les foins de bonne nature & de prés fecs. Rien ne conferve plus long-temps les troupeaux fains que de les mener pâturer dans des endroits fecs, élevés, & peu abon- dàns ; mais comme de pareilles pâtures font peu propres à engraiffer les ani- maux, il eft d'une néceffité abfolue, de féparer les bêtes à laine qu'on veut engraiffer, d'avec celles qu'on deftine pour la population. Ainfi, pour garantir

les troupeaux de la pourriture, il ne
faut point les engraiffer, mais uniquement les entretenir en bonne chair ; il
faut les mener paître fur des terreins
fecs & élevés, fur - tout en hiver, &
dans des faifons pluvieufes, les empêcher de boire copieufement & fréquemment l'eau naturelle des foffés,
mais leur en donner, dans laquelle on
aura diffous du fel & du falpêtre, ou
bien, à défaut de l'un & de l'autre,
une légere leffive de cendres de bois,
ou de l'eau de chaux repofée & éclaircie ; pendant l'hiver, on leur donnera
pour alimens parmi leurs pailles, des
feuillages de bruyere, de chêne, &
d'autres fubftances aftringentes, deffi-
catives, & de pareille nature. En prenant toutes ces précautions, & en
donnant aux troupeaux quatre ou cinq
fois l'année du fel, il y a tout lieu de
s'attendre qu'on parviendra à les garantir de cette funefte maladie, ou du
moins à la retarder.

Les préfervatifs les plus vantés contre la pourriture, font la poudre de
fourmi & les poudres defficatives ; la
poudre de fourmi n'eft autre chofe
qu'une fourmilliere toute entiere, tant
les fourmis que la terre, que l'on prend

en automne, & que l'on fait fécher au
four, de façon que les fourmis & tout
le refte puiffent fe réduire en poudre
fine entre les doigts. On donne de
cette poudre à chaque Brebis environ
un quart de chopine, en y mêlant
deux fois autant d'avoine : on répand
du fel pilé pardeffus ; autrement on
l'arrofe avec de l'eau bien falée, ou
avec de l'urine humaine. Ce remede
fait effet fur les Brebis ; on le leur
donne une fois par femaine.

On trouve dans les Auteurs différentes fortes de poudres defficatives
pour la pourriture des Brebis; la premiere fe prépare avec deux onces d'antimoine crû, quatre onces de baies de
laurier, quatre onces de foufre &
deux onces de nitre : on pile le tout
enfemble, & on le mêle avec dix livres
de fel; puis on le met dans des auges,
pour que les Brebis en puiffent lêcher,
fur-tout en automne, après un été humide.

Ou bien on prend du nitre, & c'eft la
feconde poudre defficative dont on fe
fert, du *lapis fcillus*, deux tiers du premier fur un tiers du fecond : on les
pile dans un mortier, & on les mêle
bien enfemble : on donne cette poudre

aux Brebis dans du lait, autant qu'en peuvent contenir deux dés pour chacune si elles font âgées, & feulement moitié si elles font jeunes.

Une troifieme poudre defficative eft celle qui fe prépare avec une livre d'antimoine crû, une demi-livre de nitre, & un quarteron de tartre rouge : on pile chaque drogue féparément ; après quoi on les mêle enfemble : on en prend une bonne cuillerée pour fix à huit Brebis, & avec un peu de farine & d'abfynthe feche, on en fait une pâte, dont on donne à chaque Brebis la valeur d'une groffe noix, une ou deux fois par femaine, en automne & au printemps, & une fois par mois le refte de l'année, après cependant que les Brebis ont mis bas, & que les Agneaux font déja un peu grands. Il ne faut pas laiffer boire les Brebis le même jour qu'on leur aura donné ce remede.

La poudre de Poméranie eft trop fameufe dans les livres qui traitent de la pourriture des Brebis, pour n'en pas rapporter la compofition : on prend pour cet effet de la poudre grife de falpêtre compofé, une livre ; de la gentiane & des baies de laurier, de chacune quatre onces ; des baies de

genievre, du fel commun, des racines d'angélique, d'aunée, de pimpre-
nelle, d'ariftoloche, de chaperoniere,
de cyclamen, d'ellébore noir, de la
racine de fougere, de la bétoine, du
millepertuis, du chardon bénit, de la
rhue, de l'aurone, de la milléfeuille,
de la fumeterre, du fcordium, du mar-
rube blanc & de l'hyffope, une once
& un quart de chacun, avec deux onces d'abfynthe, deux gros & demi d'*af-*
fa-fœtida, & fix boules de caftor préparé : on pile le tout en groffe poudre,
& on en donne à chaque Brebis une
demi-once, deux ou trois fois par femaine le matin, & on la mêle dans de
la pâte, ou dans une boiffon faite d'eau
& de farine, qui ait un peu de confiftance.

Une poudre defficative qui convient
encore pour la pourriture des Brebis,
eft la fuivante : on prend un gros
d'antimoine, un demi-gros de nitre,
& une poignée de bourgeons d'abfynthe : on pile le tout enfemble, & on
le donne à la Brebis dans fept ou huit
poignées d'avoine pour une feule
dofe.

Une maladie qui n'eft pas moins
commune aux Brebis que la pourriture,

eſt la toux : on en diſtingue de deux
ſortes ; la ſeche , qui dégénere en
aſthme , & l'humide , accompagnée
de morve. Cette derniere n'eſt pour
l'ordinaire qu'un rhume, ou un mor-
fondement ; les alimens ſecs , pou-
dreux & trop échauffans , ſont toujours les cauſes occaſionnelles de la
toux ſeche ; ils irritent les poumons ,
& en les irritant, ils excitent la toux ,
& la provoquent néceſſairement. Les
viciſſitudes du chaud & du froid , les
changemens ſubits de l'un & de l'autre,
les pluies froides & les frimats, occa-
ſionnent la toux humide ; ces deux
toux , qui proviennent de deux cauſes
différentes , ſe guériſſent cependant , à
ce qu'on prétend , par la pâture verte
en plein champ; auſſi en laiſſe-t-on ſouvent la cure à la nature.

Cependant ſi cette toux étoit vio-
lente , & s'il y avoit quelqu'accident à
en craindre dans le cas de la toux ſeche , on donneroit à l'animal malade
pour boiſſon , de l'eau tiede blanchie
avec la farine d'orge ; & pour nourriture, cette même farine amplement
humectée : & en cas qu'on ſoit obligé
de donner du foin, il faudra le mouil-
ler avant de le mettre au ratelier. Si la

toux eſt humide , on, emploiera des
remedes atténuans , inciſifs , propres
à procurer une expectoration abondante : on donnera par exemple à l'a-
nimal malade de l'ail, qu'on mêlera
dans de l'avoine , ou qu'on lui fera
avaler en ſubſtance ; ou bien on prendra un oignon, on l'écraſera , & on
le ſaupoudrera d'une demi-cuillerée de
ſel ; on en fera enſuite une pâte avec
de la farine , qu'on diviſera en deux
doſes, à prendre moitié le matin, moitié le ſoir : on pourra encore faire des
pilules de la groſſeur d'une noiſette,
avec du goudron & de la farine, & en
donner à l'animal attaqué de toux
ſeche.

Un remede encore très-vanté dans
ce cas, eſt le ſuivant ; il réunit enſemble tous les autres : on prend *aſſa-
fœtida*, une once ; ail, deux onces ;
fleurs de ſoufre, une once ; goudron ,
deux onces : on fait du tout une pâte
avec du miel, pour des pilules de la
groſſeur d'une noiſette, à faire prendre
deux par jour.

On humectera le foin qui ſervira de
nourriture à l'animal, avec de l'urine
fraîche & ſaine ; ſa boiſſon ſera froide ;
& s'il eſt poſſible, on infuſera du gou-

dron ; on en met une livre dans cinq à
six pintes d'eau : on remue ce mêlange
avec un bâton pendant une demi-
heure, après quoi on le laisse reposer,
& on en donne l'eau éclaircie à l'a-
nimal.

La troisieme maladie interne des
Brebis est la diarrhée : on en distingue de trois sortes, suivant l'Auteur
de l'Histoire Naturelle & Vétérinaire
des Brebis ; la premiere est occasionnée
par une indigestion, ou par des alimens trop relâchans & trop émolliens ;
la seconde espece est celle qui est com-
pliquée avec quelques autres maladies,
qui en est souvent même un symptome ;
la troisieme provient de la dépravation
des sucs de l'estomac, ou de la bile,
qui venant à s'aigrir, irritent & exco-
rient les intestins. Dans cette espece,
les excrémens sont glaireux, & plus
ou moins teints de sang : on nomme
cette diarrhée dyssenterie. Il ne faut
jamais arrêter subitement une diarrhée ;
pour la cure de la diarrhée simple, il
ne faut employer que des absorbans
& de légers astringens : on donnera
v. g. à la Brebis attaquée de la diarrhée, de l'eau dans laquelle on aura
fait crever du ris à la dose d'une poi-

gnée par pinte : on pourra auffi. lui faire prendre de la craie pilée, & de la poudre cordiale incorporée avec le miel.

Si on doit craindre d'arrêter toute forte de diarrhée, à plus forte raifon doit-on craindre pour celle qui eft le fymptome d'une autre maladie. Cependant fi la maladie totale fe trouve entiérement diffipée, & s'il n'en refte plus que le fymptome, on l'arrêtera peu-à-peu, de peur que la bête malade ne s'affoibliffe trop, en lui donnant de l'eau de ris, de la craie, & même des cordiaux, tels que le vin, la mufcade, la thériaque, ayant fur-tout égard, dans l'adminiftration de ces remedes, à l'état de la bête malade, & au genre de maladie dont elle eft affectée.

Quant à la dyffenterie, comme il y a toujours dans cette maladie inflammation plus ou moins confidérable dans les inteftins, on en commencera le traitement par une faignée à la jugulaire; enfuite on prefcrira les adouciffans & les abforbans : on évitera tous les cordiaux, & tout ce qui peut augmenter l'inflammation.

Un remede très-vanté contre la dyf-

senterie est l'eau de ris, dans laquelle
on aura dissous une once de gomme
arabique par pinte : rien n'est plus propre à adoucir & à épaissir les humeurs :
on pourra encore donner à l'animal
dyssentérique, de la craie pour absor-
ber les acides ; rien n'empêche d'avoir
recours aux clysteres gras & onctueux ;
mais il faut les donner en petite quantité, telle que d'un demi-setier. La
nourriture ordinaire de l'animal sera
de la farine d'orge un peu humectée,
& légérement nitrée. Dans tous les
dévoiemens en général, il faut nourrir
l'animal au sec avec la paille & le son
de froment ; dans le simple, on pourra
lui donner du foin, de la luzerne, mais
jamais du fourrage de vesce, qui relâche trop.

La quatrieme maladie interne des
Brebis est la constipation. Cette maladie provient presque toujours d'échauffement ; un régime émollient & ra-
fraîchissant suffit pour la guérir ; une
boisson avec de l'eau blanchie de farine
d'orge ou de seigle, une nourriture
avec cette même farine bien humectée ; de la paille d'orge, du fourrage
de vesces, de la pâture verte, font
plus que suffisans pour faire passer la
constipation.

conftipation. En cas cependant qu'ils
ne fuffifent pas , on aura recours à
quelques clyfteres compofés d'une chopine de petit-lait, de deux cuillerées
de beurre, & d'une bonne poignée de
fel.

Le piffement de fang eft une cin-
qúieme maladie des bêtes à laine.
Comme cette maladie reconnoît la
même caufe que celle qu'on nomme
fang proprement dit, nous allons parler
ici de l'une & de l'autre ; la premiere
arrive, lorfque par quelqu'action forcée, ou par un échauffement confidérable, quelque vaiffeau qui répond à
la veffie, aura été ouvert ou rompu ;
fi le vaiffeau s'ouvre dans les inteftins,
l'ánimal eft attaqué pour lors de fang.

Cette derniere maladie peut encore
être occafionnée par quelque plante
cauftique ou tranchante que l'animal
aura avalée, & dont le fuc âcre aura
corrodé ou lacéré un vaiffeau. Ces
deux maladies ne font pas fans danger,
fi on n'y apporte pas bien vîte remede,
fur-tout la derniere. Lorfqu'on s'apperçoit qu'une Brebis ne mange plus,
qu'elle a l'air trifte, la tête baiffée, fouvent un gonflement au flanc, on a tout
lieu de foupçonner le fang. Le remede

Tom. II.   P

qu'on emploie. pour lors, c'eſt de le tirer dehors des inteſtins.

Cette opération ſe fait, en inſinúant
dans le fondement une très-petite
cuiller de bois, ou une eſpece de ſpatule un peu creuſée, que l'on trempe
dans l'huile, pour la rendre plus cou-
lante : on nettoie le reɑum des excrémens qui peuvent y être contenus ; enſuite, en pouſſant la ſpatule auſſi loin
qu'il eſt poſſible, ſans rien forcer, on
ramaſſe ce qui ſe trouve dans l'inteſ-
tin., & on le tire : on réitère cette opération cinq ou ſix fois, & l'on nettoie
la ſpatule à chaque fois ; on ramene
preſque toujours du ſang grumelé &
noirâtre, une écume muqueuſe. Lorſqu'on ne tire plus ni ſang, ni mucoſité,
l'animal eſt pour l'ordinaire guéri ;
quelquefois il faut recommencer juſqu'à trois fois, & même plus ; mais
cela ne ſe fait pas ſans danger : il vaudroit mieux avoir recours aux remedes anti-dyſſentériques dont nous avons
parlé.

Le piſſement de ſang n'eſt pas ſi à
craindre ; la matiere épanchée s'écoule
librement par les urines, & n'eſt point
expoſée à ſe putréfier, comme dans le
ſang proprement dit. Si l'hémorrhágie

étoit trop confidérable, ou fi elle du-
roit trop long-temps, l'animal pourroit peut-être bien périr de foiblefïe.
On commencera la cure de cette maladie par une légere faignée ; enfuite
ondonnera pour boiffon à l'animal
malade, l'eau d'orge aiguifée avec du
vinaigre : on lui fera en outre prendre
tous les jours, fi le cas eft preffant,
deux ou trois pilules, de la groffeur
d'une noifette, d'alun en poudre, incorporé avec le fyrop de grande con-
foude: on diffoudra encore une once
de gomme arabique, ou telle autre
gomme incraffante, dans une pinte
d'eau de riz, & on lui en fera boire un
demi-fetier par jour en deux ou trois
prifes; nonobftant la guérifon de l'a-
nimal, on le tiendra encore pendant
deux ou trois jours au régime d'eau
de riz pour boiffon, & de farine d'orge
pour nourriture: on ne lui permettra
que peu d'exercice, ou un exercice
très-modéré, & on lui interdira tout
ce qui peut l'échauffer ; la boiffon fera
plutôt froide que chaude.

Une maladie particuliere aux Beliers, eft celle qu'on nomme improprement chaude-piffe. Lorfque les Beliers ont trop de Brebis à faillir, il

arrive fouvent que les parties de leur
génération tombent dans le relâchement, & laiffent échapper la femence.
Pour apporter remede à cet accident,
il fuffit de mettre l'animal à un régime
rafraîchiffant, & à une boiffon nitrée
& aiguifée avec du vinaigre.

Le prépuce des Beliers & des Moutons s'enflamme quelquefois avec enflure, excoriation & légere fuppuration; c'eft ce que les Bergers appellent
mal-à-propos chaude-piffe. Cet accident ne provient fouvent que de la
mal-propreté des Bergeries, & difpa-
roît bien vîte, pourvu qu'on entre-
tienne la partie affeclée propre, qu'on
l'adouciffe avec quelque graiffe. Si cependant, après l'inflammation & l'enflure diffipées, l'écoulement continue,
on lavera le prépuce avec le vinaigre
& l'eau, mêlés à parties égales avec
de l'eau de chaux légere, d'alun, ou
de tel autre déffiicatif.

Une maladie qui eft encore très-
commune aux Brebis, eft la brûlure,
ou mal de fer. Il faut expliquer ce
qu'on entend communément par cette
maladie: Lorfqu'un troupeau a été violemment tourmenté, fur-tout pendant
les grandes chaleurs, foit par la fatigue,

en allant chercher les pâtures trop
loin, foit par l'indifcrétion des Bergers,
qui le livrent à leurs chiens, & le font
courir inceffamment ; les Brebis ou
Moutons de ce troupeau s'échauffent,
maigriffent, & fe deffechent au point
que par la fuite elles périffent de ma-
rafme ; c'eft pour lors qu'on dit que le
troupeau eft attaqué de cette maladie.
On n'a que des fignes équivoques de la
brûlure, ou mal de feu, tels que la rougeur des yeux, la maigreur, une foif
ardente, la connoiffance du peu de foin
qu'on a eu de la bête. Les remedes qui
conviennent dans fon commencement
font le repos, une nourriture humec-
tante, émolliente & rafraîchiffante, des
pâtures graffes & fraîches, une boiffon
nitrée & légérement falée, ou aiguifée
avec le vinaigre ; mais quand le mal eft
parvenu à un certain point, c'eft-à-dire,
quand le foie des Brebis eft racorni &
fquirreux, ce qui arrive toujours dans
cette maladie, il n'y a pour lors point
de guérifon à attendre. On pourroit cependant tenter des remedes fondans.

, Le tournoyement ou le vertigo eft
une maladie qui eft encore ordinaire
chez les Brebis : quand elles en font attaquées, elles font toutes étourdies ; elles

chancelent en marchant ; elles tombent fréquemment, dirigent pour l'ordinaire leur marche , & tournent toujours du même côté. La durée du vertigo est presque toujours d'un mois ; au bout de ce temps, l'animal périt par accident, ou meurt de consomption. Plus les Brebis sont jeunes, plus elles y sont exposées ; & plus il fait chaud, plus cette maladie est commune : c'est ce qui fait qu'on l'attribue pour l'ordinaire à l'ardeur du soleil. Il n'y a aucun remede à ce mal. Dès qu'on s'apperçoit qu'une Brebis en est attaquée , on la tue à l'instant, avant qu'elle ne soit réduite en consomption , parce que sa chair n'en est pas pour lors moins bonne.

L'obstruction du lait est une maladie qui n'est propre qu'aux Brebis qui nourrissent ; leur mamelle devient très-grosse, dure & douloureuse : on emploie pour cette maladie avec succès l'emplâtre de ciguë. Ce topique dissout le lait grumelé & coagulé , fond les obstructions , & amollit les duretés. Outre les maladies internes & de la peau dont nous avons parlé, il y a encore d'autres maladies d'accidens , parce qu'elles surviennent accidentellement aux Brebis, telles que les blessures, les piquures, les morſures, les contuſions, les poiſons ou alimens dangereux.

Les bêtes à laine ſont rarement ſujettes à des bleſſures conſidérables; quand elles en ont, il faudra appliquer deſſus des plantes vulnéraires, telles que les feuilles froiſſées de nicotiane, de bugle, de ſanicle; & à défaut de ces feuilles, on pourra avoir recours à notre eau vulnéraire, dont nous avons donné la compoſition dans notre Médecine moderne.

Les morſures ſont très-dangereuſes aux Brebis; il y a toujours contuſion & lacération, ſur-tout dans celles du loup; les chairs s'en trouvent tellement froiſſées, qu'elles n'ont preſque plus de reſſort, même à ſix pouces autour de la bleſſure; elles ſont d'un pourpre noir; le ſang répandu & ſtagnant forme une échymoſe, qui fait bientôt tomber la partie en gangrene & en mortification. Il faut détruire les chairs mortes juſqu'au vif, afin d'éviter la gangrene, & d'établir une ſuppuration louable, qui cicatriſe la plaie. Pour parvenir à cela, il faut ſe ſervir du cautere: on échaude la partie, en y verſant de l'huile bouillante, en prenant cependant garde qu'elle n'offenſe les parties eſſentielles;

telles que la trachée-artere , fi la morfure eft au col. Cette brûlure forme une
efcarre, & la fuppuration s'y établit ;
mais fi la morfure eft confidérable, &
s'il y a beaucoup de chair emporté,
l'animal a beaucoup de peine à en revenir.

Dans les pays où les viperes font
communes, les Brebis font fujettes à
en être mordues ; auffi-tôt après l'accident , on fcarifiera la morfure ; on
laiffera faigner les incifions pendant
long-temps , après quoi, on les étuvera
avec l'efprit volatil de fel ammoniac :
on fera prendre de quatre en quatre
heures un verre d'eau , dans laquelle
on mêlera fix ou fept gouttes du même
efprit : ou, fi on aime mieux, on pourroit incorporer la même quantité d'efprit volatil avec de la farine , pour un
bol que l'on fera avaler à la bête mor-
due , quatre ou cinq fois par jour, jufqu'à ce que les accidens aient difparu ;
c'eft pourquoi les Bergers feront très-
bien d'être toujours munis d'une phiole
d'efprit volatil, tant pour eux que pour
leurs troupeaux. Ce traitement peut
encore convenir dans le cas de la
morfure d'un animal enragé ; il fuffira
feulement d'y joindre deux ou trois

grains d'opium diffous dans du vinaigre; quant aux piquures; lorfqu'elles
font fuperficielles, elles fe guériffent
facilement, ainfi que les coupures faites
avec les inftrumens dont on fe fert pour
les tondre. Il n'y a qu'à frotter uniquement le mal avec quelque graiffe, ou
un peu d'huile battue avec du vin. Si
la piquure eft cependant profonde, il
faut y couler de l'effence de térébenthine.

Il arrive fouvent que les pieds de la Brebis étant amollis, & prefque pourris par
la fiente & l'humidité, l'animal prend un
clou, une épihe ou un chicot; quelqué-
fois même la pourriture & la chaleur
feule du pied le font boiter; quand il
s'y trouve un corps étranger, il faut
à l'inftant l'en tirer. Après avoir examiné le deffous du pied, les talons &
l'entre-deux des fabots, quand il s'y
trouve du pus, il faut l'évacuer par une
incifion: on nettoie le pied, on enleve
tout ce qui eft gâté, tant de la fole que
du fabot; & on le panfe avec des ten-
tes imbibées d'effence de térébenthine. Si on venoit à négliger ces chofes, la matiere croupiroit infailliblé-
ment dans les parties, & attaqueroit
les tendons & les ligamens qui font dans

l'intérieur du pied, ce qui estropieroit au moins l'animal pour toujours.

Des accidens qui surviennent encore quelquefois aux Brebis sont les fractures & les luxations des os : quand leurs os sont fracturés, on tâche d'en réunir les extrémités, & de les contenir avec des éclisses, jusqu'à ce que le calus soit formé ; ce qui se fait plus vîte dans les jeunes animaux que dans les plus âgés : quand c'est une luxation, on fait la réduction des os luxés, & l'on applique un restreintif de blanc d'œuf battu avec l'alun, auquel on ajoute du vinaigre pour raffermir la partie. Tout ce que nous disons ici à l'occasion des fractures, doit s'entendre précisément de celle des os des jambes ; la fracture des autres os, tels que ceux de la cuisse, de l'épaule, seroit trop difficile à contenir, quand même on réussiroit à en réunir les extrémités. Il en est de même des fractures compliquées, de celles où l'os est fracassé, & où il y a plusieurs esquilles ; rien n'empêche cependant d'en tenter la cure : si l'animal n'est pas en état d'être tué, après avoir fait précédemment la réunion le mieux que l'on pourra, & avoir assujetti avec des éclisses, on abandonnera le reste au soin de la nature. Lorsque l'animal est jeuné, il peut s'y faire un calus, & s'y former une tumeur, que l'on ouvrira, & par laquelle les esquilles feront rejettées. Si, par l'extraction de l'esquille, l'os se trouvoit à nud & à découvert, il faudroit panser la plaie avec des plumaceaux imbibés de teinture d'aloës : mais rarement doit-on entre-prendre une pareille cure ; il faut un mois & plus pour consolider une fracture simple.

Une maladie commune aux Brebis qu'on exporte d'au-delà des mers, est celle qu'on nomme *mal de mer*. Le roulis du vaisseau leur donne des étourdissemens, leur fait perdre totalement l'appétit, & provoque le vomissement. Cette maladie n'est qu'un trouble de la machine animale ; on la rétablit, en faisant boire un verre d'eau-de-vie à chaque Brebis malade. L'expérience a prouvé que ce seul remede étoit suffisant pour opérer la guérison.

Il se trouve une quantité de plantes qui sont nuisibles & même venimeuses aux Brebis : nous en avons parlé ci-dessus, ainsi, nous ne parlerons actuellement que des plus dangereuses. Une de celles qui passent pour telles est le sanvé, le rapistre, & en quelques endroits le féné. *Sinapi arvenſe præcox.* Cette plante eſt très-abondante dans de certains terreins. Les Brebis en mangent avec avidité, fur-tout lorſqu'elles font preſſées par la faim, & elles en périſſent à l'inſtant. Quelques Auteurs ont aſſuré, fans cependant aucun fondement, que la crapaudine *ſideritis* engendroit des vers dans les Moutons : nous n'oſons avancer un tel fait.

La prêle, ou la queue de Cheval, *equiſetum arvenſe*, fait avorter, dit-on, les Brebis ; l'anemone des bois leur occaſionne la dyſſenterie : en général, toutes les plantes âcres telles que les renoncules, & les marécageuſes telles que la ciguë aquatique, leur font toujours nuiſibles, & ſouvent pernicieuſes ; quant aux inſectes, tels que les araignées, les chenilles, qui paſſent pour venimeux, & que les Brebis auroient pu avaler, comme ces inſectes ne peuvent tout au plus leur occaſionner que quelques dégoûts, ou quelques légers boutons à la bouche, on leur frottera la langue & les levres avec du vinaigre & du fel, ou du lait.

Outre toutes les maladies qui affectent les Brebis, & que nous venons de détailler, ces animaux ſe trouvent encore expoſés à divers inſectes, qui leur font très-pernicieux. Les plus communs font les poux, la tique, la mouche du finus frontal. Cette derniere eft la plus dangereufe ; elle fait fouvent périr l'animal ; elle s'infinüe par les narines, & pénetre jufqu'au finus frontal ; elle y dépofe fes œufs ; le petit vêr qui en naît fe nourrit du mucus dont cette cavité eft abreuvée, s'y métamorphofe, & en fort par la même voie, c'eft-à-dire, par les narines, en mouche parfaite. Il eft facile de concevoir la douleur & l'inflammation que peut caufer ce ver par fon mouvement dans une cavité tapiffée d'une membrane très-fenfible & très-délicate ; il n'y a aucun remede à apporter à cet accident.

Une efpece de ces mêmes mouches dépofe encore quelquefois fes œufs fur le dos des Moutons ; cet infecte s'infinue fous la peau par le moyen d'une efpece de tariere, dont il eft muni ; peu après, il s'éleve à l'endroit piqué une tumeur, dans laquelle eft logé & fe nourrit le ver provenu de l'œuf, jufqu'à ce qu'il fe métamorphofe & forte en véritable mouche : quelques-uns ouvrent légérement la tumeur, & en tirent le ver ; mais dans les pays où

cet infecte eft commun ; cet expédient
feroit impraticable ; le dos entier de l'a-
nimal ne feroit qu'une plaie. Dans la
partie feptentrionale de l'Angleterre,
les Brebis y font fort fujettes : on emploie pour les en garantir un onguent
de goudron , de beurre & de fel , qu'on
leur met depuis le front, le long du dos,
& fur une partie des épaules.

Pour chaffer les poux & autres infectes des Brebis, on fe fert de l'infufion d'une demi-livre de tabac dans
quatre ou cinq pintes d'eau , à laquelle
on ajoute une poignée de fel : on en
lave exactement la Brebis. Nous pour-
rions rapporter ici plufieurs remedes
contre les maladies des Brebis. Comme
nous nous propofons de publier une
Médecine des Animaux domeftiques, nous
les réfervons pour les inférer dans cet
Ouvrage.

La laine eft la principale production
de la Brebis : c'eft un affemblage de filets qui s'implantent dans la peau, &
qui fe nourriffent & croiffent ainfi &
de même que les poils de la plupart
des quadrupedes ; elle differe beaucoup
pour la qualité , fuivant les climats
fous lefquels vivent les bêtes qui la
produifent, felon la nature des alimens

dont on les nourrit, & felon le foin
qu'on en prend ; en général, les laines
font plus ou moins longues, plus ou
moins fines, plus ou moins douces &
foyeufes, frifées ou droites, & de diverfes couleurs. Pour que la laine foit
bonne, il faut qu'elle foit foyeufe, dé-
liée, luifante & mollé au toucher : on
ne peut avoir de la bonne laine d'une
Brebis malade ou négligée.

Chaque toifon a trois efpeces différentes de laine ; celle qu'on nomme
mere-laine, eft celle du dos & du cou,
après quoi vient la laine des cuiffes &
des flancs, & enfin, celle de la gorge
& de deffous le ventre ; mais cette derniere eft la moindre des trois. On donne
le nom de *laines peladés, pelures, pelies*
ou *avalins*, aux laines dont l'emploi doit
être rare & défendu , c'eft-à-dire, à
celles que l'on abat de deffus les peaux
de Moutons tués, après que ces peaux
ont été trempées dans la chaux ; aux laines brifées ou falies en maladies ; à
celles qui tombent avant le temps de
la tonte ; aux laines élancées, c'eft-à-
dire, à celles qui pouffent avant que la
vieille foit tondue : de ce nombre font
auffi les peladés, que l'on abat depuis
le mois de Juin jufqu'en Octobre, de

même que les morilles, ou laines de
Moutons morts de maladies: les loix en
proscrivent même l'usage. Les pignons
& les bourres, je veux dire les laines
qui restentau fond des peignes, & celles
qui tombent sous le chef, sont encore
regardées comme des laines grossieres
& imparfaites. E   éral, toutes les
                   connues sous les
                      , ou de rebut.
Les pelades sont beaucoup plus molles & plus flexibles que la laine coupée,
ou la laine de toison ; aussi rendent
elles l'étoffe plus douce & plus mania-
ble : mais ces sortes de laine n'ont ni
la force, ni la consistance de l'autre,
& la raison en est bien évidente ; ces
filetscessant d'être nourris après la mort
de l'animal, perdent une partie de leur
substance, & se vuident du suc le plus
fluide qu'elles contiennent. Ce vuide
est un défaut capital ; c'est de lui que
résulte la mollesse, qui fait qu'ils cedent
à la main.

Il est de fait que les étoffes fabri-
quées avec ces laines se creusent & se
perdent à la longue, ou que les vers
s'y mettent ; la laine a son point de maturité, au-delà & en-deçà duquel elle
n'a pas acquis ou perdu le degré de

bonté dont elle est susceptible, suivant sa qualité ; il s'ensuit de-là que la laine avalie où coupée avant la saison, est inférieure en qualité à la laine de toison.

On observe que la toison du Mouton est toujours mieux garnie & plus fine que celle du Belier & de la Brebis, pourvu qu'on suppose qu'ils soient de la même race, de la même espece & de la même qualité de laine. Si cependant la Brebis ne sert point à la propagation, sa toison est aussi bien conditionnée que celle du Mouton. La laine du Mouton est aussi préférable à celle du Belier & à celle des Brebis.

On emploie dans les Arts les différentes especes de laines, selon leur qualité. Le Bonnetier ou Drapier rejette comme trop fortes on trop grossieres celles que le Tapissier asservit à une infinité d'usages : aussi divise-t-on les Fabricans qui travaillent en laine en trois classes, en Drapiers drapans, en Bonnetiers & en Tapissiers.

Ces différens Artistes n'emploient la laine qu'après plusieurs préparations : on la tond d'abord ; on la lave ; on la trie ; on l'épluche ; on la carde ; on la peigne suivant sa qualité, on la trousse, & on la file.

Anciennement, au lieu de tondre la
laine, on l'arrachoit : on choififfoit
pour cette opération le temps où la
laine fe fépare de la peau ; & comme
toute la toifon ne quittoit pas à la fois,
on couvroit de peau chaque animal,
jufqu'à ce que toute la toifon fût parvenue au degré de maturité qu'il falloit, pour ne pas caufer à ces bêtes des
douleurs trop cuifantes ; mais on a abandonné aujourd'hui totalement cette
coutume. Dès que le temps propre à
la tonte eft venu, on commence à laver
plufieurs fois fur pied la laine avant de
l'abattre. C'eft principalemeut de cette
opération que dépendent l'éclat & la
blancheur des laines ; les filets fe trouvent par-là débarraffés du fuint qui les
enveloppoit, recouvrent leur reffort
& leur flexibilité ; ils s'élancent avec
facilité, & fe fortifient en peu de jours,
tandis que le lavage qui fe fait après la
coupe, dégage feulement la laine de
fes impuretés, fans lui rendre fa premiere qualité & fon ancienne confiftance.

Si l'année a été pluvieufe, on ne lavera le Mouton que pendant trois jours
confécutifs, avant celui où on le dé-
charge de fa laine ; mais fi au contraire

l'année a été feche, on le lavera plus
d'un mois auparavant: on prévient toujours par-là le déchet de la laine, qui
eſt très-confidérable. Dans les années
de féchereſſe, l'eau de la mer eſt préférable à l'eau douce pour les laver;
& l'eau de pluie à l'eau de riviere.

La laine, ainſi que toutes les autres
productions, a un point fixe de maturité: on tond les Brebis ſelon les ſaiſons
& les climats. Dans le Piémont, cette
tonte ſe fait trois fois l'année, pendant
les mois de Juin, Juillet & Novembre;
& dans les endroits où elle ne ſe pratique que deux fois l'année, la premiere
de ces tontes ſe fait en Mai, & la ſeconde en Août; les toiſons de la ſeconde coupe font toujours inférieures
en qualité à celles de la premiere. En
France, on n'en pratique ordinairement qu'une par an, & c'eſt toujours
en Mai ou en Juin; les Agneaux ſe
tondent en Juillet.

Quand une bête eſt malade, il ne
faut pas la tondre; ce feroit expoſer
la vie de l'animal: d'ailleurs, la laine
qui en proviendroit feroit défectueuſe.
Un temps chaud, un ciel ſerein, qui
promette pluſieurs belles journées con-

fécutives, c'eſt ce qu'il faut choiſir pour
tondre les Brebis.

i. ‘On coùvre d'un drap l'aire où l'on
tond la laine: on. nettoie parfaitement
bien cet endroit, & on a ſoin qu'il ſoit
très-ſec. Après avoir abattu chaque
robe de laine, on la roule ſéparément,
& on la dépoſe dans un lieu bien aëré :
on la laiſſe en pile le moins de temps
qu'il eſt poſſible ; il ſeroit même très-
à-propos de la porter à l'inſtant au laⁱ
vage ; de peur que la graiſſe & les matieres hétérogenes dout elle eſt imprégnée, venant à fermenter, n'alterent
ſa qualité. Quand la tonte eſt bien
faite, la pouſſe ſuivante en devient
plus abondante. On ne peut couper la
laine aſſez près de la peau ; & quand
lés Moutons ſont tondus, on les lave
de nouveau, pour donner à la nouvelle laine un eſſor plus facile. Il faut
préférer pour le lavage, ainſi que nous
l'avons déja obſervé, l'eau ſalée à
toute autre. Les inſtrumens qui ſont
faits en forme de ciſeaux, & qui ſe
nomment en quelques endroits *fauches,*
en ſéparant les filets de leur tige, laiſſent à chaque tuyau autant d'ouvertures, que l'eau ſalée referme ſubitement.

ı Les Anciens, au lieu de laver leur
bêtes après la tonte, les frottoient de
lie d'huile, ou de vin, de vieux oing,
de foufre, ou de quelqu'autre liniment
femblable. Lorfqu'on a abattu la toifon,
la premiere façon qu'on lui donne,
c'eft de l'émucher, c'eft-à-dire, de
couper avec les inftrumens précédens
l'extrémité de certains filets qui furpaf-
fent le niveau de la toifon. La qualité
de ces filets excédens eft-d'être beaucoup plus groffiers, plus durs & plus
fécs que les autres; fon mêlange dé-
graderoit toute la toifon.

Il eft à obferver au fujet des laines,
que la fecrétion continuelle du fuint
forme à la longue un fédiment & de petites croûtes qui gâtent la laine, fur-
tout pendant les temps chauds: on lavera les laines immédiatement après
la tonte, depuis le mois de Juin jufqu'au mois d'Août. Plus ce lavage eft
différé, plus le déchet en eft confidérable; c'eft ordinairement de moitié. Ce déchet fuit les années; l'altération eft beaucoup plus forte, lorfqu'il
n'a pas plu vers le temps de la coupe,
que quand la faifon a été pluvieufe.
Pour éviter ce déchet, il fuffit de laver la laine à dos pendant plufieurs

maines, & même quelques mois avant le temps de la tonte.

Deux abus contribuent encore à gâter la laine ; l'un eft la coutume qu'on a de marquer les Moutons avec des couleurs détrempées dans l'huile , & d'appliquer ces couleurs fur la partie la plus précieufe de la toifon, telle que fur le dos ou fur les flancs. De pareilles marques ne peuvent point s'effacer au lavage ; les Eplucheurs négligent de féparer les croûtes qu'elles forment; cette opération demanderoit trop de temps : de pareilles croûtes paffant dans le fil & les étoffes qu'on en fabrique , les rendroient tout-à-fait défectueufes. Un autre abus ne concerne que les petes de graiffe, & de tout ce qu'il y a de plus infect, de la part des Bouchers qui les abattent. Il eft facile d'obvier au premier de ces abus, en marquant feulement les Moutons fur la tête, ou par différentes incifions aux oreilles ; quant au fecond, il n'y a que les Réglemens de Police qui y puiffent apporter remede.

La couleur de la laine qu'on préfere dans les Manufactures eft la blanche; elle reçoit à la teinture des couleurs

plus variées & plus foncées ; que celle
qui fe trouve naturellement colorée ;
& en général les laines frifées paffent
pour être de meilleure qualité que les
droites.

Il n'y a point de laines auffi belles
que celles du Corafan & de Kerman,
Provinces de Perfe; elles font infiniment fupérieures à celles d'Efpagne.
Ces toifons font d'un beau gris argen-
té, toutes frifées & plus déliées que
la foie. Quand les Moutons de ces con-
trées ont mangé de l'herbe nouvelle,
depuis Janvier jufqu'en Mai, la toifon
entiere s'enleve d'elle même, & laiffe
la bête auffi nue, & avec la peau auffi
unie que celle d'un cochon de lait qu'on
a pelé dans l'eau chaude. Après avoir
lavé la laine, on la bat; les parties groffieres s'en vont, & il ne refte que le fin
de la toifon.

Les Tartares Ufbecks & de Befahar
ont des Moutons chargés d'une laine,
grifâtre & longue, frifée au bout en petites boucles blanches, & ferrées en
forme de perles. Une pareille fourrure
eft la plus précieufe de toutes celles
dont on fe fert en Perfe, fi on excepte
cependant la zibeline : on nourrit ces
Moutons avec grand foin, & le plus

souvent à l'ombre ; & lorfqu'on eſt obligé de les mener à l'air, on les couvre de même qu'on fait les Chevaux.

On ne voit point en France de ces belles laines, quoique celles du Levant y ſoient fort connues ; ces dernieres nous viennent de Conſtantinople & de Smyrne par Marſeille. Les Turcs, bien différens des autres Peuples, emploient la meilleure à leur uſage, & tâchent de déguiſer ce qu'ils ont de plus commun, pour le paſſer aux Etrangers. En général, les laines de Conſtantinople & de Smyrne ont de la douceur & de la qualité ; celles d'Alep & de Chypre ſont dures & ſeches.

Parmi les laines d'Europe, celles qui ſont les plus eſtimées ſont celles d'Eſpagne & d'Angletérre, & on rapporte aux qualités de celles-ci toutes les autres laines, ſelon qu'elles en approchent plus ou moins. On diviſe par conſéquent toutes les qualités de laines en deux claſſes principales : on rapporte à la claſſe premiere des laines d'Eſpagne, les laines courtes, & à la claſſe de celles d'Angleterre les laines longues.

Il n'eſt pas ſurprenant que la laine d'Eſpagne ſoit auſſi bonne qu'elle eſt :

on

on trouve réuni dans le Royaume,
tout ce qui peut contribuer à l'excellence des bêtes à laine ; le climat, les
pâturages & les eaux. Les chaleurs font
moins vives en Espagne , notamment
dans la Castille, qu'en Afrique ; & l'hiver n'est point dans ces cantons assez
rigoureux pour être obligé de renfermer des troupeaux pendant des mois
entiers : d'ailleurs, les pâturages de
Castille & de Léon sont très-bons, &
les eaux font d'une qualité unique ; il
s'y trouve des rivieres & des vaisseaux
dont l'eau opere visiblement la guérison des maladies auxquels les Moutons font sujets; les eaux du Xenil &
du Daro , qui ont leurs sources dans la
Sierra-Niveda, montagne de Grenade,
font douées d'une vertu incisive, propre à purifier la laine, & à rendre la
fanté aux animaux les plus languif-
fans.

Les laines d'Espagne ont pour qualité d'être douces, foyeufes, fines, déliées & molles au toucher : on les divife dans le Pays en fines, moyennes
& inférieures; la plus fine fe nomme
prime ; celle qui fuit, *feconde ;* la troifieme, *tierce :* on distingue par ces noms
la qualité des laines de chaque canton,

en y ajoutant ceux d'où viennent ces laines. Par prime-Ségovie, on entend la laine la plus belle de ce canton ; & comme les primes de Portugal , de Léon & de Rouffillon font en qualité de Ségovie , on les défigne auffi par le même nom : on appelle feconde , ou refleuret de Ségovie ; celle de la feconde qualité, & on nomme enfin tierce-Ségovie, la laine de la moindre efpece.

Les plus belles laines d'Efpagne nous viennent de l'Andáloufie , de Valence, de Caftille , d'Aragon & de Bifcaye ; & parmi les laines d'Aragon , celles des environs de Sàrragoffe font les plus eftimées, de même que celles du voifinage de Ségovie. Parmi celles de Caftille, la laine de l'Efcurial eft mife au deffus de toutes les laines qu'on peut tirer de l'Efpagne ; elles font dans un état affreux de mal-propreté , quand elles nous arrivent : il faut les nettoyer & les laver dans un bain compofé d'un tiers d'urine & de deux tiers d'eau ; cette opération leur donne pour lors un éclat folide, mais elle occafionne un déchet de cinquante-trois pour cent. De pareilles laines ont encore le défaut de fouler beaucoup plus que les autres

fur la longueur.& la largeur des draps,
dans la fabrique defquels on les fait
entrer feules ; quand on les mêle, il le
faut faire avec précaution ; car comme
elles font fujettes à fe retirer plus que
les autres, elles forment dans les étoffes de petits creux & des inégalités
très-apparentes : on en fait cependant
un grand ufage, tant en France qu'en
Angleterre, même dans la fabrique
des draps fins & des plus belles étoffes :
on, emploie fans mêlange la laine de
l'Efcurial dans la Manufacture des Go-
bélins. La prime de Ségovie & de Vil-
lecaftie eft d'ufage pour la fabrique des
draps, des ratines, & autres femblables étoffes, façon d'Angleterre &
d'Hollande : on fe fert de la Ségo-
vienne, ou refleuret, pour faire le drap
d'Elbeuf, & autres de pareille qualité ;
la tierce entre dans les draps les plus
communs, tels que ceux de Rouen ou
de D'arnetal.

Tout le monde fait le cas qu'on fait
des couvertures & des bas de Ségovie.
Quoiqu'on emploie la laine d'Efpagne
dans toutes les Fabriques, elle n'eft
pas cependant univerfellement bonne
pour toutes fortes d'ouvrages ; elle n'eft
pas, par exemple, affez longue pour

les tapisseries, dont la perfection exige
que les chaînes, avec beaucoup de
portées, foient fortement tendues , &
que leur tissu , fans être épais, foit affez
ferme, affez élaftique pour réfifter aux
coups & au maniement des Ouvriers ,
qui fans ceffé les tirent , les frappent &
les alongent ; mais elle eft très-bonne à
carder ; un Mouton en porte jufqu'à
quatre ou cinq livres.

Les plus belles laines , après celles
d'Efpagne , nous viennent d'Angleterre ; la plus parfaite de toutes eft
celle des environs de Cantorbery. En
général , la belle laine d'Angleterre eft
plus longuë & plus luifante que celle
d'Efpagne ; mais en revanche , elle eft
un peu moins fine & moins douce au
toucher ; elle eft d'un beau blanc , propre par conféquent à recevoir les teintures les plus belles , & eft en même
temps très-nette ; il y a fur-tout en Angleterre une efpece de laine qui eft
très-belle , & en même temps remarquable par fa longueur ; elle porte le
nom de laine de bouchon, à caufe de
la forme de fes paquets, qui font faits
comme des bouchons de paille, dont
on fe fert pour frotter les Chevaux.

Les bêtes à laine Angloifes, dont les

toifons font les plus belles, font d'une
petite race ; elles ont de la laine qui
leur pend jufques fur le nez : l'efpece
commune, qui eft la plus ancienne,
fournit des toifons de groffe laine ' de
valeur médiocre ; & l'efpece bâtarde,
qui provient de l'accouplement des
Beliers Efpagnols avec des Brebis
communes, fournit de la laine, qui
tient le milieu entre celle des deux efpeces précédentes. C'eft avec la laine
d'Angleterre, que la longueur rend
propre à différens ufages, qu'on fait les
chaînes, qui demandent d'être fortement tendues, quoiqu'elles aient beaucoup de portée ; elle eft encore la feule,
par fa propreté & par fa blancheur,
propre à recevoir les couleurs de feu,
& les nuances les plus vives ; c'eft avec
cette laine qu'on fait en Bonneterie
des bas, qui fe nomment pour cet effet
bas de bouchon : on en fait auffi de
très-belles couvertures ; on la peigne
& on la file pour différens ouvrages à
l'aiguille & fur le canevas.

Ce qui rend les laines d'Angleterre
fi bonnes, c'eft la température du climat de ce Royaume : on y eft moins
fujet qu'en France aux viciffitudes des
faifons ; les abris y font plus fréquens,

le froid n'y eft pas exceffif, & ces animaux pâturent nuit & jour dans les
plaines ; leurs toifons ne contractent
point par ce moyen aucune faleté, &
ne font pas gâtées par l'air épais des étables, ni par la fiente ; les pâturages s'y
trouvent encore diverfifiés felon les
différentes efpeces de bêtes à laine, &
on remarque dans les eaux d'Angleterre
les mêmes propriétés que dans celles
d'Efpagne pour ces animaux : on a
grand foin dans ce pays de laver les
laines fur pied ; elles en font plus écla-
tantes, & ne fouffrent à la fuite que
très-peu de déchet au lavage. On trouve
des filets de laine d'Angleterre, qui font
quelquefois longs de dix ou douze pouces, & on tire jufqu'à fept ou huit livres de laine par toifon de Mouton
dé race Angloife ; quoiqu'ils foient cependant fort petits.

Avant d'entrer dans le détail de la
laine de France, il convient de dire
encore un mot fur celle d'Hollande ou
de Flandres. Les Moutons d'Hollande
tirent leur origine des Indes Orientales, & ceux de Flandres viennent de
cette race, & n'ont point dégénéré.
Nous ne connoiffons point en Europe
de Moutons auffi gros ; il s'en trouve

qui ont jufqu'à cinq ou fix pieds de
long de la tête à la queue; leur hauteur
& leur groffeur font proportionnées de
même; ces animaux ont une laine d'une
blancheur éclatante, & le plus ou moins
de longueur des filets dépend de leur
fineffe. Les Moutons du Taxal portent
depuis dix jufqu'à feize livres de laine
longue, fine & foyeufe. Les toifons de
Dunkerque ont leurs filets de douze
poùces ou environ, & pefent depuis
vingt jufqu'à vingt-cinq livres en laine;
mais la toifon d'un Mouton, dont la
laine eft frifée à fes extrémités, ne
paffe pas le poids de huit ou dix livres:
c'eft la plus parfaite laine de Flandres;
elle eft très-fine, douce au toucher,
& d'une grande blancheur; les filets
font au plus longs de fix pouces. On
prétend que les plus belles laines
d'Hollande ne le cedent pas en quâ-
lité à celles d'Angleterre; celles de
Flandres font à-peu-près pareilles: elles
font auffi blanches; mais ce qui les
fait quelquefois rebuter, c'eft qu'elles
confervent toujours un peu de fuint
dans les filets; ce qui provient fans
contredit de l'air groffier & de la fiente
des Bergeries, par le peu de foin qu'on
a des troupeaux: c'eft pour cette raifon

qu'elles ne prennent pas aifément les belles teintures de cramoifi, d'écarlate & de jonquille; elles s'emploient cependant dans nos Manufactures de calmandes, de camelots, d'étamines, & autres efpeces d'étoffes , qui exigent une laine longue & fine.

Voyons actuellement les laines de France: on trouve dans le Royaume, qualité d'Efpagne; qualité d'Angleterre & qualité intermédiaire, felon les races différentes des Moutons établies dans les différentes Provinces de ce Royaume, & le foin qu'on y prend de ces animaux. Il n'eft aucune qualité de laines qu'on ne rencontre en France, depuis la laine de Rouffillon, qui paffe pour qualité d'Efpagne, celle de Flandres; qui fe vend pour laine d'Angleterre, jufqu'aux plus mauvaifes toifons d'Allemagne , & de Moutons cornûs des montagnes d'Auvergne.

Les beaux Moutons du Rouffillon & du Languedoc ne different pas beaucoup de ceux des plaines de Ségovie ou d'Efpagne, leurs toifons pefent ordinairement quatre livres : les Berrichons font enfuite ceux qui en approchent le plus; ils donnent une laine fine, qualité d'Efpagne, courte, touf-

fue, mais groſſe & difficile à laver; ce
qui les diſtingue des autres Moutons,
eſt leur ventre pelé.

Le Solognien ne diffère pas beaucoup du Berrichon; cependant il eſt
plus long & un peu plus gros, & a le
ventre pelé de même. Les ſauteurs ſont
une race du Nivernois & du Morvant;
leur taille eſt ronde & ramaſſée, &
leur laine moins bonne que celle du
Solognien ; auſſi une livre de laine de
celui-ci en vaut deux de ceux-là. Le
Mouton Champenois diffère par la
taille, ſelon les races ; quelques-uns
produiſent une laine luiſante, un peu
longue, & aſſez fine; leurs toiſons ſont
très-peu garnies, & à peine rappor-
tent-elles deux livres de laine. Quant
aux Moutons du Limoſin & de l'Auvergne, ils portent tous des cornes.
Les Brebis de ces Provinces ne ſont
pas bien groſſes; elles ne donnent que
très-peu de laine, encore cette laine
eſt - elle jatteuſe, tachetée de noir,
& de peu de qualité. Le Mouton
Allemand eſt facile à reconnoître ; ſes
oreilles ſont noires, & on remarque un
cercle jaune autour de ſes yeux; ſa
toiſon peſe au plus cinq livres au temps
même de la tonte.

Q 5

Les Flandrins, ainſi que nous l'avons
déja obſervé, ſont les plus puiſſans de
tous : on en tire quelquefois juſqu'à
ſeize livres de laine, & cette laine eſt
longue comme celle d'Angleterre, fine,
ſoyeuſe & blanche, lorſqu'elle n'eſt
pas ſalie, douce au toucher. Un pur
Mouton gras Flandrin peut peſer depuis
quatre-vingt-dix livres juſqu'à cent
vingt-cinq, & on en tire du ſuif depuis
vingt-cinq juſqu'à trente livres. Le Mouton d'Artois eſt beaucoup plus rond
que le Flandrin, & ſa laine eſt auſſi
moins belle ; une toiſon de cette eſpece d'animaux ne peſe tout au plus
que huit à dix livres dans le temps de
la tonte. Ce qui caractériſe ce Mouton, ce ſont ſes oreilles longues & pendantes. Il y a deux ſortes de Moutons
en Picardie ; le Picard commun, qui
donne quatre livres & demie de laine
commune, & le Mouton gras de Beauvais, qui paſſe deux hivers à l'engrais
dans les étables ; ce qui fait en tout
quinze mois : on tond ce Mouton en
Avril, & il donne pour lors depuis
huit juſqu'à neuf livres de laine.

Nous diſtinguons de pluſieurs eſpeces de Moutons Normands ; ils ont
cependant preſque tous la tête rouſſe

& les pieds de même. La grosse espece
de Mouton du Vexin Normand porte
jusqu'à dix livres d'une laine dure,
& l'espece commune du même endroit en porte six livres; cette laine
est un peu longue, & moins grossiere
que celle du Mouton de la grosse espece; la tête du Mouton de la petite
espece est courte: le moins estimé des
Moutons Normands est celui d'Alen-
çon; sa laine est dure, & ressemble à
du poil de chien; une toison de cette
laine peut peser trois livres & demie;
ces especes de Moutons ont des cornes
& un corsage fort long.

Le Cauchois a la tête & les pieds
d'un roux foncé, & sa laine est assez
bonne; il en donne pour l'ordinaire
quatre livres. Nous n'avons point en
Normandie de Mouton aussi petit que
le Côtentin; il peut donner au plus
deux livres & demie d'une laine courte
& assez fine. On fait grand cas de la
laine des Baucerons; leurs toisons pesent jusqu'à cinq livres. Ce qui distingue cette variété de Moutons des autres, c'est une espece de fraise de longue laine qu'ils ont autour du col & à
la tête; celle-ci en est garnie jusques
sur les joues & les yeux.

Q 6

Depuis quelque temps, on a fait paſſer en Bretagne des Beliers de Flandres & d'Hollande ; ils y réuſſiſſent aſſez bien : probablement que la race qui en proviendra , approchera quelque jour, de la Flandrine ; elle pourra fournir alors des laines qualité d'Angleterre.

L'eſpece de Moutons de la Saintonge & de Charente, qu'on appelle Flandrins, n'eſt pas la vraie eſpece de Flandres. Ceux qui paſſent pour les plus grands Flandrins de Charente , ont au plus trois pieds de longueur & deux de hauteur ; ils portent deux livres & demie de laine : le nom de Flandrins ne leur a été donné , que parce qu'on donna dans le pays le nom de Flandres à trois lieues de marais qu'on y avoit deſſéchés, & qu'on y fit pâturer des Moutons. La plupart des races dont nous venons de parler ont été mêlées dans preſque toutes les Provinces ; il eſt par conſéquent impoſſible de les retrouver dans leur pureté primitive. Dans le Rouſſillon , le Languedoc & la Flandre , on s'attache autant qu'on peut à maintenir les races ſans mêlange ; il y va de l'intérêt de chaque Particulier.

Avant de finir ce qui concerne la laine, nous obferverons qu'on peut s'en fervir pour l'amélioration des terres. Mills recommande pour cet effet, non-feulement les rognures de draperie, mais encore les portions de laine, où on imprime quelquefois une marque avec la poix fur le corps des Moutons : il veut qu'on répande les rognures d'étoffes, après les avoir coupées par morceaux d'environ un pouce en quarré, fur la terre, avant de donner le labour qui précede celui des femailles ; par ce moyen, elles commenceront à pourrir, quand on retournera la terre pour femer. Cet Auteur ajoute qu'il fe trouve des endroits où on répand les rognures fur les terres fortes, auffi-tôt après y avoir femé le grain.

Si on en croit Welgn, la laine porte un grand préjudice aux arbres par fa grande onctuofité ; mais il s'en attache ordinairement fi peu à l'écorce, qu'on ne peut pas vérifier ce fait. Cependant il n'eft pas moins vrai qu'on feroit très-bien de défendre ces arbres contre les approches du Bétail, car fouvent ils en reçoivent de grands dommages.

La laine graffe, ou laine *furge*, on-

nue dans la Pharmacie fous le nom de
laña fuccida, fe tire en été de la gorge
& d'entre les cuiffes des Brebis ; elle
eft chaude, émolliente & réfolutive : on
l'applique extérieurement fur les contufions & fur les luxations ; elle ap-
paife les douleurs ; elle favorife & augmente la tranfpiration de la partie fur
laquelle on l'applique. MM. Salerne
& Arnauld de Nobleville, difent avoir
vu des perfonnes du fexe, qui, après
avoir reçu des coups dans le fein, ont
été guéries, en appliquant fur la mamelle un cataplafme de laine graffe.

L'œfype, ou fuint des Brebis, eft une
efpece de mucilage graiffeux en confiftance d'onguent, qui fe tire de la graffe
laine qui naît à la gorge & entre les
cuiffes des Brebis & des Moutons : on
lave cette laine, & on la fait bouillir
dans l'eau pour la dégraiffer, afin
qu'elle foit en état d'être employée
comme d'autres laines : on laiffe un peu
repofer les lotions & la décoction, &
l'on trouve au deffus une efpece d'é-
cume graffe, nageante : on la ramaffe,
& l'ayant paffée par un linge, on la met
refroidir dans un baril, où dans un pot,
pour la garder : c'eft ce qu'on appelle
œfype.

Celui qu'on trouve chez les Droguistes, & dont on fait usage pour quelques emplâtres, vient de la Normandie, de la Beauce & du Berry; il faut qu'il soit bon, qu'il soit nouveau, de bonne consistance, net, de couleur brune, d'une odeur désagréable, mais qui ne soit point corrompue; car il s'empuantit quelquefois en vieillissant, & d'autres fois il devient dur comme du savon. Cet œsype est doué d'une vertu émolliente, anodine & résolutive: on s'en sert pour fortifier les jointures, & il s'emploie à l'extérieur contre les luxations & les contusions.

On attribue à la graisse de Brebis, autrement suif, une vertu émolliente & anodine: on s'en sert dans les lavemens contre la colique & la dyssenterie: on l'emploie aussi dans plusieurs pommades adoucissantes.

On prétend que la fiente de Brebis a une vertu discussive & apéritive : on la recommande contre la jaunisse ; la dose en est depuis deux scrupules jusqu'à un gros : on l'emploie extérieurement en cataplasme sur les tumeurs de la rate, sur les corps des pieds, les verrues, & les autres tubercules de la peau.

La chair des Brebis eſt un peu plus
en uſage parmi les alimens que celle du
Belier ; cependant elle n'eſt. pas beaucoup eſtimée, parce qu'elle eſt fade,
viſqueuſe , & propre à produire des
humeurs groſſieres, & un mauvais ſuc ;
ſon lait contient peu de ſéroſité, & il
abonde en parties aqueuſés & buty-
reuſes, qui le rendent gras & épais ;
c'eſt ce qui fait qu'on ne l'emploie
qu'à faire des fromages. Cependant,
au défaut d'un autre lait, on pourroit
s'en ſervir ; mais on a remarqué que
ſon uſage fréquent engendroit des taches blanches ſur la peau.

ARTICLE IV.

De l'Agneau.

L'Agneau eſt un petit animal qui
naît du Belier & de la Brebis : il y a
des endroits où l'Agneau ne conſerve
ſon nom que cinq ou ſix mois ; il ne le
change qu'au bout d'un an dans d'autres pays, & ſe nomme pour lors Belier , ſi c'eſt un mâle, Mouton, lorſqu'on l'a châtré, & Brebis, quand c'eſt
une femelle : on l'appelle Agneau de

lait, tandis qu'il tette, & Antenois,
lorſqu'il a un an.

Le Berger doit renouveller ſes ſoins
& ſa vigilance dans le temps où les
Brebis ſont prêtes d'agneler ; elles ont
beaucoup de peine, & demandent preſque toujours du ſecours, ſans quoi
l'Agneau & la mere courent beaucoup
de danger.

Les Brebis de l'eſpece Angloiſe ne
peuvent pas lêcher aſſez vîte leurs
Agneaux : on a ſoin par cette raiſon de
les eſſuyer avec du foin & du linge.
Dès que l'Agneau eſt né, on le met
droit ſur ſes pieds ; & afin de lui donner des forces, le Berger met du lait
de Vache dans ſa bouche, & le ſouffle
dans celle de l'Agneau ; il l'approche
de ſa mere, pour l'accoutumer à la
connoître & à la tetter : on trouve ſouvent des Agneaux qui ne ſavent point
tetter d'eux-mêmes ; il faut en ce cas
leur en montrer le chemin, & n'y plus
toucher, dès qu'ils l'auront appris. On
a coutume de traire & de répandre le
premier lait des Brebis, parce qu'on
a obſervé qu'il purgeoit les Agneaux :
mais cette précaution leur eſt perni-
cieuſe ; car il eſt certain que la nature
a deſtiné ce premier lait pour les pur-

ger : on a même remarqué que les Agneaux qui ne l'ont point reçu, font expofés à un plus grand nombre de maladies que ceux à qui on l'a permis. Il y a des fignes auxquels on peut connoître fi les Agneaux nouveau-nés feront d'une bonne efpece, & propres à la propagation.

1°. On connoît que l'Agneau & la mere fe portent bien, fi l'eau dont l'Agneau eft mouillée paroît jaunâtre; 2°. s'il paroît trois ou quatre jours après fa naiffance, & lorfqu'il eft bien féché, des poils longs & roides fur quelques parties de fon corps; & fi les poils tombent bientôt après, c'eft une marque que fa laine fera fine & longue; 3°. il deviendra fort grand, s'il a les pieds & les membres gros & forts; 4°. il faut qu'un Agneau ait quinze jours pour bien connoître la figure qu'il aura, lorfqu'il fera grand : on ne doit pas le garder, fi on ne lui trouve point les marques qui caractérifent les bons Moutons & les bonnes Brebis. Lorf-qu'une Brebis donne deux Agneaux à la fois, il eft à propos de ne lui en laiffer qu'un, & de faire nourrir l'autre par une Brebis qui aura perdu le fien. Si on lui permettoit de les nourrir tous

deux, elle maigriroit trop. Dans le cas
où la Brebis fans Agneau rebuteroit celui qu'on lui donne, on pourroit l'envelopper de la peau du mort, fi cette
peau eft fraîche & humide, & le laiffer ainfi pendant la nuit; le lendemain,
on ôteroit cette peau, qui aura com-
muniqué au nouvel Agneau une odeur
fuffifante pour tromper la mere, & l'ô-
bliger de l'adopter : mais une pareille
méthode peut avoir fes inconvéniens,
parce que l'Agneau vivant pourroit ga-
gner les maladies de l'Agneau mort.

Les jeunes Agneaux perdent beaucoup à être maniés fouvent; ils ont
cela de commun avec les petits de
tous les animaux domeftiques : il faut
laiffer à leurs meres le foin de les lêcher;
fi elles les repouffent, ce qui arrive ordinairement lorfqu'elles agnelent pour
la premiere fois, on répand pour les y
accoutumer quelques grains fur leurs
petits.

La Brebis doit refter au moins les
deux premiers jours dans l'étable, pour
qu'elle foigne fon Agneau, qu'elle le
tienne chaudement, & que l'Agneau à
fon tour la connoiffe : on la nourrit
pendant ce temps avec de bon foin &
du fon, & on lui donne à boire de l'eau

blanchie avec de la farine de froment ;
il ne faut pas lui épargner la litiere.
Quand un Agneau connoît sa mere,
on envoie celle-ci aux champs avec le
troupeau, observant néanmoins de ne
pas la conduire trop loin, de peur que
son lait n'en soit échauffé. On tient
tous les Agneaux ensemble derriere
une claie, dans un coin de la Bergerie
qui soit un peu obscur ; avec de la
bonne litiere : mais il faut avoir soin
qu'ils n'aient pas trop chaud ; le grand
air leur deviendroit pour lors préjudiciable, quand on les meneroit paître.
Lorsqu'il fait beau, on les expose à l'air
une fois par jour, afin de les y accoutumer ; & dès qu'ils marchent bien, on
les mene tout-à-fait dehors pendant le
soleil seulement, pour quelques minutes : on ne laisse les Agneaux avec leurs
meres pour tetter que les matins avant
d'aller paître, & les soirs après leur retour. Ainsi, les Agneaux ne tettent que
deux fois en vingt-quatre heures. Lorsque les petits sont en état de manger,
on leur donne un peu de foin pour les
amuser & les empêcher de bêler, tandis que les autres sont allés paître.

La nourriture qui est la plus analogue à celle qu'ils reçoivent de leur

mere., eſt le lait de Vache ou de Chevre, dans lequel on met des pois cuits
ou des feves.: on les habitue peu-à-
peu à cette nourriture, en leur mettant
le doigt dans la bouche , & le nez
dans le lait , afin qu'ils s'imaginent ſu-
cer la mamelle. La meilleure preuve
que cette nourriture leur convient, c'eſt
qu'ils engraiſſent en très-peu de temps.

Il ne faut jamais donner de l'eau
aux Agneaux , tandis qu'ils tettent; le
lait de Brebis ſuffit pour étancher leur
ſoif; l'eau ne peut ſervir qu'à leur procurer des maladies : on donne encore
quelquefois pour nourriture aux
Agneaux , avec le foin, de la bruyere
ou du bouleau. Lorſque les Agneaux
ont atteint trois ſemaines , on peut
les laiſſer aller paître avec leurs meres,
s'il ne fait ni neige, ni giboulées, ni
vent : on fera cependant mieux de ne
les laiſſer aller aux champs qu'à la fin
du mois de Mars, ou au commencement d'Avril. Le temps de ſevrer les
Agneaux n'eſt pas le même dans tous
les pays ; il y en a où on les ôte aux
Brebis au bout d'un mois, ou tout au
plus de ſix ſemaines ; mais dans les
bonnes Bergeries , on a coutume de
les laiſſer tetter juſqu'à la fin du mois de

Juillet, & on a obfervé que pendant tout le temps que les Brebis allaitent, elles ne font point expofées aux maladies du poumon, que les humidités de l'herbe leur caufent : de-là eft venu l'ufage de traire celles qui ont perdu leurs Agneaux, jufqu'au temps où les autres de la Bergerie aient ceffé d'allaiter les leurs. Il y a des pays où on a coutume de traire les Brebis pendant toute l'année. Cette méthode empêche d'acquérir une bonne efpece de Brebis ; car à force de les traire, elles dégénerent, & leur lait diminue pour la quantité & pour la délicateffe. On garde rarement les Agneaux d'une portée à l'autre, parce qu'ils font trop foibles, & qu'ils ne font jamais fi beaux que les autres : on doit choifir pour garder, ceux qui font les plus chargés de laine blanche ; elle fe vend mieux que la noire.

Tout Agneau court rifqué de mourir, fi on le fevre brufquement ; il faut continuer à lui donner du lait mêlé avec quelqu'autre boiffon, d'abord deux fois par jour, puis feulement une fois ; & pour l'accoutumer à brouter, il eft à propos de le mettre avec un autre Agneau, qui connoiffe

déja l'herbe, fi on le fépare tout-à-fait
de fa mere; quand on ne peut pas les
faire pâturer feuls, on leur met affez
ordinairement une efpece de caleçon
fait de ficelle, qui néanmoins ne les
empêche pas de manger ; mais au-
deffus du nez, on y attache des points
de bois, afin que les Brebis les repouffent, fe fentant les mamelles bleffées,
quand leurs petits s'y préfentent.

Tous ceux qui ont parlé jufqu'à préfent du temps de châtrer les Agneaux,
veulent qu'on ne leur faffe cette opération qu'à l'âge de cinq ou fix mois,
& qu'on choififfe pour cela un temps
qui ne foit ni trop chaud, ni trop
froid: mais M. Hartur, dans un Traité
qu'il a donné fur la maniere d'élever
& de perfectionner les bêtes à laine,
prétend qu'il faut châtrer les Agneaux,
lorfqu'ils font âgés de trois femaines,
& toujours au déclin de la lune ; que
plus ils font avancés en âge, plus ils
courent rifque de perdre la vie. Il propofe d'empêcher qu'ils ne fe couchent
après la mutilation, & de les faire promener pendant deux ou trois heures ;
après cela, on les garantit quelques
jours & du froid & du chaud ; on les
foigne & on les nourrit dans l'étable

avec du foin haché, & mêlé avec du
son : c'eſt la noûrriture la meilleure & la
plus agréable qu'on puiſſe leur donner.
Les Agneaux qu'on ne châtre qu'à cinq
ou ſix mois, ſont expoſés à une enflure
qu'on peut prévenir en frottant la partie malade avec du ſain-doux. M. Hartur ne dit point que cet accident arrive à ceux qu'on châtre à l'âge de
trois ſemaines.

Si l'on ne châtroit pas certain nombre d'Agneaux, le troupeau ſe peu-
pleroit de Beliers, qui s'entrebattroient
continuellement à l'occaſion des Brebis, & qui par conſéquent ne profite-
roient pas ; d'ailleurs la chair du Belier eſt toujours moins graſſe, moins
tendre, & infiniment moins agréable
au goût que celle du Mouton ; c'eſt
pourquoi on a coutume de *tourner* les
Beliers trois mois avant de s'en défaire.

Pour faire l'opération de la caſtration des Agneaux, on leur ouvre la bourſe, autrement *ſcrotum*,
avec un inſtrument tranchant : on
en détache les teſticules, puis on
coupe un doigt au-deſſus le cordon qui
les ſuſpend, & qui y porte la nourriture & la matiere ſéminale. On étoit

dans l'habitude de lier les tefticules, & d'attendre qu'ils tombaffent d'eux-mêmes, ou après qu'on les avoit coupés, de faire une ligature, afin d'arrêter, une hémorrhagie plus falutaire qu'à craindre; mais on eft revenu de cette erreur, depuis qu'on fait que la ligature des cordons des tefticules caufe des accidens très-grands, & que les vaiffeaux qui s'y rendent font fi petits, que l'hémorrhagie qu'ils caufent ne peut qu'être falutaire, en prévenant les grandes inflammations.

On a amené en Europe une race de Brebis, qui donne deux Agneaux par an; cette efpece eft aujourd'hui, affez commune en Hollande & dans divers endroits de la Flandre.

Louis XIV a rendu le 29 Octobre 1701, dans fon Confeil, un Arrêt, par lequel il eft défendu à toutes fortes de perfonnes, qui nourriffent & élevent des Agneaux, de les ruer, ou d'en vendre pour les tuer, en quelque temps que ce foit, fi ce n'eft dans l'étendue de dix lieues à la ronde de Paris, où cela eft permis pour les Agneaux de lait, depuis Noël jufqu'à la Pentecôte. Le motif de ce Réglement eft de favorifer & d'augmenter le commerce des laines,

On appelle Agneaux primes, ceux qui naiffent depuis Noël jufqu'au commencement de Févïier ; ils valent généralement un tiers, & quelquefois moitié plus que les tardifs. Quelques Fermiers difent qu'il eft poffib'e de s'en procurer, en donnant tous les jours à chaque Brebis du chenevis, du pain, & une demi-livre d'avoine, ce qui la fait entrer en chaleur plutôt qu'elle n'y eût été difpofée.

Les Agneaux ne font fujets qu'à un petit nombre de maladies ; les indications de ces maladies font les mêmes que dans celles des Brebis. Quand un Agneau a la fievre, on lui donne avec fuccès du lait de fa mere avec autant d'eau de pluie que l'on a fait tiédir.

Quelquefois les Agneaux ont fur le menton une efpece de gale ou gratelle, ce qui leur provient fouvent d'avoir brouté de l'herbe chargée de rofée, fur-tout dans les prés bas & dans les endroits marécageux : on leur fait paffer cette gale ou gratelle, en leur frottant d'abord les levres, le palais & la langue, avec moitié hyfopé & moitié fel bien égrugé ; puis en lavant la gale avec du vinaigre; après quoi on les frotte de fain-doux & de réfine fondus enfemble.

La queue de l'Agneau eſt ſujette à ſe charger de boue, qui venant à ſe durcir, écorche les talons; les inſectes ſe mettent enſuite dans les plaies, & l'animal maigrit & dépérit. Les Bergers ſoigneux ont grand ſoin de laver cette boue, avant qu'elle durciſſe. Il y a des pays, où pour prévenir cette incommodité, on raccourcit la queue des Agneaux à la fin de Mai, en cas cependant qu'ils aient deux mois, ſinon à la fin de Septembre; car il faut bien ſe donner de garde de le faire pendant l'été, à cauſe des mouches qui s'y attacheroient: on en rógne un ou deux pouces aux mâles, & deux ou trois aux femelles. L'opération faite, on met ſur la plaie du ſuif de Bouc avec des cendres de chêne; ou un mêlange de goudron, de ſuif de Bouc & de verd-de-gris, & on enveloppe le tout avec un linge. Cependant pluſieurs perſonnes prétendent que le raccourciſſement de la queue empêche le Bétail de prendre beaucoup de laine.

Quand un Agneau nouvellement né eſt languiſſant, on prend une poignée

de rhué & autant d'aurone, qu'on hache bien menu, pour les faire bouillir
enfemble dans une demi-pinte & même
plus de bière faite fans houblon : on y
ajoute un peu de firop de fouci, & on
en donne de temps en temps une petite cuillerée à l'Agneau, ou bien on
lui fera prendre auffi de temps en
temps à la cuillerée, une décoction d'un
peu de fafran ou de canelle dans le lait
de fa mere.

Lorfque faute de lait dans les Brebis meres, on donne aux Agneaux du
lait de Vache pour les élever, ce lait
leur occafionne quelquefois des diar-
rhées ; pour les empêcher, vous faites
bouillir environ quatre onces de racines de tormentille dans quatre pintes
d'eau; vous les laiffez bouillir doucement pendant un quart d'heure; vous
paffez enfuite la liqueur; vous en mettez un quart avec le lait que vous don-
nez aux Agneaux; vous ôterez par ce
moyen au lait de Vache fa qualité trop
purgative, & les Agneaux fe nourri-
ront de ce lait auffi bien & auffi naturellement que fi c'étoit celui de leurs
meres.

Il fe pratique en Angleterre une
méthode pour élever & engraiffer les

Agneaux, qu'il n'eft pas hors de propos de rapporter ici. Le foin de les engraiffer concerne fpécialement les Villageois qui n'ont pas une grande ferme à faire valoir. Pour en retirer un profit un peu confidérable, il faut être voifin d'un marché; car fi on étoit éloigné d'un lieu propre au débit, les frais de tranfport diminueroient le bénéfice.

Les Fermiers des environs de Londres, achetent vers le mois de Septembre des Brebis prêtes à mettre bas, ou qui ont avec elles des Agneaux nouveau-nés. Les Brebis, dont les Fermiers de la partie occidentale de l'Ifle font un commerce confidérable, font élevées pour être ainfi vendues; elles portent deux fois par an, & donnent fouvent deux Agneaux à chaque fois; leur fécondité eft due aux foins que ceux qui les vendent prennent de les bien nourrir. Ils facrifient de grandes pièces de terre, pour avoir toujours de bons pacages. La force que les Brebis reçoivent de l'abondance des alimens, les excite à chercher le Belier dès le mois de Mai ou de Juin.

Quoiqu'un Payfan n'ait point de troupeau à lui, il peut néanmoins engraiffer les Agneaux, pour peu qu'il poſſede des terres , & qu'il ſoit en état de recouvrer du fourrage au beſoin ; il n'a qu'à acheter des Agneaux , & louer quelques pâturages. Il y a des pays où des familles ſubſiſtent en grande partie du profit qu'elles ſont ſur les Agneaux , quoiqu'elles n'aient pas une Brebis en propre.

A Caſtere , en Angleterre , il y a des prix pour le Fermier qui apporte aux Marchés les Agneaux les plus peſans ; il s'en eſt vu qui alloient au - delà de cinquante livres.

Après le ſoin qu'on doit avoir de ne pas laiſſer les Brebis manquer de nourriture , le principal dont il eſt néceſſaire de s'occuper eſt de faire allaiter les Agneaux. A huit heures du ſoir , on amene les meres à la Bergerie , & on les enferme juſqu'à cinq heures du lendemain matin : on les retire pour lors de l'étable. A midi , le Berger les ramene , & à huit heures du ſoir , il les enferme de nouveau pour toute la nuit ; à huit heures du matin , & à quatre heures après midi , on fait tetter les Brebis de louage ; il faut que le Berger les contienne , tandis que l'Agneau eſt ſous elles ; autrement elles le mordroient , & lui donneroient des coups de tête. Il mettra donc le pouce fous la langue avec les quatre autres doigts fous la mâchoire. Quelques Agneaux fe contentent de tetter une Brebis, d'autres en veulent deux, trois ou quatre, felon leurs forces & la quantité de lait qu'a la Brebis ; car dans les premiers jours où une Brebis a mis bas, elle est en état d'allaiter d'autres Agneaux avec le fien.

Si l'on fait tetter une même Brebis par plufieurs Agneaux, il faut lui préfenter d'abord les plus âgés ; il ne faut pas que le nombre de ces animaux âgés paffe celui de trois. Pour fuivre cette méthode avec pius de facilité, quand on a une grande quantité de ces animaux, il faut les enfermer dans trois pieces différentes, & l'on met enfemble ceux du même âge.

On fupplée, ainfi que nous l'avons déja dit, au défaut de lait dans les Brebis, en faifant avaler à l'Agneau du lait de Vache, à l'aide d'une corne ; plufieurs fois dans le courant de la journée ; de plus, on a foin de donner à lécher aux jeunes Agneaux, de même qu'aux meres, de la chaux en pierre, ou pulvérifée ; quelques uns y ajoutent des pois chiches, écoffés ou non,

mêlés avec de la paille de froment. Le
pois chiche & la paille de froment font
meilleurs que le pois, gris & le foin,
qui font rougir la chair de l'Agneau.

'On peut aussi mettre d'un côté, de la
pierre à chaux ; & de l'autre, celle qui
eft réduite en poudre. Quelques Eco-
nomes mêlent celle-ci avec de la farine
de froment : il y en a auffi qui donnent
de l'avoine aux Agneaux ; mais peu
de perfonnes penfent que ce grain leur
foit propre. Il faut avoir fur-tout l'attention de mettre fous ces animaux une
litiere de paille de froment, qu'on renouvelle deux ou trois fois par jour.

Il arrive fouvent que lorfqu'on a
loué beaucoup de Brebis, on oublie
d'en faire tetter quelques-unes ; il s'en-
fuit que le lait s'échauffe au point de
caufer du mal à la bouche de l'Agneau :
quelquefois l'acrimonie en eft fi forte,
qu'elle donne la rogne au jeune animal. Pour prévenir cet inconvénient,
attachez un bouchon de paille, ou
telle autre marque au col de chaque
Brebis qui vient d'être tettée, afin de
la diftinguer de celles qui ne l'ont pas
été.

Un Agneau d'un mois qui vient bien,
doit pefer tous les jours une livre de

plus: on les vend, quand ils ont sept
sémaines, .& pour, lors ils pesent environ trente livres.

Lorsqu'un Agnéau est en état d'être
vendu, on le porte au marché dans
une charrette, ou dans un sac sur le
dos d'un cheval, après lui avoir arra-
ché la laine d'entre les cuisses & celle
de la queue, & après l'avoir saigné de
la maniere suivante : on lui lie les
quatre pieds ensemble, & on lui coupe
environ un pouce du bout de la queue:
on laisse saigner la plaie, jusqu'à ce que
le jeune animal perde ses forces. Si le
sang ne coule pas abondamment, on
coupe la queue un peu plus loin, &
on la frotte en cet endroit avec le
manche d'un couteau. Il y en a qu'on
est obligé de saigner à trois reprises,
avant de parvenir à les faire saigner
suffisamment ; car il faut qu'ils perdent
assez de sang pour que leurs gencives
blanchissent. Lorsque la plaie n'a pas
suffisamment saigné, malgré les soins
qu'on ait pu prendre, on ne la referme pas ; mais si le sang est encore
en abondance, on applique dessus un
fer rouge : on arrête aussi le sang, en
lavant la plaie avec de l'eau froide,
& en serrant autour un cordon de fil.

Lorſque l'Agneau eſt dans cet état ; on le met ſous ſa mere, afin qu'il répare ſes forces en tettant, & on a ſoin qu'il tette quatre fois. Ce jour-là, on lui laiſſe de plus paſſer la nuit auprès de ſa mere ; le lendemain, de grand matin, on le porte au marché, où on le ſaigne de nouveau, juſqu'à ce qu'il tombe en défaillance. Il faut cependant garder des meſures ; car une ſaignée trop forte l'affoiblit, & lui fait perdre ſa qualité.

Il y en a qui ſaignent leurs Agneaux l'avant-veille & la veille qu'ils les portent au marché ; d'autres qui leur coupent la queue, & n'en étanchent point le ſang, à moins qu'ils ne voient l'animal en danger de perdre la vie ; ils frottent de lait l'Agneau pendant la nuit qui précede le jour où ils le doivent porter au marché.

La pierre à chaux eſt une des choſes dont les Brebis & les Agneaux ſont les plus friands : on ne doit pas négliger de leur en donner de nouvelle une fois par jour, ſoit en poudre, ſoit en morceaux ; ils aiment autant à la caſſer ſous leurs dents qu'à la lécher ; c'eſt pourquoi il faut en mettre au fond de l'auge qui eſt ſous

leur ratelier; cette pierre les garantit
du flux de ventre, leur ouvre l'appétit, & contribue beaucoup à la blancheur de leur chair : il eſt encore à propos de ne pas laiſſer manquer ces animaux de paille de froment; il faut en
mettre de la fraîche au moins deux
fois par jour dans le ratelier; elle leur
nettoie l'eſtomac, lie ce qu'ils ont
mangé, & entretient leur appétit.

La blancheur de la chair dans les
Agneaux, dépend du choix qu'on a
fait du Belier qui les a engendrés. *Voyez*
l'art. du Belier. La chair de l'Agneau
engraiſſé, ainſi que nous venons de le
dire, eſt très-blanche; elle entre dans
nos alimens; elle eſt huméctante &
rafraîchiſſante; elle nourrit beaucoup,
mais elle produit des humeurs aqueu-
ſes & groſſieres, principalement quand
l'animal eſt trop jeune : c'eſt pourquoi
cette nourriture ne convient qu'aux
jeunes gens d'un tempérament chaud
& bilieux ; mais les perſonnes d'un
tempérament froid & flegmatique doivent s'en abſtenir, ou en uſer fort modérément.

L'Agneau fournit à la Médecine
pluſieurs de ſes parties, tels que les
poumons, la caillette ou préſure qui

R 6

fe trouve au fond de fon eftomac, &
fa peau. On confeille les poumons d'A-
gneau dans la phthyfie & les autres affections de la poitrine, & fpécialement
dans les plaies du poumon : on en fait
des bouillons adouciffans, comme on
en feroit avec les poumons de Veau
ou de Renard. La préfure d'Agneau
dont on fe fert pour cailler le lait,
paffe pour falutaire contre les poifons
& contre les morfures des bêtes venimeufes. Schroder confeille d'en diffoudre un peu dans du vinaigre, & de
leur faire prendre de cette maniere.
Ettmuller dit que les Nourrices ont
coutume d'en avaler pour diffoudre
leur lait, lorfqu'il eft coagulé dans
leurs mamelles.

La peau d'un Agneau nouvellement
tué & encore chaude, eft anodine &
réfolutive : on l'applique & on en enveloppe les parties qui ont fouffert de
grandes contufions. Hyppocrate ordonne d'appliquer une peau d'Agneau
toute chaude fur les filles dont les regles font fupprimées : on fe fert beaucoup d'une peau d'Agneau, dont la
laine eft en dedans, pour envelopper
les parties attaquées de rhumatifme,
ou menacées de paralyfie.

- La peau de l'Agneau, garnie de son poil, & préparée, donne une excellente fourrure, que l'on nomme *fourrure d'Agneliers*. Dépouillée de sa laine, & passée en mégie, on en fabrique des marchandises de ganterie : on emploie la laine d'Agneau pour toute sorte d'étoffes, de marchandises de bonneterie, & dans la fabrique des chapeaux. On n'a pu encore parvenir en France à se procurer d'aussi belles toisons que celles que donnent les Agneaux de Perse, de Lombardie, de Tartarie. En Moscovie, les fourrures des Agneaux de Perse sont préférées à celles de Tartarie ; elles sont grises, d'une frisure plus petite & plus belle. La fourrure des Agneaux de Tartarie est d'une laine noire, fortement frisée, courte, douce & éclatante : on tond les Agneaux ordinairement avant l'arriere saison.

On nomme *Agnelin* la laine des Agneaux qui n'ont point encore été tondus, & qu'on leve de dessus leur peau sortant des mains des Bouchers, ou autres qui en tuent : mais cette laine n'a point de qualité ; & comme telle, il est défendu de l'employer à la fabrique des étoffes ; il n'est permis que d'en faire des chapeaux.

Les inteſtins d'Agneaux, préparés &
filés, ſervent aux inſtrumens de muſi-
que, à faire des raquettes, & à d'autres
uſages : pour les faire, des Ouvriers
prennent des boyaux d'Agneau ou de
Mouton ; ils les vuident ; enſuite ils
les font revenir dans de l'eau ; ils les
dégraiſſent & en ôtent les filandres,
puis ils les replongent dans l'eau pour
les faire blanchir : c'eſt pour lors que
des femmes les retirent & les couſent
les uns au bout des autres, afin de leur
donner préciſément la longueur que la
corde doit avoir. On file ces boyaux
un ou pluſieurs enſemble, ſelon la
groſſeur que l'on veut donner à la corde, & à la maniere des Cordiers ; enfin, on fait deſſécher les cordes à l'air :
on les dégroſſit, en les frottant rudement avec une corde de crin, imbibée
de ſavon noir, & on les adoucit avec
de l'huile de noix pour les rendre plus
ſouples. Les meilleures cordes de
boyaux viennent de Rome & de Na-
ples ; il s'en fait un grand commerce à
Paris, à Toulon, à Lyon & à Marſeille.

CHAPITRE VIII & dernier.

DU COCHON.

LE COCHON eſt un animal domeſtique très-connu, qu'on engraiſſe, &
dont on ſale la chair, qui eſt d'un bon
goût ; ſa femelle s'appelle Truie. De
tous les quadrupedes, c'eſt, ſuivant
M. de Buffon, l'animal le plus brut ;
les imperfeſtions de la forme ſemblent
influer ſur le naturel ; toutes ſes habi-
tudes ſont groſſieres, tous ſes goûts
ſont immondes, toutes ſes ſenſations
ſe réduiſent à une luxure furieuſe & à
une gourmandiſe brutale, qui lui fait
dévorer indiſtinſtement tout ce qui ſe
préſente, & même ſa primogéniture
au moment qu'elle vient de naître ; ſa
voracité dépend apparemment du beſoin continuel qu'il a de remplir la
grande capacité de ſon eſtomac ; & la
groſſiéreté de ſes appétits, de l'hébéta-
tion, du ſens, du goût & du toucher.
La rudeſſe du poil, la dureté de la peau,
l'épaiſſeur de la graiſſe, rendent ces
animaux peu ſenſibles aux coups. L'on

à vû des souris se loger sur leur dos, &
leur manger le lard & la peau, sans,
qu'ils paruffent le sentir. Ils ont donc
leur toucher fort dur, & le goût auffi
groffier que le toucher; leurs autres
sens font bons. Le célebre Naturalifte
François place dans le même rang le
Cochon domeftique, celui de Siam &
le Sanglier : ces trois animaux ne font,
dit-il, qu'une feule & même efpece; ils
font finguliers, en ce que l'efpece en
eft, pour ainfi dire, unique; elle eft
ifolée, & femble exifter plus folitaire-
ment qu'aucune autre.: elle n'eft voifine d'aucune efpece qu'on puiffe regarder comme principale, ni comme
néceffaire, telle que l'efpece du Cheval
relativement à celle de l'Ane; elle n'eft
pas fujette non plus à une grande variété de races, comme les chiens; elle
participe de plufieurs efpeces, & cependant elle differe effentiellement de
toutes.

La graiffe de Cochon eft encore
différente de celle de prefque tous les
animaux quadrupedes, autre fingularité, tant par fa confiftance & fa qualité, que par fa pofition dans le corps
de l'animal : elle fe nomme lard; elle
n'eft ni mêlée avec la chair, ni ramaffée

à fes extrémités; elle recouvre cette chair par-tout, & forme une couche épaiffe, diftincte, & continue entre la chair & la peau. La graiffe de la Baleine & des autres animaux cétacées eft à-peu-près de la même confiftance que celle du Cochon, mais plus huileufe.; elle forme pareillement dans ces. animaux, fous la peau, une couche de plufieurs pouces d'épaiffeur, qui enveloppe la chair. Une fingularité encore bien grande dans les Cochons, c'eft qu'ils ne perdent aucune de leurs premieres dents, bien différens en cela des autres animaux. On a mis les Cochons au rang des animaux à pieds fourchus, parce qu'ils n'ont que deux doigts à chaque pied, qui touchent la terre; que la derniere phalange de chacun des doigts eft enveloppée dans une fubftance de corne, & que fi on les obferve à l'extérieur, ils paroiffent

Belier & du Bouc : mais dès qu'on en a enlevé la peau, on les trouve bien différens ; car on remarque quatre os dans le métacarpe & dans le métatarfe, & quatre doigts, dont chacun eft compofé de trois phalanges bien formées; les deux doigts du milieu font plus longs que les autres, & ont chacun un fabot qui porte fur la terre; les deux autres font beaucoup plus courts, & leur derniere phalange eft revêtue d'une corne pareille à celle des fabots; mais elle fe trouve placée plus haut, à l'endroit où font les ergots des animaux de l'efpece du Taureau, & de celle du Belier, du Bouc, &c.

Le Taureau a deux offelets fous les ergots; M. d'Aubenton en a trouvé trois fur ceux du cerf: il paroît même, ajoute ce Médecin Naturalifte, que ces trois offelets avoient rapport aux trois phalanges des doigts, d'où il conclut que plufieurs animaux ruminans, à pied fourchu, ont quatre doigts, comme le Cochon, quoiqu'il y en ait deux qui foient plus imparfaits que les autres; le Cochon a de plus que tous ces animaux, deux os dans le carpe, un dans le tarfe, trois dans le métacarpe & dans le métatarfe; il a auffi de plus le péroné. L'os du coude eft moins formé que dans le Taureau; auffi les jambes de Cochon different-elles autant de celles de ces animaux par la figure extérieure, que par la conformation intérieure. Le talon, que

l'on appelle vulgairement jarret ,
eft-placé beaucoup plus bas dans le
Cochon, parce qu'il a les os du métacarpe & du métatarfe beaucoup plus
courts à proportion que les canons du
Taureau , du Belier, &c.

Le Cochon differe auffi de ces animaux , dit M. d'Aubenton, en ce qu'il
n'a point de cornes ; qu'il ne manque
ni de dents incifives dans la mâchoire
de deffus, ni de dents canines dans les
deux mâchoires ; qu'il n'a qu'un eftomac ; que le canal inteftinal eft beaucoup plus court, & qu'il a au moins
fix mamelles de plus.

Les Cochons font couverts de groffes foies droites & pliantes ; leur confiftance eft plus dure que celle du poil
ou de la laine ; leur fubftance paroît
cartilagineufe , & même analogue à
celle de la corne ; elles fe divifent à
l'extrémité en plufieurs filets , qui font
quelquefois au nombre de fept ou huit,
& peut-être plus , & qui ont jufqu'à
fix ou huit lignes de longueur. En
écartant ces filets , on peut divifer
chaque foie d'un bout à l'autre. Les
foies les plus groffes & les plus longues forment une forte de criniere fur
le fommet de la tête , le long du cou,

fur le garrot & le corps jufqu'à la
croupe ; les couleurs des foies font le
blanc, le blanc fale, le jaunâtre, le
fauve, le brun & le noir.

La plupart des Cochons domeftiques
ont en naiffant une couleur blanche,
qui ne change dans la fuite qu'en ce
que les foies prennent à leur extrémité
une teinture jaunâtre, qui paroît plus
foncée qu'elle ne l'eft naturellement,
parce que l'animal fe vautre fouvent
dans la pouffiere & dans l'ordure.
Comme les foies font couchées les
unes fur les autres, il ne refte à découvert que leur extrémité jaunâtre.
Les plus longues foies des Cochons
domeftiques ont quatre à cinq pouces;
le bout du groin, les côtés de la tête,
les environs des oreilles, la gorge, le
ventre, le tronçon de la queue ont
très-peu de foies , & font prefque
nuds.

La partie du groin du Cochon, à
laquelle on donne communément le
nom de *boutoir*, eft formée par un cartilage plat & rond, qui renferme dans le
milieu un petit os. Ce cartilage eft percé par les deux ouvertures des narines;
il eft placé au-devant de l'extrémité de
la mâchoire fupérieure, & il déborde

par les côtés, & fur-tout par le haut,
fur la peau qui recouvre le bout de
cette mâchoire ; l'extrémité de la mâchoire inférieure fe trouve au-deſſous
de celle de la mâchoire du deſſus, derriere la partie inférieure du boutoir.

' Le Cochon a la tête longue, le Bout
du groin mince, à proportion de la
groſſeur de la tête, & la partie poſtérieure du crâne fort élevée ; les yeux
petits, les oreilles larges, le col gros
& court, le corps épais, la croupe
avalée, la queue mince & de longueur moyenne, & les jambes courtes
& droites, principalement celles du
devant. Le Cochon domeſtique a les
oreilles dirigées en avant, & le corps
long ; celui qui eſt entier, & qui fe
nomme *Verrat*, a la tête plus longue,
& le bas du front moins enfoncé que
celui qui a été coupé;

· La tête groſſe & le groin épais du
Cochon, lui donnent un air d'imbécillité que la direction des oreilles rend
encore plus apparente dans le Cochon
domeſtique; ſes yeux ſont ſi petits &
ſa face ſi dénuée de traits, que la phyſionomie n'auroit aucune expreſſion,
s'il ne ſortoit de longues défenſes à
côté de ſa bouche : elles font remonter

la levre fupérieure en fe recourbant
en haut, & femblent être un indice de
la férocité de cet animal, comme elles
font les armes les plus redoutables qu'il
puiffe employer dans fa fureur. Le corps
eft auffi informe que la phyfionomie
paroît ftupide; le cou eft fi gros & fi
court, que la tête touche prefque les
épaules. Le Cochon la porte toujours
très-baffe, en forte qu'il ne montre
point de poitrail; les jambes de devant ont fi peu de hauteur, qu'il femble que le Cochon foit forcé de baiffer
la tête pour s'appuyer fur fes pieds, &
que tout fon corps aille tomber en
avant; auffi cet animal ne fait paroître aucune aifance dans fes mouvemens; il n'y a point de foupleffe dans
fes jambes; à peine les plie-t-il pour
les porter en avant, & fon allure n'eft
jamais prompte, fans être contrainte.
Le Cochon, dans fa plus grande fureur,
a toujours l'air morne & l'habitude
gênée; il frappe, il perce, il déchire
avec fes défenfes, mais toujours fans
adreffe & fans agilité, fans pouvoir
élever la tête, & fans avoir la facilité
de fe replier fur lui-r. ême, comme la
plupart des autres animaux.

Le Verrat dont M. d'Aubenton s'eft

fervi pour avoir les dimenfions des parties molles de l'intérieur du Cochon avoit quatre pieds un pouce de longueur, depuis le boutoir jufqu'à l'origine de la queue; la longueur de la tête depuis le boutoir jufqu'à derriere les oreilles, étoit d'un pied un pouce, & la circonférence prife au-deffus des yeux, d'un pied onze pouces; le cou avoit cinq pouces de longueur, & deux pieds & demi de circonférence dans le milieu; la hauteur de ce Verrat étoit de deux pieds un pouce depuis terre jufqu'au garrot, & de deux pieds deux pouces & demi depuis le bas du pied jufqu'au-deffus de l'os de la hanche; le corps avoit deux pieds dix pouces de circonférence, prife derriere les jambes de devant, trois pieds cinq pouces au milieu du corps, à l'endroit le plus gros, & deux pieds onze pouces devant les jambes de derriere; il pefoit cent cinquante-trois livres.

L'épiploon du Cochon eft replié derriere l'eftomac; en le développant, il fe trouve affez grand pour couvrir la moitié de l'abdomen dans quelques fujets, & dans d'autres, on peut l'étendre jufqu'au pubis. Le duodenum

fait quelques petites finuofités dans le
côté droit ; il fe replie en dedans, derriere le rein du même côté , & il
paffe à gauche. Les circonvolutions
du jéjunum font dans la région om-
bilicale & dans le côté droit ; celles
de l'iléum fe trouvent dans la région
iliaque droite & dans la région hypogaftrique ; l'endroit où cet inteftin fe
joint au cœcum, varie dans la plupart
des individus ; il s'étend de droite à
gauche dans le côté droit & dans la
région hypogaftrique, ou obliquement
de haut en bas , & de devant en arriere dans le flanc gauche, ou de droite
à gauche de devant en arriere dans la
région hypogaftrique. Ces pofitions
ont encore paru à M. d'Aubenton fujettes à d'autres variétés , parce que
cet inteftin peut changer de place, &
qu'il eft en effet déplacé par différentes caufes, fur-tout par le volume de
la veffie, qui occupe une grande partie de la région hypogaftrique. Lorfqu'elle eft pleine, elle écarte le cœcum
à droite ou à gauche.

Le colon s'écarte en avant au fortir
du cœcum, & forme des circonvolutions prefque ovales , dont la plupart
font concentriques en différens plans,
à-peu-près

à-peu-près comme celle du colon des animaux ruminans, tels que le Taureau, le Belier, &c.: mais dans le Cochon, la portion du colon, qui forme les circonvolutions, eft à proportion beaucoup plus groffe, & les circonvolutions ont une fituation différente; elles font placées fous les inteftins grêles, & unies les unes aux autres par un tiffu cellulaire; la maffe qu'elles forment eft flottante; elle paroît à l'ouverture de l'abdomen : on la trouve dans plufieurs pofitions ; le colon, après avoir formé fes circonvolutions concentriques, paffe à droite derriere l'eftomac, fe replie en bas, enfuite en dedans, & fe joint alors au rectum.

L'eftomac occupoit la partie antérieure de l'abdomen, & s'étendoit prefque autant à gauche qu'à droite; fa

qu'une très-petite diftance entre l'œfophage & l'angle que formé la partie droite de l'eftomac, en fe recourbant en haut, & la partie qui eft à gauche de l'œfophage a prefque autant d'étendue que celle qui fe trouve à droite. Ainfi, le grand cul-de-fac eft fort ample ; de plus, il fe prolonge en haut par un enfoncement, qui eft terminé en pointe

recourbée en devant, & qui a en quelque chofe la forme d'un capuchon.
L'eftomac ayant été ouvert, M. d'Aubenton a remarqué une membrane,
qui, au fortir de l'œfophage, a quelque diftance dans un efpace quarré ;
elle eft ridée & pliffée ; fes bords font
marquées par une forte d'empreinte
ou de trait ; & lorfque l'eftomac a été
macéré, elle s'eft enlevée d'elle-même.
A l'entrée du pylore, il y avoit une
éminence en forme de mamelon, de
quinze lignes de longueur, d'environ
fept lignes de largeur, & de quatre
à cinq lignes d'épaiffeur dans les fujets
adultes ; quoiqu'on étendît l'eftomac
autant qu'il étoit poffible, il reftoit un
pli fort apparent, qui le traverfoit à fa
partie fupérieure entre l'œfophage &
le pylore ; toute la partie droite étoit
revêtue d'un velouté bien fenfible, qui
ne s'étendoit pas fur la partie gauche,
ni fur la membrane quarrée, au milieu de laquelle fe trouvoit l'orifice de
l'œfophage ; la furface poftérieure de
ce prolongement étoit liffe, & fes membranes avoient peu d'épaiffeur ; le foie
s'étendoit prefque autant à gauche qu'à
droite, dans la plupart des fujets que
M. d'Aubenton a obfervés ; dans

d'autres, il ne fe prolongeoit que très-peu à gauche ; il étoit compofé de quatre lobes, trois à droite & un à gauche, en entier ou en partie ; il y avoit de plus une portion du lobe fupérieur droit, & une portion du lobe moyen du même côté que l'on auroit pu prendre pour deux petits lobes, s'ils avoient été plus détachés. La véficule du fiel étoit placée dans une échancrure du lobe moyen, qui féparoit la petite portion de ce lobe dont il vient d'être fait mention ; mais cette échancrure n'eft pas conftante ; lorfqu'elle manque, la véficule eft incruftée dans le lobe. Il y a auffi d'autres variétés dans les foies du Cochon, foit pour leur figure, foit pour celle des lobes & pour leurs grandeurs refpeƈtives.

Le foie du Verrat pefoit deux livres onze onces un gros & demi ; il avoit une couleur livide, tant au dehors qu'au dedans ; la véficule du fiel étoit oblongue ; elle contenoit fix gros de liqueur jaunâtre.

La rate eft fort longue, & pofée tranfverfalement de haut en bas, & de devant en arriere. Dans quelques individus, elle s'étend jufqu'au milieu de l'eftomac. La rate de tous les ani-

maux de l'efpece du Cochon a ordinairement la mêmé largeur, fur plus
de la moitié de fa longueur; la partie
inférieure eft un peu plus étroite &
plus mince; le plus fouvent, les deux
bouts font arrondis, & quelquefois
l'extrémïté fupérieure eft terminée en
pointe : outre ces variétés, il y en a en-
coré dans la largeur ; ce vifcere a
trois faces longitudinales, une fur le
côté extérieur, & deux plus étroites
fur l'intérieur. La rate du Verràt avoit
une couleur brune , rougeâtre ; elle
pefoit trois onces cinq gros. Le pancréas eft compofé de trois branches,
qui fe réuniffent auprès du pylore; la
branche la plus longue s'étend jufqu'au
rein gauche ; la plus courte eft le long
du duodénum ; la troifieme fe trouve
entre les deux premieres, & eft la plus
groffe de toutes à l'extrémité. La pofition refpective des reins varié ; quelquefois ils font tous les deux fur la
même ligne ; d'autres fois, le droit eft
plus avancé que le gauche.

Lēs reins des Cochons font oblongs
& plats, l'enfoncement eft pètit, le
baffinet large, & les mamelons font
gros & diftinéts. Le centre nerveux du
diaphiagme a deux branches, qui s'é-

tendent en arriere; celle du côté droit
eſt ordinairement la plus longue. Le
poumon droit a quatre lobes; le troiſieme lobe ſupérieur eſt le plus grand
de tous.; à gauche, il n'y a que deux
lobes.

Le cœur eſt poſé obliquement de
haut en bas & de devant en arriere: il
varie, pour la figure, dans différens
ſujets; car il paroît plus court ou plus
alongé, & plus ou moins pointu : il
y a deux branches, qui ſortent de la
croſſe de l'aorte.

La langue eſt parſemée de petits
grains blancs & proéminens; il y a ſur
la partie poſtérieure deux glandes
plattes de deux ou trois lignes de longueur, & d'environ une ligne & demie
de largeur, l'une à côté de l'autre, à
environ un demi-pouce de diſtance : il
ſe trouve entre ces glandes & l'épiglotte un eſpace de deux pouces, couvert de papilles coniques & pointues,
aſſez groſſes, couchées & dirigées en
arriere. Le palais eſt traverſé par environ vingt-deux ſillons, larges & profonds; les arrêtes des treize premiers
ſillons ſont terminées à leur ſommet,
& pour ainſi dire bordées par un filet
arrondi; toutes les arrêtes ſont inter-

rompues dans le milieu de leur longueur
par un autre fillon, qui s'étend d'un
bout à l'autre du palais dans le milieu. L'épiglotte étoit épaiffe ; & au
lieu d'être terminée en pointe, il y
avoit dans le milieu de fes bords une
petite échancrure, à laquelle aboutif-
foit une gouttiere peu profonde. Le
cerveau du Verrat pefoit trois onces
deux gros & demi, & le cervelet cinq
gros.

· La plupart des Cochons, foit mâles, foit femelles, ont dix mamelons
fur le ventre, cinq de chaque côté, &
fouvent même douze. Voyons actuellement les parties de la génération du
mâle & de la femelle. Le gland du Cochon eft fort long, & à-peu-près cylindrique, excepté à l'extrémité, où il a
une figure prifmatique ; il eft terminé
en pointe, & eft recourbée en forme
de croffe ; la verge n'a qu'un corps
caverneux, & forme au-deffus des tefticules, à quatre pouces de diftance de
l'infertion du prépuce, deux plis éloignés l'un de l'autre d'environ un
pouce ; de forte que la verge fe trouve
en cet endroit repliée en trois portions ;
elle eft applatie fur la plus grande partie de fa longueur, mais elle s'arrondit

& diminue de groffeur du côté du gland. Les tefticules font fort gros, & l'épididyme forme à leur bout poftérieur un tubercule oblong, qui a environ un pouce & demi de longueur fur un pouce d'épaiffeur au milieu dans un fens, & un pouce & demi dans un autre fens. Les véficules féminales font fort étendues, & placées près de la veffie & de l'extrémité des canaux déférens. Les proftates s'étendent le

teurs, par un canal placé à leur extrémité; elles font revêtues fur leur côté extérieur par un mufcle, qui a une ou deux lignes d'épaiffeur; elles contien-

che & très-vifqueufe. Il y a dans les véficules féminales une liqueur fluide & laiteufe; la fubftance intérieure des tefticules eft de couleur cendrée, mêlée d'un rouge pâle; ils ont un noyau comme ceux du Taureau; les cordons de la verge font ronds à l'endroit du pli, & plats fous le périné; ils paffent près de l'anus, un de chaque côté; ils entrent dans le baffin, & aboutiffent au facrum.

La Truie dont M. d'Aubenton s'eft

servi pour examiner les parties de la
génération, avoit quatre pieds de longueur depuis le boutoir jufqu'à l'origine de la queue; la circonférence du
corps étoit de trois pieds deux pouces
derriere les jambes de devant, & de
trois pieds trois pouces à l'endroit des
fauffes côtes; les parties de la génération, comparées avec celles de la Laie,
ne différoient les unes des autres qu'en
très-peu de chofe; le vagin avoit plus
d'ampleur auprès de la matrice, dont
l'orifice étoit marqué par un tubercule
fitué fur fa partie fupérieure; il y avoit
trois autres tubercules rangés de fil
avec le premier le long du col de la
matrice; ces quatre tubercules occu-
poient un efpace de la longueur de
trois pouces, & correfpondoient à des
enfoncemens qui étoient au dehors.
Le corps de la matrice formoit un arc
en haut fur fa longueur, qui étoit
auffi de trois pouces; il y avoit
dans l'intérieur des plis tranfverfaux
de la hauteur d'un pouce. Le pavillon
étoit formé par une membrane très-
mince, qui avoit deux ou trois pouces
de hauteur : lorfque la matrice étoit
étendue en rond, elle avoit en quelque forte la forme d'un entonnoir; les

bords n'étoient point frangés ; ellé
avoit (quatre ou cinq pouces de
circonférence. Les testicules étoient
de figure très-irréguliere, & composés
de grains gros comme des pois, &
arrondis comme ceux d'une grappe de
raisin ; plusieurs de ces grains étoient
transparens ; lorsqu'on les perçoit, il
en jaillissoit une liqueur limpide ; les
autres paroissoient glanduleux ; ils
étoient gris, jaunes ou rouges : cette
Truie avoit porté. Dans celles qui ont
été cernées, c'est-à-dire, auxquelles
on a enlevé les testicules avant qu'elles aient jamais porté, le corps de la
matrice n'est point arqué, & les parois de ce viscere sont inégales & tu-
berculeuses depuis l'orifice jusqu'à la
bifurcation des cornes ; le cou est plus
étroit ; la membrane intérieure de la
matrice & des cornes est aussi plus
ferme, & n'a pas des vaisseaux sanguins
aussi apparens que dans les Truies qui
ont porté. M. d'Aubenton a fait graver
les parties de la génération d'une Truie
pleine, qui renfermoit huit fœtus;
chaque fœtus étoit de la même lon-
guéur; ils avoient tous environ deux
pouces une ligne de longueur depuis

le sommet de la tête jusqu'à l'origine de la queue ; la longueur de leurs têtes étoit de neuf lignes, depuis le boutoir jusqu'à l'occiput ; le boutoir avoit déja sa figure complette ; le sommet de la tête étoit relevé en bosse ; la queue avoit sept lignes de longueur ; elle étoit par conséquent beaucoup plus longue à proportion que dans l'adulte : on pouvoit distinguer les deux sexes, quoiqu'ils parussent fort ressemblans : on voyoit dans les mâles la verge qui s'étendoit en avant depuis l'anus sur la longueur de trois lignes, & qui formoit déja à son extrémité une petite crosse recourbée en arriere ; dans la femelle, on n'appercevoit que cette crosse, placée fort près de l'anus, & recourbée en arriere, comme dans le mâle : c'étoit le gland du clitoris : il y avoit cinq femelles & trois mâles ; les enveloppes de ces fœtus & leurs allantoïdes n'avoient pas encore pris assez d'accroissement pour que l'on pût séparer aisément les unes des autres, & reconnoître leur vraie figure.

M. d'Aubenton a fait encore ouvrir une autre Truie pleine ; il s'est trouvé dix fœtus dans sa matrice, cinq dans

cháqué corne : après avoir fendu les
cornes, on a vu que le chorion de chaque embryon étoit pour ainfi dire collé
contre les parois inférieures de la matrice, qui formoient des plis tranfverfaux affez profonds & fort minces ; les
enveloppes du fœtus avoient une forme
oblongue, & on fentoit le fœtus dans
le milieu de leur longueur ; l'allán-
toïde s'étendoit au-delà du chorion, aux
deux bouts de la maffe que formoient
les enveloppes. Après avoir foufflé l'allantoïde par une de fes extrémités , la
maffe oblongue s'eft courbée, & a pris
la forme d'un arc de cercle ou d'un
croiffant d'environ deux pieds de longueur, & de deux pouces de diametre dans les endroits les plus gros :
alors on a diftingué bien clairement les
parties de l'allantoïde qui s'étendoient
au-delà du chorion , en ce que la membrane étoit blanche, très-mince, &
fort tranfparente ; chacune de ces portions avoit trois ou quatre pouces de
longueur fur environ un pouce & demi
de diametre formé par les bords de
l'ouverture du chorion , qui étoit
fort adhérent à l'allantoïde , dont le
froncement formoit une forte de liga-
ment. L'allantoïde étoit fort étroite,

dans le milieu de sa longueur, près du cordon ombilical ; elle n'avoit dans cet endroit qu'environ un pouce de diametre ; c'étoit dans ce même endroit que se trouvoit l'amnios & le fœtus ; cette membrane étoit presque aussi mince que l'allantoïde , & formoit une poche , qui n'avoit gueres que trois pouces & demi de longueur , un pouce & demi de largeur , & deux lignes d'épaisseur ; elle renfermoit une liqueur claire & jaunâtre & le fœtus ; le chorion enveloppoit cette poche & la plus grande partie de l'allantoïde ; il n'étoit pas à beaucoup près aussi mince que cette membrane , ni que l'amnios : on y voyoit des ramifications de vaisseaux sanguins fort apparentes ; il étoit parsemé d'une grande quantité de petits grains blanchâtres ; il avoit une couleur rougeâtre à l'extérieur, & blanche à l'intérieur ; mais cette couleur étoit interrompue par de petits espaces transparens , au centre desquels se trouvoient les grains blanchâtres dont il a déja été fait mention , & qui tenoient peut-être lieu de placenta.

Le cordon ombilical avoit un pouce de longueur ; celle des fœtus étoit de trois pouces trois lignes depuis le sommet de la tête jusqu'à l'origine de la queue; le corps avoit deux pouces neuf lignes de circonférence, & la tête un pouce trois lignes de longueur depuis l'entre-deux des oreilles jufqu'au boutoir, & deux pouces de circonférence prife entre les yeux & les oreilles; la longueur de la queue étoit de neuf lignes. Ces fœtus avoient le boutoir bien formé; le gland du clitoris des femelles étoit fort gros, à proportion de celui des adultes, & plus faillant que la verge des fœtus mâles. Les fabots & les ergots étoient déja marqués, & leur extrémité recourbée en avant : on voyoit les mamelons; fix de ces fœtus en avoient dix, cinq de chaque côté, & les deux autres douze; le foie étoit très-grand en comparaifon des autres vifceres, & le prolongement en forme de capuchon, étoit bien formé fur le grand cul-de-fac de l'eftomac. La liqueur de l'allantoïde des fœtus de la Truie, laiffoit en s'évaporant un réfidu femblable à celui de la liqueur des allantoïdes de tous les autres animaux.

La tête décharnée du Cochon, differe moins par fa figure de la tête du Cheval & de l'Ane que de celle du Taureau, du Belier, du Bouc, &c.

Quand même on suppoſeroit que ces animaux n'auroient point de cornes, l'occiput eſt ſitué plus haut dans le Cochon que dans le Cheval, & les prolongemens de cette partie s'étendent en haut, & non pas en arriere; la tête eſt plus alongée, & moins groſſe que celle du Cheval; la partie de la mâchoire ſupérieure, qui contient les dents mâchelieres, loin d'être plus large que la partie correſpondante de la mâchoire inférieure, comme dans le Cheval, le Taureau, &c. eſt plus étroite.

La tête du Cochon, vue de côté, préſente la figure d'un triangle, dont tous les côtés ſont très-inégaux, & preſque en ligne droite; la face ſupérieure de la tête eſt preſque droite; la partie inférieure de la mâchoire de deſſous n'eſt point arquée ſur la longueur dans le Cochon, comme dans le Taureau; elle n'a pas tant de hauteur à l'endroit qui eſt auprès des branches, que celle du Cheval, & les branches ne s'élevent pas auſſi haut, & ne ſont pas auſſi verticales que dans le Taureau & le Cheval; elles s'inclinent un peu en arriere, en ſuppoſant cependant toujours que le corps de la mâ-

choire porte fur un plan horizontal ; la
face fupérieure de la tête eft terminée
en avant par les os propres du nez,
& en arriere par les prolongemens de
l'occiput. Les orbites des yeux font de
figure irréguliere & plus petites à proportion que dans le Cheval, l'Ane, le
Taureau, le Belier & le Bouc; il y a
entre l'os frontal & celui de la pommette un efpace vuide affez grand qui
interrompt les parois offeufes des orbites ; de forte que dans la tête décharnée, elles font ouvertes en arriere environ dans la fixieme partie de leur
circonférence : les bords de chaque
orbite ainfi interrompus ont deux extrémités; celle de deffus eft terminée
par une apophyfe de l'os frontal; celle
de deffous eft formée par l'os de la
pommette, qui ne s'éleve pas plus
haut dans cet endroit que l'apophyfe
zigomatique de l'os temporal.

Il y a au-deffus de l'extrémité de la
mâchoire fupérieure un petit os qui
s'éleve au-devant de l'ouverture du
nez entre les deux narines. Cet os eft
au milieu du boutoir, & fert de bafe
& de point d'appui dans cette partie,
qui eft très-forte.

Le Cochon a fix dents incifives,

deux dents canines; & quatorze dents
mâchelieres, fept de chaque côté dans
chacune des mâchoires, ce qui fait en
tout quatre dents ; les deux incifives
du milieu de la mâchoire du deffus, ne
fe touchent que par leurs extrémités,
& font fort éloignées l'une de l'autre
à leur racine. Ces dents s'étendent
d'arriere en avant dans chaque côté de
la mâchoire, & fe replient en bas au
fortir de l'os, pour fe joindre l'une à
l'autre par l'extrémité ; elles forment
par cette réunion un arc de cercle qui
fe trouve au-devant des quatre dents
incifives du milieu de la mâchoire de
deffous. La feconde dent incifive de
chaque côté de la mâchoire du deffus
eft placée à côté de celle du milieu, &
eft à-peu-près auffi large, mais moins
longue ; fon extrémité eft tranchante,
parce qu'elle ne touche jamais aux
dents de deffous. La troifieme & derniere incifive de chaque côté de la mâchoire du deffus, eft la plus petite : elle
a pour l'ordinaire deux lobes inégaux
diftingués par une cannelure ; le plus
gros lobe eft en avant, & pointu, car
cette dent n'approche jamais d'aucune
autre par fon extrémité ; elle eft auffi
placée à quelque diftance des fecondes

dents inciſives, & encore plus loin des canines. Les dents inciſives de la mâchoire du deſſous ſont les unes contre les autres, & s'étendent en avant & un peu en haut; les quatre du milieu ſont longues & étroites. La derniere de chaque côté n'eſt pas plus large, mais bien moins longue; elle ne touche à aucune dent par ſon extrémité, & elle eſt fort éloignée de la dent canine de la même mâchoire; celle du deſſous ſe trouve vis-à-vis l'eſpace qui reſte vuide. M. d'Aubenton dit avoir vu une tête de Verrat où il n'y avoit aucun veſtige de la derniere dent inciſive du côté gauche, ni de ſon alvéole.

On donne aux quatre dents canines des Cochons le nom de crochet; les ſept dents mâchelieres de la mâchoire ſupérieure ſont placées au-deſſus des ſept dents, de chaque côté de la mâchoire inférieure; ces dents ont des pointes qui s'engrenent de part & d'autre dans des cavités correſpondantes.

L'os hyoïde du Cochon a paru à M. d'Aubenton compoſé de ſept os dans quelques ſujets, & de neuf dans d'autres. Cette différence ſe trouvoit dans la fourchette, qui ſembloit n'être for-

mée que d'un feul os, ou de trois os
réunis par des fymphyfes : au refte,
toutes les parties de l'os hyoïde du Cochon correfpondent par leur pofition,
& à-peu-près par leur longueur, à celles
de l'os hyoïde du Cheval, de l'Ane,
du Taureau, du Belier & du Bouc ;
mais elles en different par la forme
des os. Les deux principaux pour l'é-
tendue font fort minces, fort étroits,
concaves en dedans fur leur longueur,
& ont d'un bout à l'autre prefque la
même largeur & la même épaiffeur
dans le Cochon ; les feconds os n'é-
toient pas encore formés ; les troifiè-
mes avoient beaucoup plus de largeur
que d'épaiffeur, & tenoient à la fourchette, qui eft auffi plus large qu'é-
paiffe, foit dans les branches, foit à
l'endroit de leur réunion.

Le cou du fquelette du Cochon eft
beaucoup plus court à proportion que
dans les fquelettes du Cheval, de l'Ane,
du Taureau, du Belier & du Bouc ;
les vertebres cervicales different beaucoup pour la plupart de celles du Cheval & de celles du Taureau ; l'apophyfe épineufe de la feconde eft plus
haute, moins large, & inclinée en arriere; il y a auffi des différences mar-

quées dans les trois vertebres du milieu;
mais la premiere, la fixieme & la fep-
tieme font à-peu-près reffemblantes à
celles du Taureau ; la troifieme , la
quatrieme & la cinqüieme en different
par les apophyfes épineufes , & la
partie fupérieure du milieu de la vertebre, qui font plus minces : elles n'ont
point d'apophyfes inférieures dans le
milieu ; mais il fe trouve deux apophyfes transverfes , & qui reffemblent à
celles de-la fixieme vertebre du Cheval , du Taureau & du Cochon même.

Les vertebres dorfales font au nombre de quatorze , de même que les
côtes; il n'y a aucune différence mar-
quée entre ces parties & celles du Taureau , excepté que les deux premieres
côtes, une de chaque côté , font fort
larges à leur extrémité inférieure , &
fe touchent prefque fur un tiers de
leur longueur; il y avoit fept vraies
côtes & fept fauffes. Le fternum eft
compofé de fix os ; les premieres côtes aboutiffent au premier os; les fecondes , à l'articulation du premier os
avec le fecond ; les troifiemes , à celles
du fecond & du troifieme os ; les qua-
triemes , à l'articulation du troifieme os
avec le quatrieme ; les cinquiemes,

à celle du quatrième & du cinquieme os, & les feptiemes, à l'articulation du cinquieme os avec le fixieme.

Il y a dans le Cochon fix vertebres lombaires affez reffemblantés à celles du Taureau; mais le facrum differe, en ce qu'il n'eft compofé que de quatre fauffes vertebres, qu'elles n'ont point d'apophyfes, & que les trois premieres laiffent entr'elles des efpaces vuides affez grands fur la furface fupérieure du facrum. La queue eft compofée de dix-fept fauffes vertebres; les os des hanches ne font pas fort différens de ceux du Taureau; mais le baffin a à proportion plus de largeur, de même que la gouttiere & les trous ovalaires.

L'omoplate eft convexe fûr la longueur. L'apophyfe coracoïde eft à-peu-près reffemblante à celle du Taureau, mais l'épine ne commence à paroître qu'à environ un pouce au-deffus de la cavité glénoïde, & s'éleve peu-à-peu jufqu'à environ les deux tiers de la longueur de l'omoplate; enfuite elle s'abaiffe en s'approchant de la bafe comme dans le Cheval; elle eft à demi couchée du côté du bord poftérieur de l'omoplate, & pofée de façon qu'elle ne laiffe qu'environ un tiers

de l'omoplate à fon côté intérieur,
& deux tiers à l'extérieur ; il n'y a aucune différence dans la figure de l'humérus, ni dans celle du rayon, fi ce
n'eft que celui-ci eft plus arrondi en
avant que dans le Taureau : mais l'os
du coude eft beaucoup plus grand en
comparaifon du radius.

Le fémur reffemble beaucoup plus
à celui du Taureau qu'à celui du Cheval ; le cou de la tête de cet os eft
un peu mieux marqué que dans ces
deux animaux, & le grand trochanter eft furmonté dans le milieu par un
tubercule fort apparent, qui lui donne
beaucoup de reffemblance avec celui
du Cheval ; mais les condyles de l'extrémité inférieure ne paroiffent pas plus
élevés l'un que l'autre. L'épine du tibia eft plus faillante, plus mince &
plus recourbée au dehors que dans le
Taureau.

Le péroné s'étend tout le long du
tibia, & forme à fa bafe une forte de
malléole, mais il n'a point de tête : au
contraire, la partie fupérieure eft applatie des deux côtés, & très-mince,
à l'exception des bords, qui font un
peu plus épais, fur environ un tiers
de la longueur de l'os.

Le carpe eſt compoſé de huit os, quatre dans le premier rang, & quatre dans le ſecond ; les os du premier reſſemblent à-peu-près à ceux du Cheval & du Taureau, pour la poſition & la figure ; mais on ne peut pas comparer les os du ſecond rang avec ceux du Taureau ni du Cheval, parce que le premier n'en a que deux, & l'autre que trois : on trouvera plus de rapport entre les os du ſecond rang du carpe du Cochon, & ceux de l'homme, parce que le ſquelette du Cochon approche plus de celui de l'homme, pour le nombre des doigts que les ſquelettes du Cheval & du Taureau ; d'ailleurs, les dénominations, la figure & la poſition des os du carpe, du tarſe, &c., étant mieux connues dans l'homme que dans les quadrupedes, on ne peut prendre un objet de comparaiſon qui ſoit plus ſûr. Quoique les quatre doigts du ſquelette du Cochon different beaucoup de ceux de l'homme par leur longueur & leur groſſeur relative, il paroît cependant par la poſition des quatre os du ſecond rang du carpe du Cochon, comparés à ceux de l'homme, que les quatre doigts correſpondent au doigt index, au long doigt, à l'annulaire & à l'auriculaire ou petit doigt, & que celui qui fe trouve de plus dans le fquelette de l'homme eft le pouce; car l'os du fecond rang du carpe du Cochon, qui correfpond par fa pofition & un peu par fa figure à l'os uniforme de l'homme, s'articule auffi comme dans l'homme, avec les deux os du métacarpe, qui font au-deffus des deux doigts intérieurs, & furmontés chacun par un os du carpe : ces deux os femblent par cette pofition correfpondre au trapezoïde & au grand os du carpe de l'homme; & comme il ne fe trouve point d'os du métacarpe au-deffous, c'eft une preuve que le doigt qui fe trouve de plus dans l'homme eft le pouce ; les deux os du milieu du métacarpe font à-peu-près femblables, & beaucoup plus gros que l'os intérieur & que l'extérieur, qui different peu l'un de l'autre.

Le tarfe eft compofé de fept os; ceux qui correfpondent à l'aftragale & au calcaneum de l'homme, font bien reconnoiffables : on peut auffi diftinguer parmi les cinq autres ceux qui ont rapport au fcaphoïde & au cuboïde, par leur fituation. Celui qui tient la place du cuboïde eft au-def-

fus des deux derniers os du métatarfe.
Les deux premiers os font furmontés
par trois-os, que l'on peut rapporter
aux cunéiformes de l'homme ; car ils
fe trouvent placés comme eux au-devant de celui que nous avons comparé
au fcaphoïde. Il n'y a au-deffous de
ces trois os du tarfe que deux os du
métatarfe , parce que le Cochon n'a
pas le cinquieme qui correfpondroit
au pouce. L'extrémité du quatrieme os
du métatarfe fe trouve entre le fecond
& le troifieme os cunéiformes : il y
a un huitieme os placé derriere la partie fupérieure du métatarfe, qui reffemble plus par fa pofition à un os féfa-
moïde qu'à un os du tarfe. Les os du
métatarfe font plus longs que ceux du
métacarpe; à chaque pied , les phalanges des deux doigts du milieu font
plus groffes & plus longues que celles
des doigts intérieurs & extérieurs :
ceux-ci fe reffemblent à-peu-près, de
même que les doigts du milieu; mais
ils font beaucoup plus courts; l'extrémité de leur derniere phalange fe
trouve vis-à-vis de l'articulation de la
premiere phalange des doigts du milieu avec la feconde.

Aprè

Après avoir expofé l'anatomie du Cochon, nous allons examiner les qualités que doivent avoir le Verrat & la Truie, pour être propres à la génération, & produire de belles efpeces. Le Verrat n'eft bon que depuis un an jufqu'à cinq; fa tête doit être groffe; fon groin long, fes oreilles grandes & pendantes, fes jambes courtes & groffes; en un mot, il doit avoir le corps gros & ramaffé: quant à la Truie, outre les mêmes qualités qu'elle doit avoir que celle du Verrat, il lui faut de plus un ventre large & ample, & les tetins longs; elle porte dix à douze petits d'une feule ventrée; mais on ne lui en laiffe pour l'ordinaire que huit à neuf, afin qu'ils profitent davantage: on porte le refte tout jeune au marché, & on obferve, autant qu'il eft poffible, de garder les mâles préférablement aux femelles, parce qu'ils valent mieux pour nourrir: on les châtre, & c'eft pour lors qu'ils portent le nom de Cochon proprement dit.

On fait faillir la Truie depuis le commencement de Février jufqu'à la mi-Mars; car fi on la fait faillir en Mai ou Juin, les petits qui en proviennent, naiffent au mois de Septembre ou d'Oc-

tobre; ils n'ont pas par conféquent le
temps de fe fortifier avant l'hiver, &
ils ne deviennent jamais beaux. Une
Truie donne des petits deux fois par
an, elle lés porte pendant quatre, &
quelquefois cinq mois; elle eft féconde
depuis un an jufqu'à fix; quand elle
eft graffe, & qu'elle a fait plufieurs
portées, on la nomme Coche.

On féparera les Verrats d'avec les
Truies, le temps de l'accouplement
fini, de peur qu'ils ne les faffent avorter, ou qu'ils ne mangent les petits:
on aura donc foin de ne pas les envoyer enfemble aux champs, & de les
mettre dans des toits féparés. Dans la
plupart des Villages, on ne prend
pas cependant la premiere précaution.
Pour empêcher que la Truie ne mange
elle même fes petits, on veillera à ce
que fon auge ne foit jamais vuide;
car pour peu que le Porc, foit mâle,
foit femelle, fe fente preffé de la faim,
il fe raffafie de tout ce qu'il rencontre.

Le Cochon craint beaucoup le froid;
c'eft la raifon pour laquelle il eft très-
difficile à élever pendant l'hiver, lorfqu'il eft encore petit, & qu'il n'eft pas
affez robufte pour réfifter à la rigueur
de la faifon. Trois femaines après que

les Cochons font nés , qui eft le temps,
ordinaire de les fevrer, on commence
à les mener aux champs. pour paître
l'herbe, fi ce n'eft pas une faifon froide :
on leur donnera foir & matin de l'eau
blanche avec du-fon. : on continuera
exactement ces petits foins jufqu'à l'âge
de deux mois.: on choifira pour lors
ceux qu'on veut élever pour la pro-
vifion de la maifon , afin de vendre le
refte. Quand on n'a qu'un certain
nombre de Cochons on peut leur donner la nourriture plus ample ; c'eft-à-
dire, qu'au lieu d'eau blanche, on leur
donnera foir & matin du petit-lait,
dans lequel on mêlera du fon : on leur
en donnera par-là un peu plus que fi
on en avoit beaucoup à nourrir. Les
lavures d'écuelles, mêlées avec du petit-lait , leur font très-bonnes. En hiver , on fait tiédir ces lavures fur le
feu , puis on les jette dans leur auge
avec un peu   ques fruits
pourris , ou b   morceaux
de graiffe : on entretient ainfi les Porcs
jufqu'au mois d'Avril, que les herbes
commencent à fournir la meilleure
partie de leur nourriture ; & enfuite,
jufqu'à la fin de l'été, on les envoie
tous les jours aux champs par ce fe-

roit un abus, que d'élever ces jeunes
Cochons, fans les envoyer paître.
Quand l'automne vient, & qu'on
penfe à les engraiffer pour les tuer,
on doit tripler la dofe, & les gouverner de la façon fuivante.

On ne leur donnera pas tout d'un
coup une nourriture bien forte ; pendant huit jours, on prendra des choux
& du fon de froment, qu'on fera
bouillir dans une chaudiere avec de
l'eau, parmi lefquels on mêlera du
petit-lait, des lavures d'écuelles & de
l'eau. Si le petit-lait ne fuffit pas pour
humecter fuffifamment le fon & les
choux, on laiffera réfroidir cette man-
géaille, jufqu'à ce qu'on y puiffe tenir
la main ; ce temps paffé, on enfermera
les Cochons dans leur toit : on ne les
en laiffera fortir que quand ils feront
bien gras, & prêts à tuer : on leur
ôtera d'abord les choux, & on ne leur
donnera plus foir & matin que beaucoup d'eau ou de petit-lait, où on
aura mis du fon un peu épais, que
l'on aura fait bouillir ; mais on ne le
mettra dans l'auge, qu'après qu'il fera
réfroidi : on leur donnera un picotin
d'orge bouillie, & autant d'avoine
crue ; & pour mieux faire, l'un &

l'autre alternativement : huit jours se
passeront encore ainsi ; après quoi on
leur donnera du son bouilli tout épais ,
en telle quantité qu'ils en laissent de
reste ; si-tôt que cela arrive , ils ne tar-
dent gueres à être bons à tuer. Il y a
des personnes qui ne donnent aux
Cochons, pour toute nourriture pour
leur engrais, que le son fermenté des
Amidonniers , & elles s'en trouvent
très-bien ; il y en a d'autres qui les en-
graissent avec des carottes. La graisse
qui provient d'une pareille nourriture
est assez bonne : on prétend cependant
qu'elle devient mousseuse en cuisant.

On se gardera bien de donner aux
Cochons, pour nourriture journaliere ,
des fruits gâtés ou pourris, quoique
cela les engraisse. : on les rend par-là
malades. Quelques-uns leur donnent
des criblures. & balayures de grange,
& même un peu de froment. L'orge est
sur-tout une des choses qui les en-
graissent mieux , ainsi que du maïs &
des pois cuits, ou moulus ou trempés
pendant long-temps dans l'eau ; le lard
de ces animaux en est pour lors très-
ferme & excellent ; aucune nourriture
ne l'emporte : on voit souvent des
Paysans industrieux saigner leurs Co-

chons pour les engraisser plus sûrement
& plus promptement. Dans quelque
pays que l'on puisse être, on ne doit
jamais se mettre en peine des Cochons,
car ces animaux se plaisent par-tout;
les forêts sont néanmoins les endroits
où ils vivent le mieux, à cause des
fruits sauvages dont elles sont remplies:
dans les années où le gland y abonde,
tous les soins pour les engraisser deviennent inutiles; cette nourriture est
suffisante pour leur faire prendre assez
de graisse au bois. Le gland les engraisse
parfaitement, quand il est mûr, & il
l'est parfaitement, quand il tombe.
C'est un fort bon usage de donner aux
Cochons, à leur retour des bois, de
l'eau où l'on a mis de la farine d'ivraie:
cela les fait dormir.

C'est un mauvais commerce que
d'engraisser les Porcs pour les vendre,
lorsqu'il n'y a pas de gland; le prix
qu'on en tire n'équivaut pas à la dépense: c'est pourquoi, on ne doit dans
ce cas en nourrir que pour l'entretien
de la maison. Les Meûniers & les Amidonniers en font cependant un grand
commerce; mais ils ont des ressources
que n'ont pas beaucoup d'autres. Les
semences de hêtre, qu'on nomme

faine, peuvent encore servir à l'engrais des Porcs; mais le lard qui en provient ne vaut absolument rien. Dans les pays abondans en châtaignes & marrons, on s'en sert aussi pour l'engrais des porcs, de même que des poires & pommes sauvages, dans les pays où elles sont nombreuses.

Dans les Journaux d'Angleterre, on trouve que l'expédient le plus prompt pour engraisser les Porcs est de mettre du sel dans leurs alimens; rien, dit-on, ne les fait engraisser plus vîte.

Quand on ne veut pas envoyer ses Cochons à la glandée, on fait une provision suffisante de gland, pour le leur donner dans leurs auges; dans les pays couverts de forêts, & dans les années où ces fruits abondent, on en fait même un grand amas, qu'on garde d'année à autre : on les met pour cet effet sécher dans le four, après qu'on en a tiré le pain; cela les empêche de germer, & conséquemment de se gâter; ou bien on choisit un lieu sec; on y met les glands en monceaux, sans les remuer, avant qu'ils n'aient tous entièrement sué ; & lorsqu'on veut s'en servir, on en prend tou-

jours du même côté, de peur que
le tas venant à se défaire, les glands
ne pourriffent après avoir germé. On
a remarqué qu'un demi-boiffeau de
glands, mêlés avec du fon qu'on fait
manger tous les jours à un Cochon,
lui donnoit chaque jour une livre de
graiffe, pourvu que l'animal fût d'une
conftitution très-faine, & qu'on lui
continuât cette nourriture pendant
cinquante-cinq ou foixante jours.

Il faut donner fouvent de la nouvelle litiere aux Cochons, fans cependant s'affujettir à ôter la vieille chaque fois ; cela les entretient blancs :
d'ailleurs, ce changement leur plaît ;
car ils ne fouillent pas pour lors le fumier, mais ils s'enveloppent fimplement dans la litiere fraîche. Il eft certain que la paille, fouvent renouvellée, les maintient prefque autant
que la nourriture qu'on leur donne.
Quand on veut avoir des Porcs dont
la chair foit tendre, & avec lefquels
on puiffe faire du petit falé, on ne
les laiffe pas aller aux champs ; on leur
donne dans leurs toits la nourriture
convenable, & on les lave fouvent,
pour les entretenir plus propres.

Linnæus a fait mention des plantes

qui peuvent convenir aux Porcs, & de celles qu'ils rebutént. Nous allons rapporter ici cette énumération, d'après ce favant Botaniste : nous obferverons préalablement que les carottes, les navets, les truffes, la renouée, les fruits à noyaux, & même les noyaux feuls, font fort de leur goût, de même que les pommes, & quelquefois même encore les poires ; mais ils ne veulent point de mûres. Des nourritures encore exquifes pour eux font le froment, le feigle, les pois, la fáine, l'orge, le maïs, le bled farrazin. Voyons maintenant les plantes qui leur plaifent, felon Linnæus.

1. *Salicornia maritima.* 2. *Scirpus paluftris.* 3. *Scirpus lacuftris.* 4. *Aira Dalekarlica.* 5. *Poa annua.* 6. *Poa vulgaris annua.* 7. *Poa anguftifolia.* 8 *Poa media.* 9. *Feftuca nutans.* 10. *Galium ftakenfe.* 11. *Plantago vulgaris.* 12. *Plantago incana.* 13. *Cornus herbacea.* 14. *Cufcuta parafitica.* 15. *Verbafcum nigrum.* 16. *Chenopodium purpureum.* 17. *Chenopodium fegetum.* 18. *Ulmus campeftris.* 19. *Athamantha daucoides.* 20. *Heracleum vulgare.* 21. *Angelica alpina.* 22. *Angelica fylvatica.* 23. *Sium majus.* 24. *Œthufa arctii.* 25. *Carum officinarum.* 26. *Pimpinella offici-*

narum. 27. Cepa pratensis. 28. Ornithogallum majus. 29. Convallaria cordifolia. 30. Rumex acetosa pratensis. 31. Rumex acetosa lanceolata. 32. Triglochin palustris. 33. Triglochin sexlocularis. 34. Vaccinium oxycoccus. 35. Persicaria amphibia. 36. Bistorta minor. 37. Polygonum vulgare. 38. Cucubalus dioïcus. 39. Silene viscaria. 40. Silene nutans. 41. Alsine vulgaris. 42. Alsine pentaginea. 43. Alsine graminea. 44. Spergula verticillata. 45. Oxalis sylvatica. 46. Sedum Telephium. 47. Padus folio deciduo. 48. Sorbus aucuparia. 49. Filipendula molon. 50. Filipendulæ ulmaria. 51. Rosa major. 52. Rosa minor. 53. Rubus idæus. 54. Rubus saxatilis. 55. Rubus Norlandicus. 56. Potentilla anserina. 57. Potentilla argentea. 58. Potentilla Norvegica. 59. Tormentilla officinarum. 60. Geum suaveolens. 61. Geum rivale. 62. Nymphæa lutea. 63. Nymphæa alba. 64. Stratiotes aquatica. 65. Helleborus trollius. 66. Lathræa squammaria. 67. Thlaspi arvense. 68. Thlaspi campense. 69. Thlaspi bursæ pastoris. 70. Brassica perfoliata. 71. Brassica napus. 72. Sinapi arvensis. 73. Sisymbrium pinnatifidum. 74. Erysimum leucoii folio. 75. Crambe maritima. 76. Geranium batrachioïdes. 77. Geranium gratia Dei. 78. Vicia sepium. 79. Trifolium purpureum. 80. Trifolium melilotus. 81. Leontodon ta-

raxacum. 82. *Leontodon chondrilloïdes.* 83.
Hypochœris pratenfis. 84. *Hieracium fruti-*
cofum. 85. *Crepis tectorum.* 86. *Sonchus*
lœvis. 87. *Sonchus Lapponicus.* 88. *Scor-*
fonnera Pannonica. 89. *Targopogon luteum.*
90. *Lapfana vulgaris.* 91. *Cichorium Sca-*
nenfe. 92. *Gnaphalium dioïcum.* 93. *Soli-*
dago virga aurea. 94. *Erigeron acre.* 95.
Achillea millefolium. 96. *Achillea ptar-*
mica. 97. *Centaurea maxima.* 98. *Cen-*
taurea jacea. 99. *Cnicus acanthifolius.*
100. *Viola canina.* 101. *Zoftera ma-*
ritima. 102. *Sparganium erectum.* 103.
Sagittaria aquatica. 104. *Humulus falic-*
torius. 105. *Atriplex vulgaris.* 106. *Equi-*
fetum fluviatile. 107. *Equifetum fcabrum.*

Plantes qui déplaifent aux Cochons.

1. *Hippuris aquatica.* 2. *Veronica te-*
nuifolia. 3. *Veronica beccabunga oblonga.*
4. *Veronica beccabunga rotunda.* 5. *Vero-*
rica pfeudo-chamædris. 6. *Valeriana vulga-*
ris. 7. *Iris paluftris.* 8. *Scirpus fylvaticus.*
9. *Eriophorum polyftachium.* 10. *Nardus*
pratenfis. 11. *Phalaris arundinacea.* 12.
Phalaris phleiformis. 13. *Phleum vulgare.*
14. *Alopecurus infractus.* 15. *Cynofurus*
cæruleus. 16. *Arundo lacuftris.* 17. *Triti-*
cum rad. officinarum. 18. *Montia paluftris.*
19. *Scabiofa vulgaris.* 20. *Scabiofa fuccifa.*
21. *Afperula rubeola.* 22. *Gallium luteum.*

23. *Aparine vulgaris.* 24. *Alchimilla vul-garis.* 25. *Alchimilla Alpina.* 27. *Potamogeton natans.* 28. *Potamogeton perfoliatum.* 29. *Potamogeton plantaginis.* 30. *Myoso-tis pratensis.* 31. *Myosotis palustris.* 32. *Lithospermum annuum.* 33. *Cynoglossum vulgare.* 34. *Symphitum majus.* 35. *Pul-monaria immaculata.* 36. *Lycopsis arven-sis.* 37. *Androsace minor.* 38. *Primula vulgaris.* 39. *Menyanthes trifoliata.* 40. *Ottonia palustris.* 41. *Lysimachia vulga-ris.* 42. *Lysimachia axillaris.* 43. *Convol-vulus arvensis.* 44. *Campanula vulgaris.* 45. *Hyoscyamus vulgaris.* 46. *Verbascum hirsutum.* 47. *Verbascum Scanicum.* 48. *Solanum vulgare.* 49. *Solanum dulcamara.* 50. *Salsola pungens.* 51. *Herniaria glabra.* 52. *Chenopodium Henricus.* 53. *Chenopodium stramonifolium.* 54. *Chenopodium vulvaria.* 55. *Chærophillum cicutaria.* 56. *Sambucus ebulus.* 57. *Parnassia vulgaris.* 58. *Statice capitata.* 59. *Anthericum ossifragum.* 60. *Ornithogallum minus.* 61. *Asparagus Sca-nensis.* 62. *Convallaria lilium convallium.* 63. *Convallaria polygonatum.* 64. *Acorus palustris.* 65. *Berberis spinosa.* 66. *Rumex Britannica.* 67. *Alisma erecta.* 68. *Acer platanoïdes.* 69. *Epilobium irregulare.* 70. *Epilobium hirsutum.* 71. *Epilobium pa-lustre.* 72. *Erica vulgaris.* 73. *Vaccinium*

maximum. 74. Chryfofplenium. 75. Perficaria mitis. 76. Perficaria urens. 77. Helxine fcandens. 78. Helxine fativum. 79.
Paris nemorum. 80. Butomus paluftris. 81.
Pyrola irregularis. 82. Sedum graveolens.
83. Dianthus vulgaris. 84. Saxifraga officinarum. 85. Cucubalus behen. 86. Sedum
acre. 87. Lythrum paluftre. 88. Agrimonia
officinarum. 89. Fragaria vulgaris. 90.
Potentilla fruticofa. 91. Comarum paluftre.
92. Dryas Lapponica. 93. Chelidonium
vulgare. 94. Actæa nigra. 95. Ciftus vulgaris. 96. Euphorbia fruticofa. 97. Refeda
luteola. 98. Delphinium fegetum. 99.
Aconitum Napellus. 100. Aquilegia officinarum. 101. Hepatica verna. 102. Pul-
fatilla vulgaris. 103. Anemone nemorofa.
104. Ranunculus aquatilis. 105. Caltha
paluftris. 106. Ajuga verna. 107. Teucrium
fcordium. 108. Thymus ferpillum. 109.
Mentha arvenfis. 110. Mentha aquatica.
111. Glechoma hedera terreftris. 112. Nepeta vulgaris. 113. Stachys fœtida. 114.
Stachys arvenfis. 115. Galeopfis tetrahit.
116. Lamium perenne. 117. Leonurus cardiaca. 118. Scutellaria integrifolia. 119.
Antirrhinum linaria. 120. Antirrhinum
Upfalienfe. 121. Pedicularis calice tubercu-
lofo. 122. Pedicularis fceptrum Carolinum.
123. Melampyrum vulgare. 124. Euphrafia.

vulgaris. 125. Scrophularia foetida. 126.
Linnæa. 127. Draba nudicaulis. 128. Lepidium perenne. 129. Cochlearia Armoracia. 130. Turritis glabra. 131. Syſim-
brium ſophia. 132. Eryſimum vulgare.
133. Eryſimum barbarea. 134. Eryſimum
alliaria. 135. Cardamine paluſtris. 136.
Cardamine impatiens. 137. Dentaria bul-
bifera. 138. Arabis annua. 139. Geranium ſanguineum. 140. Geranium malvaceum. 149. Geranium pedunculis longiſſimis.
142. Geranium Robertianum. 143. Malva
repens. 144. Fumaria officinarum. 145.
Polygala vulgaris. 146. Aſtragalus dulcis.
147. Orobus niger. 148. Lathyrus pratenſis. 149. Vicia cracca. 150. Trifolium album. 151. Ononis inermis. 152. Ononis
ſpinoſa. 153. Hypericum quadrangulare.
154. Hypericum anceps. 155. Arctium lappa. 156. Carduus lanceolatus. 157. Carduus Helenii folio. 158. Serratula tinctoria.
159. Serratula carduus avenæ. 160. Bidens tripartita. 161. Eupatorium cannabinum. 162. Tanacetum vulgare. 163. Artemiſia vulgaris. 164. Artemiſia abſin-
thium. 165. Tuſſilago farfara. 166. Inula
helenium. 167. Aſter Tripolium. 168.
Buphtalmum tinctorium. 169. Chryſan-
themum leucanthemum. 170. Matricaria
chamomillum nobile. 171. Matricaria cha-

momillum vulgare. 172. Anthemis fœtida.
173. Centaurea cyanus. 174. Calendula arvensis. 175. Calla palustris. 176. Carex
ferruginea. 177. Carex cœrulea. 178. Typha palustris. 179. Alnus glutinosa. 180.
Betula vulgaris. 181. Xanthium inerme.
182. Coryllus avellana. 183. Bryonia alba.
184. Populus tremula. 185. Fraxinus apetala. 186. Radiola Lapponica. 187. Pte-
rix filix fœmina. 188. Asplenium trichomanes. 189. Acrosticum rupestre.

Tout ce que nous avons prescrit
pour l'engrais des Cochons deviendroit inutile, si on n'avoit pas l'attention de les châtrer, avant que de
les engraisser. Les Cochons doivent,
dit-on, avoir six mois pour faire cette
opération. Ceux qui prétendent qu'on
doit toujours choisir cet âge, conviennent que si l'on fait plutôt cette
opération, la chair en est beaucoup
plus délicate ; mais ils soutiennent en
revanche que les Cochons n'en sont
pas si beaux : on en voit cependant
réussir constamment bien dans des endroits où l'on a coutume de les châtrer en les sevrant : on dit même que
plus ils sont jeunes, moins l'opération
est dangereuse. Le printemps & l'automne sont les saisons les plus pro-

près pour la castration des Porcs ; car
en été, il est à craindre que la gangrene ne s'y mette, ou que le froid,
en hiver, n'offense tellement la plaie,
que les Cochons en meurent.

Quand on veut engraisser les Cochons, on choisit l'automne préférablement à l'été, tant par rapport à l'a-
bondance de nourriture, qu'à la dimi-
nution de la transpiration : on n'attend
pas comme pour le reste du bétail que
le Cochon soit âgé pour l'engraisser;
plus il vieillit, plus cela est difficile,
& moins sa chair est bonne; il est rare
qu'on les laisse vivre plus de deux ans.
Cependant ils pourroient croître encore pendant quatre ou cinq ans;
ceux que l'on remarque parmi les autres, par la grandeur & la grosseur de
leur corpulence, ne sont que des Cochons plus âgés, que l'on a mis plusieurs fois à la glandée.

Aristote dit que les Cochons peuvent
vivre vingt ans; il ajoute que les mâles engendrent & que les femelles produisent jusqu'à quinze, ce qui ne se
réalise cependant pas toujours. Quelques Auteurs observent que la Truie
est pour ainsi dire en chaleur en tout
temps; elle recherche les approches du

mâle, quoiqu'elle soit pleine, ce qui peut passer pour un excès parmi les animaux, dont la femelle, dans presque toutes les espèces, refuse le mâle aussi-tôt qu'elle a conçu.

Les Cochons aiment beaucoup les vers de terre & certaines racines; c'est pour trouver les vers, & couper les racines, qu'on les voit toujours fouiller la terre avec leur boutoir: mais ils la fouillent çà & là, & moins profondément que les Sangliers; ces derniers la fouillent toujours en ligne droite. Comme ces sortes d'animaux font beaucoup de dégât, il faut les éloigner des terres cultivées, & ne les mener que dans les bois, & sur les terres qu'on laisse reposer. Lorsqu'ils sont aux champs, & qu'il survient un orage ou une pluie fort abondante, il est assez ordinaire de les voir déserter le troupeau les uns après les autres, s'enfuir en courant, & toujours criant, jusqu'à la porte de leur étable.

Quoique les Cochons soient fort gourmands, ils n'attaquent & ne dévorent point les autres animaux; ils mangent cependant quelquefois de la chair corrompue; mais c'est peut-être

plutôt par néceʃʃité que par inʃtinɛ̂.
On ne peut cependant pas nier qu'ils
ne ʃoient avides de ʃang & de chair
ʃanguinolente , ‹puiʃqu'ils mangent
quelquefois leurs petits, ainʃi que nous
l'avons déja obʃervé , & même encore
des enfans au berceau ; dès qu'ils trouvent quelque choʃe de ʃucculent , de
gras , d'humide & d'onɛ̂tueux , ils' le
lechent , & finiʃʃent bientôt par l'a-
valer. M'. de Buffon dit avoir vu plu-
ʃieurs fois un troupeau entier de ces
animaux s'arrêter à leur retour des
champs autour d'un monceau de glaiʃe
nouvellement tirée ; tous léchoient
cette terre, qui n'étoit que très-légé-
rement onɛ̂tueuʃe. & quelques-uns en
avaloient une grande quantité.

Leur gourmandiʃe eʃt, comme on
le voit, auʃʃi groʃʃiere que brutale ; ils
n'ont aucun ʃentiment bien diʃtinɛ̂.
Les petits reconnoiʃʃent à peine leur
mere, & ʃont ʃujets à ʃe méprendre &
à tetter la premiere Truie , qui leur
laiʃʃe ʃaiʃir ʃes mamelles.

Cette eʃpece d'animal, quoiqu'abondante & fort répandue en Europe, en
Afrique & en Aʃie, ne s'eʃt pas trouvée
dans le continent du nouveau Monde ;
elle y a été tranʃportée par les Eʃpa-

gnols, qui y ont jetté des Cochons
noirs; de même, que dans prefque toutes les grandes Ifles de l'Amérique:
ils fe font multipliés & devenus fauvages en, beaucoup d'endroits; ils reffemblent à nos Sangliers; ils ont le
corps, plus court, la hure plus groffe
& la peau plus épaiffe que les Cochons
domeftiques, qui, dans les climats
chauds, font tous noirs, comme les
Sangliers. Les Cochons font communément blancs dans nos Provinces fep-
tentrionales de France, & même en
Vivarais, tandis que dans la Province
de Dauphiné, qni eft très-voifine, ils
font tous noirs; ceux du Languedoc,
de Provence, d'Efpagne, d'Italie, des
Indes, de la Chine, font auffi de la
même couleur. Le Cochon de Siam
reffemble plus au Sanglier que celui
de France: on en voit à la Chine,
dont le ventre des femelles traîne à
terre, tant leurs pattes font courtes;
& la queue des mâles, qui tombe vers
la tête perpendiculairement, a un mouvement continuel, comme la lentille
d'une horloge. Un des fignes les plus
évidens de la dégénération des animaux de ce genre, font les oreilles;
elles deviennent d'autant plus fouples,

d'autant plus molles, que l'animal est plus altéré, ou si l'on veut, plus adouci par l'éducation & par l'état de domesticité; & en effet, nos Cochons domestiques ont les oreilles beaucoup moins roides; beaucoup plus longues & plus inclinées que le Sanglier, qu'on doit regarder comme le modele de l'espece.

MM. Arnaud de Nobleville & Salerne, rapportent qu'un Particulier leur fit présent d'une espece de bezoard de porc; c'étoit une petite pierre ronde, grosse comme une noix muscade, dure, compacte, légere; du poids de cinquante-quatre grains, assez lisse, & grisâtre en dehors, qui s'étoit trouvée suivant ce Particulier dans la vessie d'un Porc. Il paroît, ajoutent ces Auteurs, que les pierres de Porc sont rares; cat plusieurs Chaircuitiers, auxquels nous montrâmes la nôtre, ne se souvenoient pas d'en avoir jamais trouvé de pareille; au reste, le Cochon qui la portoit dans la vessie, n'étoit ni moins gras, ni moins bon qu'un autre.

Aristote observe qu'en Illyrie, en Pannonie, & en quelques autres lieux, il se trouve des Cochons solipedes,

c'eft-à-dire, qui ont le pied fimple,
au lieu de l'avoir divifé en fourchu.

M. Linnæus va plus loin, puifqu'il
dit qu'on voit par-tout des Cochons
folipedes : nous croyons néanmoins
que ces fortes de Cochons font des
efpeces de monftruofités qui pechent
par défaut, comme il fe trouve, fréquemment des monftruofités d'autre
nature parmi ces animaux, ainfi que
nous le dirons plus bas.

Quoiqu'on dife que le nombre de
mamelles eft relatif dans les différentes efpeces d'animaux, au nombre
des petits que la femelle doit prendre
& allaiter ; néanmoins la Truie qui
n'a que douze mamelles, fouvent
moins, & jamais plus, produit quelquefois jufqu'à quinze, dix-huit, &
même vingt petits. On lit dans la nouvelle Maifon Ruftique qu'on a vu en
France des Truies qui en ont eu jufqu'à trente-fept d'une feule portée, ce
qui paroît incroyable.

Schwenckfeld rapporte que la Truie
a quelquefois une fuperfétation, &
qu'en l'an 1602, dans une ferme de
fon voifinage, une Truie fit le premier jour quatre petits, & huit autres
quelques jours après.

Quand une Truie a cochonné, on prétend qu'elle donne au premier né la premiere mamelle, qui eſt la plus proche des jambes de devant, & celle qui contient le plus de lait, & ainſi de ſuite, juſqu'aux derniers ; auſſi chaque petit, ajoute-t on, connoît ſa mamelle dans l'ordre qu'il eſt venu au monde : on ne voit pas qu'ils changent la leur pour en prendre une autre. Cela ne paroît pas cependant ſe rapporter à ce que nous avons dit plus haut de ce petit animal, qu'il ne connoiſſoit pas ſa mere. Il peut fort bien ne la pas connoître, mais connoître au moins la poſition de la mamelle qu'il tette. Ce dernier fait eſt même ſi vrai, que ſi on ôte à la mere un de ſes petits, la mamelle qu'il tettoit ſe flétrit incontinent.

Les Cochons ſe battent avec d'autres Cochons étrangers, quelquefois juſqu'à effuſion de ſang ; mais il eſt rare qu'un Cochon coupé oſe réſiſter à un Verrat : celui-ci eſt comme le chef du troupeau ; il ne craint point les chiens, il les attaque & les pourſuit ; dans ſa furie, il hériſſe ſes poils ; il gratte la terre ; il écume ; & il ſe montre quelquefois terrible aux hommes même.

Ces animaux viennent à la voix des perfonnes qui les appellent, lorfqu'ils y font accoutumés de jeune âge, & obéiffent à leur commandement : on s'en fert pour découvrir les truffes, dont ils font fort avides.

Il eft parlé dans les Ephémérides des Curieux de la Nature, d'un Cochon, dans le cœur duquel on trouva un nid de vers, qui avoient prefque rongé toute la fubftance de cette partie ; & d'un Cochon monftrueux, né fans poils, dont la chair fpongieufe & molle, placée fur le devant de la tête, étoit affez femblable à la trompe d'un éléphant ; cette chair étoit mobile en tout fens, parfemée de quelques poils longs, en très-petit nombre. La mâchoire fupérieure formoit le mufeau de l'animal, & avoit auffi quelque rapport avec la trompe d'un éléphant, en forte qu'il paroiffoit avoir deux trompes ; il avoit la langue pointue & hors de là gueule ; la mâchoire inférieure étoit remarquable par fa courbure ; les pieds étoient fourchus & recourbés, de maniere que la pointe étoit tournée en haut.

Ambroife Paré fait auffi mention dans fes Œuvres d'un Cochon monf-

trueux, né à Metz; il avoit huit jambes, quatre oreilles, la tête d'un vrai
chien, les derrieres du corps féparés
jufqu'à l'eftomac, enfuite réunis enfemble vers cette partie ; il avoit en outre
deux langues fituées au travers de la
gueule , & quatre grandes dents de
chaque côté deffus & deffous ; les fexes
étoient confondus, en forte qu'on ne
pouvoit connoître fi ces deux derrieres
de l'animal étoient mâles ou femelles :
on ne remarquoit fous la queue de
chacun qu'un feul conduit.

Les Cochons font fujets à plufieurs
maladies : nous allons les examiner les
unes après les autres, & nous en rapporterons en même temps les différens
traitemens : nous aurons recours pour
cet objet à un excellent Traité, intitulé, le Gentilhomme - Cultivateur.
C'eft de tous les Ouvrages celui où
cette matiere eft le mieux difcutée.

La fievre attaque les Cochons
comme les autres Beftiaux ; pourquoi
en feroient-ils exempts? La nourriture
répugne à cet animal, malgré fa grande
voracité, dès qu'il en eft une fois atteint; il maigrit en peu de temps , &
il s'affoiblit ; & fi on néglige de lui
donner du fecours, il dépérit entiérement.

ment. Pour procéder réguliérement à
la guérifon de cette maladie, on commencera d'abord par faire à l'animal
malade une faignée abondante derriere
l'oreille ; & fi le fang ne coule pas librement, par l'incifion qu'on lui fera
pour cet effet, on lui coupera un peu
de la queue ; la faignée faite, on le
tiendra bien chaudement, & on lui
donnera des chapelures de pain trempées dans du bouillon, avec un peu de
pouliot haché bien menu. Cette nourriture eft une de celles qui lui plaifent
lé plus ; il ne manque pas d'en manger, dès qu'on la lui préfente, fe
trouvant d'ailleurs foûlagé par la faignée : mais on ne lui en laiffera pas
beaucoup manger ; on la lui ôtera
même auffi-tôt qu'il en aura goûté :
c'eft ainfi qu'on réveille fon appétit ; il
en devient par-là vorace : on ajoute
pour lors une demi-once de *philonium
romanum* fur quatre pintes dès fufdites
chapelures, & on lui en fait avaler une
petite quantité : on lui interdit enfuite
toute nourriture pendant huit heures :
on l'affame par ce moyen, & il prend
conféquemment fans répugnance le
reftant de ces chapelures, qui operent
ordinairement fa guérifon. Si cepen-

dant on s'appercoit que le jour suivant, l'animal ne se porte pas mieux, on lui réitérera la saignée, & on lui donnera le même remede. Lorsqu'on le voit manger avec appétit, on peut dire qu'il est guéri.

La maladie à laquelle le Cochon est le plus sujet, est la ladrerie ; cette maladie provient de la grande quantité de mauvaise nourriture que cet animal avale ; elle se manifeste par une tumeur qui se forme sur ses yeux ; lorsqu'il en est affecté, il tient sa tête fort penchée ; il devient foible, languissant, & refuse toute nourriture.

Le Rédacteur du Dictionnaire économique, prétend qu'il y a trois manieres de connoître si un Cochon est ladre.

1°. Lorsque lui levant la langue, on voit dessous de petites pustules noirâtres.

2°. Lorsqu'il ne peut se soutenir sur les pieds de derriere.

3°. Enfin, lorsque la soie qu'on lui arrache de dessus le dos est sanglante à la racine. Son palais & sa gorge se chargéront encore de pustules pareilles à celles de dessous la gorge ; ensuite sa tête, & en général tout le corps;

quelquefois il n'en a que très-peu, &
le plus souvent point du tout à la langue ; mais quand on vient à le tuer,
on l'en trouve intérieurement infecté :
on regarde pour lors sa chair comme
mal-saine pour servir d'aliment ; le
vendeur est obligé d'en rendre le prix,
& le Porc est jeté à la voirie ; mais s'il
ne se trouve après l'avoir tué que quelques grains superficiels, un mois de
salaison peut corriger ce défaut ; la
viande, à ce qu'on dit, n'en est que
plus délicate.

Pour tâcher de guérir les Cochons
de cette maladie, on nettoiera réguliér-
rement tous les jours leurs toits : on ne
les laissera point manquer de bonne &
fraîche litiere : on les saignera sous la
queue : on les baignera ensuite dans
l'eau claire, & on les laissera promener long-temps : on ne leur épargnera
pas le manger. La meilleure nourriture qu'on puisse pour lors leur donner
sera du marc de raisin mêlé avec du son
& de l'eau. Si le mal ne se dissipe point
par ce régime, il diminue certaine-
ment.

Un remede que propose encore le
Dictionnaire économique pour cette
maladie, est le suivant : vous envelop-

pez dans un linge un peu d'antimoine
crud en poudre, & vous le mettez in-
fufer pendant vingt-quatre heures dans
une leffive faite avec des cendres de
vigne fauvage ; vous y ajoutez une
pincée de fel de faturne, & vous en
faites prendre au Cochon un verre entier mêlé dans du fon pendant huit ou
neuf jours.

L'Auteur du Journal économique
du mois d'Août 1751, dit qu'il faut
pulvérifer de l'antimoine crud, le mêler avec un peu de farine d'orge, &
en répandre fur la langue de l'animal
infecté de ladrerie. Ce remede, fuivant lui, le guérit infailliblement : on
n'en fera ufage, que lorfque les petites
puftules nôirâtres font bien formées
fous la langue, ou que cette maladie fe manifefte par l'enrouement
de l'animal : on lui en donne plufieurs fois la femaine ; & quand il ne
s'agit que d'en garantir le Cochon,
une feule fois par femaine fuffit.

On rapporte dans le Gentilhomme
Cultivateur un autre remede qu'on dit
très bon pour cette maladie.

Faites échauffer, dit l'Auteur de
cet Ouvrage, un breuvage dans lequel
vous mettrez une demi-livre d'herbe
hépatique grife, & de l'ochre rouge,

comme un œuf, avec affez de nitre en
poudre pour couvrir une piece de
douze fols ; le Cochon fera tenté d'en
manger, pourvu cependant qu'on l'ait
tenu trente-fix heures fans lui rien
laiffer prendre, avant que de lui préfenter le mêlange ; dès qu'il en -aura
un peu avalé, on le lui ôtera auffitôt, & on le lui repréfentera de quatre en quatre heures ; la feconde fois,
il en mangera un peu plus, & fon appétit reviendra peu-à-peu : on aura
attention de mettre un peu de nitre,
& beaucoup d'herbe hépatique dans
tout ce qu'on lui donnera. Ce remede
opere ordinairement fon effet, à moins
que la maladie ne foit fi invétérée,
qu'elle ne foit devenue incurable, ce
qui arrive affez fouvent.

Une troifieme maladie qui affecte
les Cochons eft la jauniffe : on reconnoît qu'ils en font attaqués, par la
couleur jaune dont leurs yeux font
chargés ; cette couleur paroît auffi autour de leurs levres, & le deffous de
leurs mâchoires eft enflé. Les fymptômes de cette maladie étant connus,
voyons à préfent le traitement.

Prenez de la grande chelidoine,
exprimez-en le fuc, & ajoutez-y une

quatrieme partie de vinaigre ; pilez
en même temps une certaine quantité
de cloportes ; préparez enfuite un
breuvage chaud ; la dòfe eft d'une demi-livre de cloportes fur une pinte
de fuc de chelidoine, mêlé avec le
vinaigre. On tiendra l'animal pendant
trois heures fans le laiffer manger,
avant que de lui préfenter le breuvage,
& fix heures après qu'il l'a pris.

Si l'animal malade ne le prend pas
tout-à-fait, il faut le lui ôter auffi-tôt
qu'on s'apperçoit de fon dégoût, & le
lui repréfenter une heure après : c'eft
ainfi qu'on peut engager un Cochon
à manger, quelque malade qu'il foit ;
c'eft même la vraie méthode pour guérir les maladies dont il eft attaqué ;
& en effet, fi un Cochon, qui par fa
nature eft un animal vorace, ceffe de
manger, il dépérit fubitement , & en
meurt même, fi on ne trouve le moyen
de le remettre en appétit.

Des différens animaux qui exiftent
fur la furface du globe, il n'y en a
aucun qui ait naturellement l'eftomac
plus à l'épreuve que le Cochon ; fa
grande voracité l'expofe néanmoins à
fouffrir de cette partie au point de
vomir la nourriture qu'il a prife. Ce
vomiffement fait des progrès rapides,

fi on ne s'y prend pas à temps : on
commencera d'abord par lui changer
fa nourriture : on ajoutera même, s'il
eſt néceſſaire ; une médecine à la nouvelle qu'on lui donnera : on le nourrira par exemple de feves dans un peu
d'eau, & on lui ſupprimera tous les
alimens groſſiers dont il eſt avide ; ſi le
mal perſiſte, ou même s'il augmente, on
mêlera tous les jours une once de mithri-
date avec ſa nourriture ; ſon eſtomac s'é-
chauffera & ſe fortifiera, pourvu cependant qu'on ait l'attention de lui
continuer de bons alimens.

Une maladie qui affecte encore les
Cochons, eſt celle qu'on nomme rougeole : on la connoît à la rougeur des
yeux, à la faleté de la peau, & à la
répugnance qu'ont ces animaux pour
toute eſpece de nourriture ; lorſqu'on
s'appercevra qu'ils en ſont affectés, on
les tiendra à jeun pendant trente-ſix
heures : on leur préſentera pour lors, cependant en petite quantité, une nourriture chaude & bien préparée : on y ajoutera quarante grains de ſel de corne de
cerf, & deux onces de bol ammoniac :
on continuera ce remede juſqu'à parfaite guériſon, & même quelques jours.

au-delà , pour éviter la rechûte : on aura en outre l'attention de renouveller souvent leurs litieres; rien ne favorise plus l'opération des remedes.

La léthargie est une maladie affez commune aux Cochons ; ils s'affoupiffent pendant le jour , & négligent la nourriture qu'on leur donne ; en forte que peu-à-peu ils en maigriffent, & ils en périroient infailliblement ; fi on n'y apportoit remede.

Pour remplir les indications qui paroiffent mieux convenir à la léthargie des Cochons, on leur fera une faignée abondante derriere l'oreille , & on leur coupera une partie de la queüe deux heures après la faignée : on leur donnera le matin à-peu-près une pinte de nourriture chaude , dans laquelle on mettra une certaine quantité de pourpier fauvage; ils ne manqueront pas d'effayer d'en manger, pourvu qu'on les ait tenus auparavant pendant quelque temps à jeun ; ils n'ont pas plutôt avalé un peu de ce mêlange , qu'ils vomiffent. Ce vomiffement , qui met tous les refforts en mouvement, réveille les Cochons, & quelquefois les guérit à la premiere dofe; ce qu'on reconnoît , lorfqu'ils marchent librement, qu'ils font gais, & qu'ils ne demandent pas mieux que de fe promener.

On appelle ratelle le gonflement de la rate des Cochons ; la gourmandife rend ces animaux fujets à cette maladie : on prétend qu'elle leur provient pour l'ordinaire d'un engorgement des glandes. Lorfqu'on remarquera quelques Cochons qui fe penchent d'un côté en marchant, on doit être convaincu ou que leur rate eft enflée, ou qu'il y a quelques obftructions. Pour les fecourir efficacement dans ce cas, on exprimera le fuc d'une bonne quantité de feuilles & de fommités d'abfynthe : on y ajoutera un peu de fuc de poùrpier, & on en donnera une pinte dans la nourriture qu'on préfentera à chacun d'eux, jufqu'à un entier rétabliffement. La guérifon de ces animaux fe reconnoît à leur marche libre & à leur tranquillité. Si la maladie eft opiniâtre, & réfifte à ce régime, on procédera pour lors à une faignée : on fupprimera enfuite pendant quatre heures toutes fortes de nourriture, & on fera avaler aux bêtes malades quatre bols compofés de la façon fuivante.

V 5

Prenez dix grains de scammonée, vingt-cinq grains de rhubarbe des Moines réduite en poudre impalpable; mêlez le tout avec une suffisante quantité de farine de bled de Turquie, ou à son défaut, de froment, & avec une suffisante quantité de suc d'absynthe, jusqu'à consistance de bols; vous les enveloppez de farine, pour que le goût de l'absynthe ne répugne point à l'animal, & vous lui donnerez pour boisson, tant qu'il en voudra, de l'eau de son bien chaude.

On guérit encore les Cochons attaqués de cette maladie, en éteignant dans leur boisson des charbons de tamarisc allumés.

Le cours de ventre est une maladie commune chez la plupart des bestiaux, & encore plus chez les Cochons; la mauvaise nourriture que leur grande voracité leur fait prendre, la leur cause ordinairement; elle agit d'autant plus vivement sur eux, qu'ils sont naturellement relâchés, & que la mucosité de leurs intestins est plus aqueuse que mucilagineuse. Pour détruire cette maladie au premier abord, on ajoutera à la nourriture qu'on donne ordinairement à ces animaux, une demi-

livre de coffes, ou autrement de ca-
lices de glands. Quand ce remede produit l'effet qu'on en attend, on le continue jufqu'à guérifon; mais s'il ne
fuffit pas, on mêle pour lors avec la
nourriture une poignée de racine de
tormentille hachée bien menu. Ordinairement cette derniere plante complette la guérifon. Quand la maladie
eft invétérée, il faut avoir recours au
remede fuivant : on prend de la racine
de fumeterre feche & pulvérifée, environ deux gros; de la rhubarbe de
Moine, ou même de la vraie rhubarbe,
un demi-gros; de coques d'œufs réduites en poudre impalpable, un gros :
on incorpore le tout avec de la graiffe
ou du beurre, n'importe : on y met
une fuffifante quantité de grains de
bled de Turquie pilés & réduits en
poudre : on coupe cette efpece de
pâte par petits morceaux, qui ne
foient pas plus gros que des lentilles,
& on les mêle avec du fon un peu
chaudement détrempé : on tient cinq
ou fix heures l'animal à jeun, avant de
lui préfenter cette compofition. Preffé
par l'appétit, il la mangera, & on aura
tout lieu d'en voir l'efficacité : on con-

tinue tous les matins ce régime jufqu'à fa guérifon complette.

Rien n'eft plus ordinaire que de voir
les Cochons avec des tumeurs où des
enflures dures, & des ulceres qui fe
forment fur plufieurs parties de leur
corps : on obfervera bien le moment
dans lequel ces tumeurs commencent
à fe ramollir, pour les ouvrir dans
toute leur étendue, & preffer les levres de la plaie avec le pouce, afin
que la matiere forte, & que la fuppuration foit complette. L'opération faite,
on oint toutes ces ouvertures avec du
goudron & du fain-doux : la cure eft
infaillible.

On met au rang des maladies du
Cochon la faleté de fa peau ; elle devient quelquefois farineufe, & fe couvre de petits ulceres qui le font dépérir, à moins qu'on n'y apporte un
prompt fecours : on commence la cure
de cette maladie par faigner le Cochon fous la queue ; la faignée doit
être au moins d'une pinte : on prépare
enfuite de l'eau de favon : on frotte
une broffe de favon mol : on la trempe
dans l'eau, & on frictionne l'animal.
Cette opération faite, on le lave en-

fuite avec de l'eau de chaux: on tient
fon toit bien propre , & on lui donne
une bonne nourriture ; deux jours
après, on répete encore une fois la
friction , & on le lave avec de l'eau
de chaux. Si après tous ces fecours,
il ne guérit pas , on peut être affuré
que fon fang eft corrompu: on mêlera
pour lors une bonne quantité de fleurs
de foufre à tout ce qu'il mange : on
fera en même temps ufage des remedes ci-deffus indiqués. Si la peau eft en-
tamée, il faut la frotter avec du goudron & du fain-doux mêlés enfemble,
& pour accélérer la guérifon, on ajoutera à ce mêlange des fleurs de foufre.

Il furvient aux oreilles des Cochons
une efpece de mal occafionné par la
boue & les autres faletés qui s'atta-
chent à leurs oreilles ; mais le plus fouvent encore par les morfures des chiens:
quelquefois ces deux caufes fe trouvent réunies; les chiens font des blef-
fures , & la faleté qui s'y raffemble
forme des plaies purulentes. Quand les
Cochons ont ces fortes de plaies, on
lave d'abord leurs oreilles avec du vinaigre bien chaud, & égale quantité
de goudron & de fain-doux : on y
ajoute un peu de favon : on répete

cette friction jufqu'à la cure parfaite.

Une maladie des plus funeftes aux Cochons, c'eft lorfque leur peau fe trouve couverte de boutons ; ils en font minés infenfiblement, & ils en dépériffent totalement. Cette maladie eft une efpece de gale qui fe communique avec le temps au fang, qui le corrompt, & met l'animal dans un état dont il ne revient point. La mal-propreté du toit, & une nourriture malfaine en font toujours la caufe. Ce qu'il y a de dangereux en elle, c'eft qu'elle eft contagieufe, & qu'elle infecte en peu de temps tous les Cochons qui communiquent avec ceux qui en font attaqués ; pour procéder à fa cure, la premiere chofe qu'on fera fera de mettre une once de thériaque de Venife dans la nourriture qu'on lui donne : on lave enfuite les boutons avec de l'eau de favon, & on les frotte avec deux livres de fain-doux, après y avoir ajouté une pinte de goudron, & des fleurs de foufre, autant qu'il en faut pour donner à ce mêlange la confiftance d'un onguent ferme. On fait tous les foirs une friction, jufqu'à ce que l'animal foit guéri : on le purgera dans le commencement de fa convalefcence

avec les drogues que nous avons pref-
crites en parlant du gonflement de la
rate. Si la maladie réfifte aux fric-
tions, on ajoutera à l'onguent une
demi-once de mercure, & on aura foin
de tenir à l'animal le ventre libre.

Les Auteurs prétendent que quand
les Cochons font attaqués de maladies
péftilentielles, ce qui n'eft pas commun, on les guérit facilement par le
moyen des racines d'afphodele groffié-
rement pilées, qu'on jette dans leur
auge, ou autres endroits où ils boivent, & même encore dans quelques
lieux où ils ont coutume de fe vau-
trer. Si ces animaux ont quelques maladies inconnues, il faut les tenir enfermés pendant un jour & une nuit,
fans leur donner ni à boire, ni à manger: on mettra en même temps infu-
fer dans de l'eau des racines de concombre fauvage pilées, pour lui donner à boire le lendemain ; quand il en
aura bu abondamment, il ne tardera
pas à vomir, ce qui annoncera la
caufe de fa maladie. Quelques Ecri-
vains difent, je ne fais fur quel fondement, que les Cochons ne deviennent point malades, fi on leur donne
à manger dix écreviffes de riviere. J'ai

vu donner avec fuccès, comme préfervatifs, à ces animaux, des branches & feuilles de livèche parmi leur nourriture. On eſt en général toujours certain qu'un Cochon eſt malade, quand il penche l'oreille, qu'il eſt plus pareſſeux, & plus peſant que de coutume, ou bien lorſqu'il eſt dégoûté ; il peut arriver auſſi qu'un Cochon malade ne donne aucun de ces ſignes ; mais ce qui peut faire ſoupçonner en lui quelques infirmités, c'eſt lorſqu'au lieu de conſerver ſon embonpoint ordinaire, on le voit diminuer peu-à peu ; pour lors, afin de s'en éclaircir, on prend à contre-poil une poignée de ſoie ſur ſon dos, ou ſur le col, & on la lui arrache. Si la racine de cette ſoie eſt nette & blanche, c'eſt bon ſigne : mais ſi on y apperçoit quelque marque ſanglante ou noirâtre, ou une ſanie épaiſſe, on peut aſſurément juger que le Cochon eſt malade ; il ne s'agit plus alors que d'examiner quel eſt le genre de maladie.

Le Cochon eſt d'un uſage commun en aliment, & d'une grande reſſource pour les gens de la campagne. Pour qu'il ſoit bon, il ne faut pas qu'il foit ni trop jeune, ni trop vieux ; il faut de plus qu'il foit gras, tendre, & qu'il ait été nourri de bons alimens. La chair de cet animal nourrit beaucoup, & fournit un aliment qui ne fe diffipe pas aifément ; mais elle fe digere difficilement, & produit des humeurs lentes, vifqueufes & groffiéres : c'eft ce qui fait qu'elle ne convient pas aux vieillards & aux perfonnes foibles & délicates, & qu'elle n'eft propre qu'aux jeunes gens d'un tempérament fec & bilieux, & qui ont un bon eftomac, ou aux gens de la campagne, qui font accoutumés à des violens exercices du corps. La Truie ni le Verrat ne font pas fi recherchés en aliment que le Porc châtré, d'autant que leur chair eft d'un goût moins agréable ; quant au Cochon de lait, plufieurs perfonnes l'eftiment beaucoup, & on le fert fur les meilleures tables, après l'avoir fait bien rôtir & farcir avec des herbes fines ; mais il eft vifqueux, & fe digere difficilement.

Avant que d'employer les Cochons pour aliment, on les engraiffe comme nous avons dit ci-deffus, après quoi on les tue. Le meilleur temps pour cette opération eft depuis la Saint-

Martin jufqu'au Carnaval, quoiqu'il y ait cependant des endroits où on les tue durant touté l'année, même pendant l'été. Pour les tuer plus facilement, on les chatouille fur le dos, pour pouvoir plus aifément les terraffer; après qu'ils font tués, felon les différens ufages du pays, on les péle comme les Cochons de lait, en les lavant dans l'eau bouillante, ou bien on les fait griller dans la paille dont on lés entoure, & qu'on allume, les Cochons étant pofés fur des bûchers. On prétend que celui qui eft lavé à l'eau bouillante a la chair plus blanche; mais en revanche, elle eft moins bonne & moins fucculente que la chair de celui que l'on grille.

Quand un Cochon eft grillé, on le lave, ou bien on le ratiffe fimplement avec un couteau; après quoi on le pend à un croc par les pieds de derriere, pour l'ouvrir & lui ôter les entrailles, pour faire les andouilles, les boudins & les fauciffes; le fang eft auffi d'un grand ufage pour faire les boudins. Le Cochon ne fe coupe en morceaux, pour être falé, qu'après qu'il eft totalement réfroidi, & que fa plus grande humidité eft entiérement diffi-

pée : on dit encore qu'il faut laisser un
peu faisander cette viande, avant de
la mettre au sel : on prépare à cet effet
un saloir qui soit bien relié, & tellement ajusté, que la saûmure ne puisse
s'en écouler ; il faut qu'il soit garni d'un
couvercle qui puisse même se fermer
à la clef : on lave d'abord le saloir avec
de l'eau chaude & des herbes aromatiques : on le laisse ensuite sécher, après
quoi on fait bouillir deux ou trois
bonnes poignées de genievre, ou même
plusieurs rameaux de cet arbuste dans
un chaudron d'eau ; quand le tout a
bouilli pendant quelque temps, on le
jette dans le saloir, & on l'y laisse jusqu'à ce que tout le bois en ait pris
l'odeur ; enfin, on vuide cette eau : on
y met de l'eau fraîche : on lave bien
tout le saloir, & on la jette.

Voici actuellement la méthode de
saler le lard & la viande de Cochon :
on les coupe par morceaux : on étend
tous les morceaux les uns après les autres sur le saloir : on les frotte de sel
avec la main, en sorte qu'il n'y ait pas
le moindre petit endroit qui n'en ait
pas été pénétré : à mesure qu'on sale
les morceaux, on les arrange dans le
saloir : on serre l'un contre l'autre, &

on les entaſſe par lit : on les laiſſe pendant huit jours en cet état ; au bout de
cet eſpace, on les change de ſituation, en mettant deſſous ceux qui
étoient deſſus, & en frottant de ſel les
endroits où il n'y en auroit pas aſſez :
on les dérange ainſi, juſqu'à ce que
le lard paroiſſe luiſant : on bat alors
chaque piece avec un bâton, pour en
ôter le ſel ſuperflu ; puis on les attache
à un endroit à l'abri de la chaleur ;
mais pour les garder plus long-temps,
il faut auparavant les mettre pendant
quelque temps à la cheminée.

Ou bien on s'y prend ainſi pour ſa-
ler les Cochons ; après en avoir ôté
le dedans, les jambons, les épaules,
la tête, & autres gros morceaux, on
fend tout le reſte en deux parties : on
les ſale bien : on paſſe deſſus, & par
deux ou trois fois, un rouleau à force
de bras, pour faire pénétrer le ſel, &
de deux jours en deux jours ; après
quoi on pend le ſalé au plancher, &
on ſale de même les pieces qu'on a le-
vées.

Il y a des perſonnes qui ont une
méthode particuliere pour conſerver
le lard ; après qu'il a été pendant
quinze jours dans le ſel, elles font pro-

vifion d'une caiffe où on puiffe au moins mettre trois grandes pieces : elles mettent d'abord du foin au fond ; elles enveloppent enfuite chaque piece de lard dans du foin, & elles mettent une couche entre deux ; cela empêche le lard de fe rancir, & on le trouve au bout d'un an auffi frais que le premier jour : on aura feulement foin de les garantir des rats & des infectes qui peuvent fe couler dans la boëte.

Aux Indes, tant orientales qu'occidentales, en Géorgie, &c., le Cochon paffe pour un très-bon aliment, dans tous les temps & dans tous les cas. R. Lade rapporte que cet aliment refferre le ventre à la Havane, tandis qu'il le relâche dans ce pays. Les Médecins y confeillent le Porc rôti après la purgation.

Le Cochon eft regardé comme un animal immonde dans la loi Judaïque, & même encore chez les Mahométans.

On vante beaucoup parmi nous le lard du Cochon de Syracufe & le jambon de Mayence. Du temps de Galien, les Athletes qui s'exerçoient à la lutte, n'étoient jamais plus forts ni plus vigoureux que quand ils vivoient de chair de Cochon ; les gens de mer en font encore actuellement grand usage. La graisse de l'épiploon & des intestins, qui est différente du lard, fait le sain-doux & le vieux oing. Cette graisse est très-employée dans la cuisine pour préparer différens alimens. On prétend que le scorbut, qui est si commun dans le Nord, ne provient que du fréquent usage de la chair salée & fanée du Cochon.

Après avoir considéré cet animal comme aliment, examinons-le à présent comme médicament. La Médecine tire du Cochon, pour la matiere médicale, différentes parties, telles que sa graisse, son fiel, ses excrémens ; & de la Truie, la vulve, ou partie naturelle. La graisse récente, appellée panne ou sain doux, lorsqu'elle est nouvellement fondue, est anodine & émolliente : on l'emploie principalement dans les pommades & onguens rafraîchissans, comme l'onguent rosat, &c.: on s'en sert pour appaiser les douleurs invétérées des reins & des articulations : on la mêle encore dans les cataplasmes propres à ramollir les tumeurs accompagnées d'inflammation. Borellus donne pour un remède

excellent contre la brûlure , l'applica-
tión de feuilles de laurier, enduites de
graiffe de Porc bouillante. Pour faciliter la fortie des dents des enfans,
l'ufage affez ordinaire des Nourrices
eft de leur frotter les gencives avec une
couenne de lard. Etmuller donne comme un excellent remede contre les toux
violentes la compofition fuivante : on
prend trois têtes d'ail: on les pile &
on les incorpore avec une fuffifante
quantité de graiffe de Porc , pour un
onguent dont on oint les plantes des
pieds devant le feu, le foir en fe couchant ; & étant au lit, on en oint
auffi un peu l'épine du dos. Ce remede
n'aura pas été fait trois fois, que la
toux ceffera infailliblement. Le vieux
lard fondu & coulé produit de bons
effets en liniment, pour déterger les
puftules de la petite vérole, & empêcher qu'elles ne creufent: on s'en fert
encore pour déterger & confolider les
plaies; l'oing eft de la graiffe de Porc
qu'on a laiffé vieillir , & qui a pris une
odeur rance & puante, par le long féjour qu'elle a fait dans les pots. Cet
oing eft émollient & réfolutif, étant
appliqué extérieurement ; les Ouvriers
s'en fervent pour oindre les effieux,

les rouleaux des presses, & plusieurs
autres instrumens. Le cambouis n'est
autre chose que l'oing noirci par
une impression de fer qu'il a prise,
par le frottement autour des roues des
carrosses & des charrettes ; il est bon
en liniment, pour calmer la douleur des hémorrhoïdes, & pour
les résoudre. Le fiel de Porc est utile
aux affections des yeux & des oreilles ;
il déterge & guérit les ulceres qui arrivent à ces parties : on le fait desse-
cher, pour le mêler dans les supposi-
toires où il sert d'aiguillon : on prétend qu'il fait croître les cheveux,
d'autres disent le contraire. La fiente
de Cochon est discussive & résolutive :
on la met toute chaude sur les dé-
mangeaisons, les exanthêmes & les
autres tumeurs dures de la peau ; elle
arrête les hémorrhagies du nez par
son odeur forte, ou broyée dans de
l'eau, & attirée par les narines.

La même fiente toute chaude, enveloppée dans un linge, & appliquée
sur la vulve, est un remede éprouvé
contre l'hémorrhagie de la matrice ;
son infusion dans du vin blanc, dont
on donne la colature à la dose de trois
ou quatre cuillerées, est très-vantée
dans

dans les Ephémérides d'Allemagne contre les fievres intermittentes, qu'elle
emporte par les fueurs abondantes
qu'elle procure. On affure encore que
cette fiente guérit les morfures des
bêtes venimeufes.

La vulve, ou la partie naturelle de
la Truie, eft recommandée dans les Auteurs comme un excellent fpécifique
contre l'écoulement involontaire des
urines. Ce remede a toujours réuffi
dans les cas où d'autres avoient
échoué ; il n'exige aucun régime, &
l'on peut accommoder ce mets de
quelle façon on le voudra, pour le
faire manger à la perfonne incommo-
dée : il le faut continuer pendant quelques jours. L'Auteur de la Gazette Salutaire prétend que la veffie produit le même effet : il attribue encore des propriétés aux poumons &
à l'aftragale ; les premiers font excellens pour les écorchures des pieds, &
le fecond pour les fractures des os &
pour les douleurs du col & de la
tête.

. Des ufages médicinaux, paffons aux
économiques. Le vieux-oing fert en
partie d'appât pour attirer les loups.

rénards & rats : on s'en fert encore
pour graiffer les effieux des roues,
comme nous l'avons déja dit. Le fang
de cet animal entre dans quelques
compofitions d'appât pour le poiffon.
On n'eftime pas beaucoup le fumier
de Cochon ; il eft brûlant, lorfqu'on
tient l'animal enfermé. On lit dans le
Journal Economique, que fi l'on couvre les foffes d'une houblonnière avec
cette efpece de fumier, avant qu'il
foit confommé, on garantit par-là le
houblon de la rofée farineufe qui le
fait périr.

Le Verrat & la Truie ont le cuir fort
épais : on s'en fert pour relier de très-
grands livres, qui fatiguent beaucoup :
on en fait auffi des cribles : on prépare des vergettes, des broffes & des
pinceaux avec les foies.

Avant de finir cet article, nous allons rapporter, d'après le Dictionnaire du Cultivateur, le profit que
peut rapporter annuellement le Cochon. Il eft, dit l'Auteur de ce Dictionnaire, d'un grand rapport, & on
en peut faire un commerce excellent,
puifqu'une Truie porte deux fois
l'année, & qu'elle donne à chaque fois

dix ou douze Cochons; ainfi, en ven-
dant feulement un écu chaque petit
Cochon au bout de trois femaines
qu'il eft né, une Truie rapporte vingt-
quatre écus par an. Si on a feulement
quatre Truies, leur produit pourroit
aller à 300 liv.; ainfi à proportion.
Nous avons en outre fait voir tous les
différens ufages, qui font très-nom-

les différentes parties de cet animal.

& le gain qu'on peut faire à élever
des Cochons. Quoique l'éducation de
ces animaux ne foit pas une des plus
avantageufes parties de l'économie
champêtre, on ne doit cependant pas
la mettre au nombre des plus mauvaifes; & en effet, dix bonnes Truies
peuvent rapporter annuellement en
deux portées cent foixante Cochons,
mettant chaque portée à huit petits.
Les quatre-vingts premiers qui viennent ordinairement aux environs de
Noel, n'ont befoin que d'un peu de
lait de beurre, ou d'un peu de grain
& de farine mêlés, jufqu'à la Saint-
Michel qu'ils parcourent les char-
mes; & dans ce temps, on peut les
vendre 6 liv. & même 6 liv. 10 f.; ce

qui monte pour le total depuis 480 l.
jufqu'à 520 liv. La feconde portée
tombe ordinairement en Juin ou Juillet: mais fi l'on trouvoit de la difficulté à nourrir les petits Cochons en
hiver, on peut vendre cette feconde
portée après la Saint-Michel, au moins
3 l. la pièce, ce qui fait encore 240 l.
Le rapport de ces deux portées joint fe
monte ainfi à 720 liv. ou 760 liv.; fur
quoi il faut déduire le prix du petit
grain pour nourrir les dix Truies
pendant toute l'année, & les petits
Cochons jufqu'au temps de la vente,
ce qui peut faire par an quarante
boiffeaux. Cette quantité, il eft vrai,
ne fuffit pô ñ pour engraiffer les Cochons; mais jointe au fourrage, qui
confifte en balayures de granges, feuilles de choux & autres herbes, felon la
fituation des lieux, elle fuffit pour les
faire fubfifter. Le boiffeau de ce petit
grain, compté à 4 livres, ce qui eft
au plus cher, fait 160 liv. Le falaire
du pâtre monte au plus à 40 liv.;
c'eft en tout 200 liv. Il refte donc de
bénéfice 520 liv., ou même 560 liv.,
d'où il fuit que chaque Truie rapporte
par an 52 à 56 liv. Quant à l'engrais
des Cochons, le bénéfice n'en eft pas

bien confidérable, ainfi que nous l'avons obfervé plus haut, à moins qu'on ne les mette à la glandée : mais quand on les y met dans les années d'abondance, de combien ne multiplie-t-on pas le produit de ces animaux!

Les andouilles, le boudin, les cervelas & les fauciffes, font des préparations alimentaires trop ufitées pour ne pas donner ici la méthode de les préparer.

Les andouilles de Troyes font trèseftimées : on les prépare ainfi. On prend des boyaux de Cochon préparés à cet ufage ; après qu'ils font bien lavés, on les fait tremper avec une fraife de Veau ou d'Agneau dans le vin blanc, fel, poivre, oignons en tranches, ail, thym, laurier, bafilic: on met enfuite égoutter : on coupe la fraife en filets, avec de la panne auffi en filets : on affaifonne de fel fin, fines épices, un peu d'anis pilé : on emplit les boyaux de façon cependant qu'ils ne foient pas trop pleins : on ficelle les deux bouts : on les fait cuire dans du bouillon avec un peu de panne, un bouquet de perfil, ciboules, ail, thym, laurier, bafilic, fel, poivre & oignon ; la cuiffon faite, on les laiffe

refroidir dedans, & on les sert gril-
lées, en les braisant.

Le boudin ordinaire s'apprête de la
manière suivante. On fait cuire de l'oignon haché, suivant la quantité de
boudin que l'on veut faire, avec du
sain-doux que l'on passe sur le feu, jufqu'à ce qu'il soit cuit : on met ces oignons avec de la panne coupée en
dés, du sang de Porc, & un quart de
couenne sur la totalité ; sel fin, fines
épices : on mêle le tout ensemble, &
on l'entonne dans des boyaux de Cochon, de la grandeur qu'on jugera à
propos : on les ficellera à chaque bout :
on prendra garde que les boyaux ne
soient pas trop pleins : on les mettra
dans l'eau bouillante pour les faire
cuire. Pour voir s'ils sont cuits, on les
pique ; si le sang ne sort plus, c'est une
marque qu'ils sont cuits : si on veut
les avoir plus délicats, on fait cuire
de l'oignon de la même façon : sur une
chopine de sang, on met un demi-
setier de crême, huit jaunes d'œufs
avec les blancs fouettés ; une livre &
demie de panne coupée par filets ;
l'assaisonnement & la façon de même.

Pour faire des cervelas excellens,
on prend douze onces de viande de

Porc, qu'il faut hacher : on en ôte les
peaux & les nerfs ; en les hachant, on
les arrofe de vin rouge : on prend enfuite deux livres de lard frais, coupé
en façon de petits dés : on mêle le lard
avec la viande ; lorfqu'elle eft hachée,
on y ajoute dix gros de poivre blanc
bien-concaffé, un gros de fleurs de
mufcade, pareille quantité de bafilic
fec & de thym, un demi-gros de far-
riette, dix onces de fel, une once de
falpêtre, le tout bien pilé, & réduit
en poudre ; des échalottes coupées
menues, à difcrétion ; un peu d'écorce
d'orange rapée : on mêle le tout enfemble, & on l'arrofe de vin rouge ;
il en faut une pinte, y compris celui que l'on veut mettre en hachant la
viande : on laiffe le tout pendant vingt-
quatre heures, avant de remplir les
boyaux : on prend enfuite ceux que
l'on nomme fufeaux, pour les remplir ;
étant pleins, on les pend dans la cheminée : on les laiffe fécher pendant
huit à dix jours ; enfuite on les range
dans un pot, & l'on y verfe du fain-
doux : il en faut un bon pouce au-
deffus des cervelas ; pour les bien
conferver.

Les fauciffes font les dernieres pré-

parations alimentaires dont il nous
reste à parler, & qu'on fait aussi avec
la chair de Cochon. On en prend où il
y a plus de gras que de maigre : on la
hache avec persil, ciboules, sel, force
épices, une cuillerée d'eau-de-vie : on
mêle le tout ensemble, & on le met
dans des boyaux de la grosseur qu'on
veut faire les saucisses : on ficelle & on
fait griller. Quand on veut faire des
saucisses aux truffes, au lieu de persil
& de ciboules, on y met des truffes
hachées, & on les finit de la même
façon qu'on l'a indiqué. A l'égard des
saucisses au vin de Champagne & au
vin du Rhin, on prend de la chair
comme il a été dit : on ne la hache pas
cependant si fine : on lui fait prendre
le goût dans le vin : on la met égoutter, & on l'assaisonne de sel & fines
épices.

F I N.

APPROBATION.

J'AI lu, par ordre de Monseigneur le Garde des Sceaux, un Ouvrage intitulé : *Traité Economique du gros & menu Bétail*, par M. ∗∗∗ ; & je n'y ai rien rien trouvé qui dût en empêcher l'impreſſion. A Paris, ce vingt-quatre Novembre mil ſept cent soixante-dix-ſept.

MISSA.

PRIVILEGE DU ROI.

LOUIS, par la grace de Dieu, Roi de France & de Navarre : A nos amés & féaux Conseillers, les Gens tenans nos Cours de Parlement, Maîtres des Requêtes ordinaires, de notre Hôtel, Grand Conseil, Prévôt de Paris, Baillifs, Sénéchaux, leurs Lieutenar s Civils, & autres nos Juſticiers qu'il appartiendra ; SALUT. Notre amé le Sieur ∗∗∗ Nous a fait expoſer qu'il deſireroit faire imprimer & donner au Public : *le Traité Economique du gros & menu Bétail*, s'il Nous plaiſoit lui accorder n s Lettres de Permſſion pour ce néceſſaires. A ces cauſes, voulant favorablement traiter l'Expofant, Nous lui avons permis & permettons par ces Préfentes, de faire imprimer ledit Ouvrage autant de fois que bon lui femblera, & de le faire vendre & débiter par tout notre Royaume pendant le temps de cinq années confécutives, à compter du jour de la date des Préfentes. Faifons défenfes à tous Imprimeurs, Libraires, & autres perfonnes, de quelque qualité & condition qu'elles foient, d'en introduire d'impreffion étrangere dans aucun lieu de notre obéiffancè ; à la charge que ces Préfentes feront enregiftrées tout au long fur le regiftre de la Communauté des Imprimeurs & Libraires de Paris, dans trois mois de la date d'icelles ; que l'impreffion dudit Ouvrage fera faite dans notre Royaume, & non ailleurs ; en bon papier & beaux caracteres ; que l'Impétrant fe conformera en tout aux Réglemens de la Librairie, & notamment à celui du 10 Avril 1725, à peine de déchéance de la préfente Permiffion; qu'avant de l'expofer en vente, le manufcrit qui aura fervi de copie à l'impref- fion dudit Ouvrage, fera remis dans le même état où l'Approbation y aura été donnée, ès mains de notre très-cher & féal Chevalier, Garde des Sceaux de

France, le Sieur HUÉ DE MIROMESNIL ; qu'il en sera ensuite remis deux Exemplaires dans notre Bibliotheque publique, un dans celle de notre Château du Louvre, un dans celle de notre trèscher & féal Chevalier, Chancelier de France, le Sieur DE MAUPEOU, & un dans celle dudit Sieur HUÉ DE MIROMESNIL ; le tout à peine de nullité des Présentes. Du contenu desquelles vous mandons & enjoignons de faire jouir ledit Expofant & ses ayans cause, pleinement & paisiblement, fans fouffrir qu'il leur foit-fait aucun trouble ou empêchement. Voulons qu'à la copie des Préfentes, qui fera imprimée tout au long au commencement ou à la fin dudit Ouvrage, foi foit ajoutée comme à l'original. Commandons au premier notre Huiffier ou Sergent fur ce requis, de faire pour l'exécution d'icelles, tous Actes requis & néceffaires, fans demander autre permiffion, & nonobftant clameur de Haro, Charte Normande, & Lettres à ce contraires ; CAR tel eft notre plaifir. Donné à Paris le vingthuitieme jour du mois de Janvier, l'an mil fept cent foixante-dix-huit, & de notre Regne le quatrieme. Par le Roi en fon Confeil. LE BEGUE.

Lightning Source UK Ltd.
Milton Keynes UK
UKHW02n2341080818
326969UK00003B/38/P